郑祥福 章秀英 主编

中国特色社会主义理论在浙江的实践

脱贫致富篇

郭金喜 等 著

中国社会科学出版社

图书在版编目（CIP）数据

中国特色社会主义理论在浙江的实践．脱贫致富篇／郭金喜等著．—北京：中国社会科学出版社，2018.12
（浙江师范大学马克思主义研究文库）
ISBN 978-7-5203-3830-1

Ⅰ.①中… Ⅱ.①郭… Ⅲ.①社会主义建设—研究—浙江 ②扶贫—研究—浙江 Ⅳ.①D675.5②F127.55

中国版本图书馆 CIP 数据核字（2018）第 289184 号

出 版 人	赵剑英
责任编辑	喻 苗
责任校对	胡新芳
责任印制	王 超

出　　版	中国社会科学出版社
社　　址	北京鼓楼西大街甲 158 号
邮　　编	100720
网　　址	http://www.cssfw.cn
发 行 部	010-84083685
门 市 部	010-84029450
经　　销	新华书店及其他书店
印　　刷	北京明恒达印务有限公司
装　　订	廊坊市广阳区广增装订厂
版　　次	2018 年 12 月第 1 版
印　　次	2018 年 12 月第 1 次印刷
开　　本	710×1000　1/16
印　　张	16
插　　页	2
字　　数	254 千字
定　　价	68.00 元

凡购买中国社会科学出版社图书，如有质量问题请与本社营销中心联系调换
电话：010-84083683
版权所有　侵权必究

总　　序

2018年，是我国改革开放的第40个年头。40年来，浙江一直被看作改革开放的前沿桥头堡，无论在政治、经济、文化、社会、生态等各领域，还是在民生等方面，都取得了显著的成就。在政治上，浙江努力践行中国特色社会主义理论，坚持总书记在浙江时的"八八战略"、"法制浙江"、"平安浙江"、"文化浙江"、"两富浙江"等战略方针，干在实处，勇立潮头，敢为人先。40年来，浙江全面确立市场经济地位，从依赖农民工人口红利到智能制造的转型，发展外向型经济，2018年全省GDP总量达到5万多亿（人民币），人均收入在全国名列前茅，真正做到了富可敌国。浙商遍及全球，"浙江人"成为创业、勤劳致富的代名词。近年来，浙江在中国特色社会主义理论的指引下，在省委省政府的带领下，主动开展"五水共治"，大打环境保卫战，让天空变得更蓝，让河水变得更清，让新农村变得更加亮丽。杭州、宁波等城市成为全国十大最有竞争力、最适宜于居住的城市。杭州的高科技、宁波的制衣与电器、台州的制造业、义乌和温州的商贸等等，创造了名震全国的现代经济发展新典范。全面开展新农村建设、特色小镇建设，开展生态县，使绿水青山真正变成了金山银山。如今的浙江农村风貌堪比西欧的乡村，正成为城市人休闲之好去处。县县通高速，市市有高铁，家家有小车，人人住洋房。中国特色社会主义理论在浙江的实践取得了丰硕的成果。

为反映浙江改革开放40年的成就，浙江师范大学马克思主义学院组织编写了"中国特色社会主义理论在浙江的实践"系列丛书，分别从浙江的社会治理、工业强省、科技强省、智能制造转型、特色经济、新农村发展、生态建设、城镇化建设、特色小镇建设、农村文化礼堂、基层党组织建设、平安浙江、海上浙江等领域，分期分批地以讲故事的形式讲述改革开放以来浙江的变化与发展，向国内外展示浙江改革开放取得的成就。中共金华市委宣传部的领导也十分关心本丛书的编写，从 2018 年开始，与我们共建马克思主义学院，支持浙江师大马克思主义学科的建设。在此，对各级关心我们学科建设的领导、同仁表示衷心的感谢！

由于我们自身研究水平的限制，以及长期来深居高校不熟悉社会的制约，在编写本丛的过程中一定存在许多不足，冀希大家不吝指教，多提宝贵建议、意见。

浙江师范大学马克思主义学院教授、
中共金华市委宣传部特邀研究员
郑祥福　章秀英

前言　浙江——中国脱贫致富的标杆

中国经济近40年的持续快速增长，不仅创造了令世人迷思的"中国奇迹"，更以包容性增长和共享式繁荣书写了大规模人群脱贫致富的史诗级"中国故事"。世界银行数据显示，人均生活支出低于1.9美元（2011年购买力平价）的绝对贫困人口占比，已从1990年的66.6%锐减为2016年的1.9%。[①] 1981—2015年间，中国累计减少贫困人口7.28亿，而同期世界其他地区脱贫人口仅有1.52亿，中国对全球减贫的贡献率超过70%。[②]

在"中国奇迹"和"中国故事"的区域样本中，"干在实处、走在前列"的浙江，[③] 无疑是其中的典范。从农村扶贫角度看，自1994年正式启动以来，浙江经历了四个阶段：[④] 1994—1999年的贫困县扶贫攻坚阶段、2000—2002年的贫困乡镇扶贫攻坚阶段、2008—2012年的低收入农户奔小康阶段和2013—2017年的低收入农户收入倍增阶段，于1997年创造了全国第一个消除贫困县、于2002年创造了全国第一个消除贫困乡镇的光辉业绩，形成了重点突破、区域联动、多措并举、精准脱贫、动态调整的脱贫致富帮扶体系与工作机制。2012年，浙江又率先按照包容性发展的要

[①] 世界银行数据库，http：//databank.worldbank.org/data/Views/Reports/ReportWidgetCustom.aspx? Report_ Name = CountryProfile&Id = b450fd57&tbar = y&dd = y&inf = n&zm = n&country = CHN。
[②] 《中国减贫成就令世界赞叹》，http：//n.cztv.com/news/12453919.html。
[③] 习近平：《干在实处　走在前列——推进浙江新发展的思考与实践》，中共中央党校出版社2013年版。
[④] 《浙江农村扶贫历程》，http：//news.163.com/16/0824/03/BV70UU5C00014AEF.htm。

求将贫困线提升为全国标准的 2 倍,并于 2015 年在全国第一个完成脱贫任务,将脱贫攻坚从消除绝对贫困转入到消减相对贫困的新阶段,形成了具有鲜明浙江特色的脱贫攻坚实践经验。2017 年,浙江人均 GDP 达 1.36 万美元,城乡居民年人均可支配收入分别连续 17 年和 33 年居各省区第一,城乡居民人均可支配收入比缩小为 2.05,为全国各省区最低。[①] 可以说,浙江不仅是中国改革开放的模范生,[②] 在追求共同富裕的道路上更是中国脱贫致富、共享发展成果的标杆。

那么,浙江脱贫致富何以可能?浙江经验是否具有推广应用价值?浙江脱贫致富所取得的成效,其意义究竟如何?在新的阶段,浙江又该如何深入推进脱贫工作?本书试从包容性发展视角出发,探求浙江脱贫致富实践的内在机理、政策框架与下一步的可能。

浙江脱贫致富的实践,首先可将其视为包容性增长的过程,然后是通过政策托底不断提升民众获得感的过程,是以人民为中心发展思想的生动体现。习近平总书记在"一带一路"国际合作高峰论坛的讲话中指出,"发展是解决一切问题的总钥匙"。国务院扶贫办副主任陈志刚在"2017 中国扶贫国际论坛"中也强调,"中国减贫成就的取得,源于始终坚持把加快发展作为减贫的根本途径,把制度优势作为减贫的根本保障,把以人为本作为减贫的根本立场,把精准扶贫精准脱贫作为减贫的基本方略,把改革创新作为减贫的动力活力"[③]。可以认为,浙江脱贫致富的实践,就是一个多措并举激发内生活力不断提升人民自由度的包容性发展过程;就是一个多元主体积极参与、不断提升社会融合度打造和谐社会实现中国梦的共享式繁荣过程。

本书以反贫困理论分析为引领,以浙江脱贫致富实践为依托,以产业脱贫致富、电商脱贫致富、异地脱贫致富等典型实践统领技术扶贫、金融扶贫、生态扶贫、教育扶贫和光伏扶贫等具体探索,以社会组织扶贫扩展

[①] 王美福、傅吉青、黄洪琳:《一张蓝图绘到底 健步迈入新时代——"八八战略"实施 15 周年系列分析之一》,http://tjj.zj.gov.cn/tjxx/tjjd/201805/t20180524_211604.html。

[②] 胡宏伟:《中国模范生:浙江改革开放 30 年全记录》,浙江人民出版社 2008 年版。

[③] 《2017 中国扶贫国际论坛召开 中国为世界减贫治理贡献智慧》,http://world.people.com.cn/n1/2017/0527/c1002-29304715.html。

扶贫主体与实践，以社会保障夯实与抬升脱贫底限，着力探讨浙江大扶贫体系及其运行实绩，并对前述问题做出尝试性回应。本书主要包括以下六个部分的内容。

第一章，系统梳理了贫困理论与浙江脱贫致富的实践历程。学术史表明，告别贫困走向富裕，首先需要克服"人口陷阱""低水平均衡陷阱""接纳文化"陷阱与"稀缺陷阱"相互交织的"贫困陷阱"，既涉及微观个体的稀缺心态与心智模式，也与区域宏观的文化与制度、人口结构与素质、投资强度等密切相关。有效的脱贫致富，脱贫致富既是个微观问题，也是个宏观过程，是区域微观与区域宏观的有机统一，需要相互结合推进。近年来，学界、世界银行与中国政府倡导的包容性增长与共享式繁荣，就是将脱贫致富视为微观主体与宏观变革相互支持的经济自由度扩展与福利改善过程，就是将贫困群体与贫困区域视为经济的新增长点加以培育，而不只是一个经济下渗或外溢过程。浙江的实践，生动地表明了这一点。正是"村村点火、户户冒烟"的草根经济实践与"一靠机遇、二靠政策"的宏观变革，形成了"市场有效、党政有为"的浙江经验，催生了引领全国的富民经济。并在新的阶段，通过数字赋能、同城化赋权、绿色化赋能、产权化赋权和制度化确权为脱贫致富构筑了新动能，以政府—市场—社会的有机合作不断推进共享式繁荣。本章可视为全书核心思想的总括。

第二章，产业扶贫致富。大规模草根经济的崛起与特色产业的发展、及其所激发的创业创新大潮，是浙江经济率先发展的秘密所在，是实现脱贫致富最重要的举措，亦是其他帮扶措施取得实效的重要基础。产业扶贫，是扶贫开发的战略重点与主要任务。本章重点选取了来料加工、山海协作、乡村特色农副产业发展和乡村旅游发展四个产业扶贫的细分领域与典型区域案例展开分析，提出扶贫产业的识别和培育，政府引导是关键；扶贫产业的培育和发展，市场发展是根本；扶贫产业的识别、培育和发展，脱贫致富是核心。对后发区域而言，在强调"发展是硬道理"的同时，更需要谨记"硬发展没道理"的历史教训，着力克服发展的急躁症，做到帮助不替代、扶持不拔苗、培育促内生、转型促发展，以辩证思维真正处理好"小与大""内和外"及"部分与整体"的关系。

第三章，电商扶贫致富。以"互联网+"为代表的电商扶贫，在本质上属于产业扶贫的范围，因其时代性技术特征，本章将其独立展开分析。在浙江，"互联网+"不仅让浙江经济的可持续发展有了更强的动力与业态，支持浙江全体居民向更高的收入水平迈进；它还通过数字化赋权与赋能的方式，帮助低收入人群特别是低收入山区农户更有效地开发利用当地资源有机融入市场体系。遂昌模式、龙游模式和北山模式三个典型案例分析表明，有效的电商扶贫需要通过积极的个体赋能和环境营造，鼓励多元主体参与、培育电商集群、构筑扶贫生态体系，各地需要探索符合自身实际的电商发展与脱贫致富模式。

第四章，异地扶贫致富。浙江异地扶贫工作开展早、成效大，相关经验为联合国等国际机构采纳并推广。本章以武义、金磐扶贫经济开发区和丽水滩坑水库建设为样本，分别讨论下山脱贫、异地开发和工程移民三大典型实践模式。研究表明，异地脱贫致富以跳出空间求发展的方式重塑了发展理念与扶贫思路、重构了扶贫机制并优化了发展效益。通过异地扶贫，实现脱贫致富，可以成为自然条件差和经济区位难以改善的地区、特别是贫困山区实现发展的优先战略选择。

第五章，社会保障扶贫。社会保障作为社会安全网络，具有为个体提供保障和为社会整体提供安全的双重意义，常被视为一个社会经济发展水平和社会公平度的指示器，是政策兜底扶贫的核心所在。在我国社会保障地方创新与顶层设计互动的制度创新，浙江同样起到了先行示范作用。20世纪90年代以来，浙江有意识地推动了社会政策与经济政策结合、社会建设与经济发展的结合，并以"平安浙江"建设予以系统化推进。通过对社会保险和社会救助两个子领域的重点探析表明，浙江的社会保障体系建设实现了以城乡一体的系统性兜底并以标准提升帮助贫困人群转型。进入"后扶贫时代"的浙江社会保障建设，应进一步加大城乡统筹与区域统筹的力度，稳步提升兜底水平。

第六章，社会组织扶贫。本章将帮扶主体从政府、企业转移到了社会组织。浙江社会组织在1990年后以公益慈善的方式大规模地参与扶贫工作，形成了组织数量多、慈善资源动员能力强、志愿者和公众参与广泛、且持续增长的扶贫态势。浙江社会组织不仅普遍地参与了传统的输血型扶贫，还积极开拓产业基地建设、技能培训和市场推广等造血型帮扶，形成了既"济困"又"救穷"的帮扶体系与工作机制，并在过程中不断加强与政府、市场的合作关系，完善大扶贫体系。浙江社会组织扶贫效能的提升，需进一步提升组织能力，加强与区域内外社会组织、企业与政府机构的合作，找到并实施根治贫困问题的系统方案。

为进一步帮助读者理解地方政府层面为浙江率先消除4600元以下绝对贫困现象所做的不懈努力与实践创新，本书将2015年《金东区困难群众帮扶机制建设研究》作为县域性整体样本列为附录。

尽管已经有着汗牛充栋的理论知识指引和丰富的实践经验与教训支撑，但在包括反贫困在内的知识拼图上，我们每个人都如同是摸象的盲人。对浙江近40年脱贫致富的实践考察与理论探究，同样存在相似的局限与遗憾。限于笔者的学识水平、研究能力与研究时限，本书只能以"盲人"探究的有限方式对浙江脱贫致富这一"大象"做出初步解答，不足之处，恳请各位方家批评指正。同时，更希望本书能作为引玉的砖，期待理论专家与实践工作者对该问题做出更为清晰、全面和系统的回答，并形成更多能复制可推广的发展经验，让更多的人真正迈进和享有"尊严""体面"的"美好生活"。

目　录

第一章　脱贫致富的理论向度与浙江包容性发展实践 …………… (1)
　第一节　脱贫致富的理论内涵与政策向度 ………………………… (1)
　　一　脱贫致富的发展经济学视角与政策主张 …………………… (1)
　　二　脱贫致富的反贫困经济学视角与政策主张 ………………… (7)
　　三　脱贫致富的包容性发展视角与政策主张 …………………… (11)
　第二节　浙江脱贫致富的实践与思考 ……………………………… (14)
　　一　脱贫致富的历程与成效 ……………………………………… (15)
　　二　脱贫致富的动力机制与发展提升 …………………………… (23)
　　三　浙江脱贫致富的理论思考 …………………………………… (35)

第二章　产业扶贫致富 ………………………………………………… (39)
　第一节　概念、类型与总体成效 …………………………………… (39)
　　一　基本概念 ……………………………………………………… (39)
　　二　发展类型 ……………………………………………………… (40)
　　三　总体成效 ……………………………………………………… (41)
　第二节　来料加工 …………………………………………………… (43)
　　一　起源与历程 …………………………………………………… (43)
　　二　典型实践：兰溪 ……………………………………………… (45)
　　三　成效与启示 …………………………………………………… (49)
　第三节　山海协作 …………………………………………………… (52)

一　起源与历程 …………………………………………（52）
　　二　主要探索 …………………………………………（55）
　　三　成效与启示 ………………………………………（59）
　第四节　特色农副产业发展 ……………………………（62）
　　一　挖掘发展的历史基因 ……………………………（62）
　　二　典型实践：缙云烧饼 ……………………………（63）
　　三　成效与启示 ………………………………………（67）
　第五节　乡村旅游 ………………………………………（68）
　　一　起源与历程 ………………………………………（68）
　　二　典型实践：乡村旅游的"长兴模式" …………（70）
　　三　典型实践：乡村旅游的"开化模式" …………（74）
　　四　成效与启示 ………………………………………（77）
　第六节　小结与思考 ……………………………………（78）
　　一　简要结论 …………………………………………（78）
　　二　发展思考 …………………………………………（79）

第三章　电商扶贫致富 ……………………………………（81）
　第一节　概念、地位与总体成效 ………………………（81）
　　一　基本概念 …………………………………………（81）
　　二　政策定位 …………………………………………（82）
　　三　发展成效 …………………………………………（83）
　第二节　遂昌模式 ………………………………………（87）
　　一　模式概况 …………………………………………（87）
　　二　运行机理 …………………………………………（89）
　　三　扶贫致富成效 ……………………………………（97）
　　四　经验与启示 ………………………………………（98）
　第三节　龙游模式 ………………………………………（99）
　　一　模式基础："一村一品"特色发展 ……………（100）
　　二　模式关键：特色中国·龙游馆领航带动 ……（101）

三　经验与启示 …………………………………………（106）
　第四节　北山模式 …………………………………………（108）
　　一　模式概况 ………………………………………………（108）
　　二　发展成效 ………………………………………………（109）
　　三　经验启示 ………………………………………………（112）
　第五节　经验与启示 ………………………………………（114）
　　一　发展经验 ………………………………………………（114）
　　二　发展启示 ………………………………………………（118）
　　三　发展展望 ………………………………………………（120）

第四章　异地扶贫致富 …………………………………………（124）
　第一节　概念、历程与总体成效 …………………………（124）
　　一　概念与类型 ……………………………………………（124）
　　二　发展历程 ………………………………………………（126）
　　三　总体成效 ………………………………………………（127）
　第二节　下山移民 …………………………………………（128）
　　一　下山移民致富"九字令" ………………………………（129）
　　二　典型实践：武义 ………………………………………（132）
　　三　成效与启示 ……………………………………………（135）
　第三节　异地开发 …………………………………………（137）
　　一　开发缘起 ………………………………………………（137）
　　二　开发模式 ………………………………………………（138）
　　三　成效与启示 ……………………………………………（140）
　第四节　工程移民 …………………………………………（145）
　　一　发展背景 ………………………………………………（145）
　　二　库区移民致富"三步曲" ………………………………（145）
　　三　典型实践：丽水滩坑水电站建设移民 ………………（147）
　　四　成效与启示 ……………………………………………（152）
　第五节　小结与思考 ………………………………………（154）

一　简要结论 ……………………………………………… (154)
　　二　发展思考 ……………………………………………… (156)

第五章　社会保障扶贫 ………………………………………… (158)
　第一节　概念、历程与成效 ………………………………… (158)
　　一　内涵、特征与分类 …………………………………… (158)
　　二　简要历程 ……………………………………………… (160)
　　三　总体成效 ……………………………………………… (161)
　第二节　社会保险扶贫 ……………………………………… (162)
　　一　主要探索 ……………………………………………… (162)
　　二　帮扶成效 ……………………………………………… (168)
　第三节　社会救助扶贫 ……………………………………… (171)
　　一　主要探索 ……………………………………………… (171)
　　二　帮扶成效 ……………………………………………… (174)
　第四节　小结与思考 ………………………………………… (179)
　　一　简要结论 ……………………………………………… (180)
　　二　发展思考 ……………………………………………… (182)

第六章　社会组织扶贫 ………………………………………… (184)
　第一节　概念、历程与总体成效 …………………………… (184)
　　一　概念与特征 …………………………………………… (184)
　　二　发展历程 ……………………………………………… (186)
　　三　总体成效 ……………………………………………… (190)
　第二节　扶贫类型与政社合作 ……………………………… (195)
　　一　输血型扶贫 …………………………………………… (195)
　　二　造血型扶贫 …………………………………………… (201)
　　三　政社合作扶贫 ………………………………………… (205)
　第三节　小结与思考 ………………………………………… (209)
　　一　简要结论 ……………………………………………… (209)
　　二　发展思考 ……………………………………………… (211)

附录　金东区困难群众帮扶机制建设研究 …………………（213）

参考文献 …………………………………………………………（232）

后　记 ……………………………………………………………（238）

第一章　脱贫致富的理论向度与浙江包容性发展实践

第一节　脱贫致富的理论内涵与政策向度

贫困具有多维的向度。在空间的意义上，大规模人群乃至一个国家或地区的反贫困，首先是一个宏观面上借助持续的经济增长以挣脱贫困陷阱的发展过程，而后才是在国家或地区内部通过靶向性政策将发展成果外溢至更多人口的反贫困过程。它最终体现为世界银行日益倡导、中国特色社会主义实践所推进的包容性发展和共享式繁荣过程。

一　脱贫致富的发展经济学视角与政策主张

大规模人口的反贫困和脱贫致富，在发展经济学的视域中，是一个落后国家启动现代经济增长的过程。鉴于引致贫困因素的多元性及其交织关系的复杂性，地理、文化、制度、技术等，均被认为是重要的变量甚至是决定性力量，形成了地理决定论、技术决定论、文化决定论和制度决定论等多种解释，并产生了"自由放任"与"国家干预"、"进口替代"与"出口导向"、"后发优势"与"后发劣势"等的长期争议。不过，学术界仍可在以下三个方面达成共识：第一，贫困是一种低水平的长期均衡，告别贫困并不容易；第二，摆脱贫困的发展，需要充分挖掘内在资源有机融入世界体系；第三，脱贫致富，是一个长期的历史过程，需不断优化市场机制、政府政策及两者的合力。在一定意义上，后发国家脱贫致富的过程，就是一个动态挖掘比较优势、利用后发优势，并不断释放改革红利、开放红利、人口红利和创新红利的过程。

（一）贫困，是一种低水平的长期均衡

所有的发展理论都需直面的第一个问题是，抑制经济起飞的"地心引力"究竟是什么？实践表明，在大尺度的时空坐标中，地理、资源禀赋、文化等因素均非充分条件。穷国长期不能摆脱贫困状态的核心原因，是各发展因素特别是经济与人口复合而成的低水平的长期均衡或贫困锁定。

针对"一国穷是因为它穷"的古老命题，罗格纳·纳克斯在其著作《不发达国家的资本形成》提出了著名的"贫困恶性循环"理论。在需求方面，他认为低收入导致低购买力，致使投资引诱不足和资本形成不足，进而导致生产规模难以扩张和生产率低下，产出水平和收入水平难以提升；在供给方面，低收入意味着低购买力，同样导致投资引诱和资本形成不足，生产率、产出水平和收入水平难以提升。贫困国家正是因为同时存在供给和需求两个方面的"贫困恶性循环"而被长期锁定在贫困状态中。无独有偶，美国经济学家纳尔森以马尔萨斯理论为基础，从人均资本、人均收入增长和人口增长的互动关系角度提出了贫困是一种低水平的均衡陷阱，较低规模的投资不足以改变人口过快增长对储蓄与投资的侵蚀作用。

（二）反贫困，需充分挖掘内在资源融入世界体系

改变贫困锁定，纳克斯（1953）和纳尔森（1956）得出了几乎与罗森斯坦·罗丹一致的结论：政府须积极作为，通过"大推进"全面推进资本广化与资本深化，实现发展。不过，批评者认为相关结论过于突出了资本匮乏和资本形成对发展中国家的影响，过于强调了国家的作用，割裂了国内经济与世界经济的联系，其在政策和实践上总体收效显微甚至南辕北辙，以至于有学者直接用《发展经济学的贫困》进行了否定。[①] 林毅夫（2015）指出，结构主义的失利在于错误地理解了市场失灵，用国家替代市场的方式错误地将有限资源配置于发展中国家缺乏基础的资本与技术密集型现代工业，形成难以扩散带动、进而也难以有效维持的技术飞地经济。他认为，一个经济体取得稳定、快速、包容发展的最佳途径，是动态地按照要素禀赋结构的特性来发展具有比较优势的产业，以不断培育和发展出具有自生

[①] 谭崇台主编：《发展经济学的新发展》，武汉大学出版社1999年版，第2—19、49页。

能力的企业。他提出，发展中国家需要用新结构经济学进行武装。①

充分挖掘比较优势构筑竞争优势，在动态中不断强化企业的自生能力和国家的内生能力，无疑是发展中国家打破贫困锁定向更高收入水平迈进的根本。在探索和动态发展比较优势的道路上，科技创新和制度变革均是关键变量。

科技创新至关重要。在经济思想史上，马克思和熊彼特无疑是强调科技创新对现代经济增长作用的先锋和领袖。马克思认为科学技术在根本上决定生产力的发展、左右经济周期和经济制度更迭。熊彼特将创新视为企业家精神的根本和经济发展的本质规定，认为创新就是引进一种新的生产函数，是一种不断地从内部革新的创造性破坏过程；创新过程的非连续性和非均衡性引致了经济长周期，并在根本上决定了资本主义的变迁。乔尔·莫基尔通过对世界经济史的梳理提出技术革新是富裕的杠杆，处于现代经济增长的核心地位。② 戴维·S. 兰德斯强调"科学知识与技术能力的终极优势和利益"正是国富国穷的根本原因。③

对后发国家而言，技术进步与经济增长的核心体现，在于以比较优势为基础，充分利用后发优势积极引进先进技术，以创造出更高的开放红利。格申克龙就认为引进技术是保障落后国家工业化快速发展的主要因素。④ 当代诸多对FDI的文献研究证明，对落后国家而言，国际投资带来的不仅是资本和国际市场，更是学习先进技术、管理与营销经验的现实通道。引进—消化—吸收—再创新，是落后国家实现知识累积、技术进步与经济增长的必经阶梯。

制度变革至关重要。科技作为第一生产力，需要与之匹配的制度性基础设施。这一点，在马克思主义政治经济学中被称为"生产关系对生产力具有能动的反作用"。韦伯在其名著《新教伦理与资本主义精神》中指

---

① 王勇：《新结构经济学思与辩》，北京大学出版社2015年版，序一。
② [美] 乔尔·莫基尔：《富裕的杠杆——技术革新与经济进步》，陈小白译，华夏出版社2008年版。
③ [美] 戴维·S. 兰德斯：《国富国穷》，门洪华等译，新华出版社2010年版，第561页。
④ [美] 亚历山大·格申克龙：《经济落后的历史透视》，张凤林译，商务印书馆2009年版，第8页。

出，宗教观念等非正式制度的变革对资本主义的崛起发挥了关键作用。诺斯和托马斯在《西方世界的兴起》中证明，西方产权制度的变革衍生了大量的有效率组织，最终使西方站在现代经济增长的风口浪尖，并取代东方成为世界的领导者。在当代，硅谷之所以战胜128号公路，成为美国甚至是世界的科技中心，根源于硅谷独特的创业文化与企业制度。这一点，被吴敬琏先生称为"制度重于技术"。

不过，对落后国家而言，贫困的不只是资本、技术，还包括制度。在一定意义上，我们甚至可以说，落后国家除了不缺人口，几乎什么都缺。V. 奥斯特罗姆等反复提醒，市场经济与民主制度之所以在一些国家收效不佳甚至声名狼藉，就在于缺乏地方性非正式制度基础的支撑；告诫要特别当心制度移植的排异反应，发展没有万能药方①。因而，对落后国家而言，如何根据本国的情况因势利导地改变不利于技术创新和经济增长的传统文化与政策法令，在制度创新上通过自下而上和自上而下的变革，建立起"包容性的经济制度"②"市场扩展型政府"③或"发展型国家"④，至关重要。作为社会主义发展直接动力的改革，就被中国共产党视为一场旨在解放和发展生产力的"新的革命"。倪志伟、欧索菲在解释中国的市场化转型时提出，"保障、激励和引导初创企业的非正式制度安排，为中国市场经济秩序的出现，提供了制度性保障"，"在经济改革期间，自下而上的制度创新，在保障和激励市场经济发展的过程中起到关键性的作用"。⑤科斯和王宁认为，中共十二届三中全会通过的《中共中央关于经济体制改革的决定》，是中国经济改革的一个里程碑；"对一个自下而上的制度变革而言，国家手中的批准权仍然至关重要。"⑥为探求合适的生产方式，政府

---

① ［美］V. 奥斯特罗姆等主编：《制度分析与发展的反思：问题与抉择》，王诚等译，商务印书馆2009年版。
② ［美］德隆·阿西莫格鲁、姆斯·A. 罗宾逊：《国家为什么会失败》，李增刚译，湖南科技出版社2015年版。
③ ［美］曼瑟·奥尔森：《权力与繁荣》，苏长、嵇飞译，上海人民出版社2014年版。
④ 禹贞恩：《发展型国家》，曹海军译，吉林出版社2008年版。
⑤ 倪志伟、欧索菲：《自下而上的变革：中国的市场化转型》，陈海峰、尤树洋译，北京大学出版社2016年版，第8页。
⑥ ［美］罗纳德·科斯、王宁：《变革中国：市场经济的中国之路》，徐尧、李哲民译，中信出版社2013年版，第78—79、122页。

要允许、鼓励和支持各地多元的制度创新。

（三）脱贫致富，是一个集自然演化与国家建构为一体的历史过程

自然不能飞跃，基于经济增长的脱贫致富是一个连续的渐进过程，具有鲜明的阶段性特征。"当一国从极端贫困移动到相对富裕时，贫困均衡被持续放松，取而代之的是动态的改善。"① 在马克思的分析框架中，人类社会大规模地告别赤贫状态是从资本主义社会开始的，但因为资本主义的累积规律，导致了贫富的阶级分化，实现全民共富需要消灭私有制、剥夺剥夺者。罗斯托提出，经济成长需要依次经过传统社会、准备起飞、起飞、走向成熟、大众消费五个阶段；起飞阶段是一国真正告别贫穷的基点，大众消费阶段则意味着一国的多数民众进入到富裕的阶段，此时反贫困工作主要聚焦于相对贫困②。鉴于工业化对现代经济与后发国家赶超发展的特殊意义，钱纳里根据工业化水平与产业结构变迁将经济发展分为三个时期六个阶段：由不发达经济阶段和工业化初期阶段构成的初级产业主导时期，由工业化中期阶段和工业化后期阶段构成的中期产业主导时期，以及由后工业化社会和现代化社会构成的后期产业主导时期；脱贫致富的过程，也就是沿着工业化的阶梯不断爬坡的发展过程。③

经济成长的阶段性，决定了增长不可能同时发生在所有产业和所有的地方，它具有空间效应和时间效应。佩鲁把在经济空间和地理空间上支配着经济增长的产业与区域称为增长极，认为经济增长，首先在增长极发生，政府要高度重视识别、培育和发展增长极。缪尔达尔发现这种增长极带有"循环累积因果"特征，会进一步强化区域经济的极化现象。赫希曼认可这一发现，但认为这并非全部。他指出，经济增长具有非均衡特征，一方面增长既要充分利用主导产业的产业关联度实现持续增长，另一方面也要借助极化—涓滴效应，推进经济发展不断向不发达地区扩散。威廉姆

---

① ［美］约翰·肯尼斯·加尔布雷斯：《贫穷的本质》，倪云松译，东方出版社2014年版，第60页。

② ［美］罗斯托：《经济增长的阶段：非共产党宣言》，郭熙保、王松茂译，中国社会科学出版社2001年版。

③ ［美］钱纳里等著：《工业化和经济增长的比较研究》，吴奇、王松宝译，格致出版社2015年版。

逊在实证研究的基础上提出"倒 U 型"假说,认为区域间收入差距与人均收入一样,存在先增加后减少的趋势,在特定的时期,公众与政府应容忍收入差距在一定范围内持续拉大的现象。世界银行在《2009 年世界发展报告:重塑世界经济地理》中指出"不平衡的增长可以实现和谐性发展",主张要充分利用"全球土地面积的 1.5% 囊括了世界一半的生产活动"的现实基础,进一步强化经济聚集的力量提高空间经济密度,同时,国家要积极采取一体化的措施不断缩短距离和减少分割,以推进家庭基本消费、基本公共服务和工资与收入的趋同。①

经济成长阶段的时空性,决定了发展中的问题要通过发展来解决,脱贫致富等不得、拖不得,但也急不得,需要更多的耐心与持续努力。在发展过程中,无论是经济主体的市场能力、市场体系的完整性,还是政府的管理能力,均需要以"干中学"和"试错"的方式通过时间孵化,构筑集政府、市场与社会于一体的国家治理体系与治理能力。

"制度并非天然,而是人造工具"②,"良好的正式制度通常是经济发展的产物,而不是其推动者"③。无论是先发国家还是落后国家,有效的市场制度都不是人为设计的产物,而是在时间长河中进化的结果。"市场经济是一个有生命、会不断发展的体系,存在众多相互依靠的子系统,同时伴随着这种激进改革与生俱来的不确定性。"一方面,"市场为参与经济的所有角色提供了一个通过试错方式不断学习、不断挖掘现有机会并开创新机会的平台";另一方面,针对不确定性所产生的风险与错误,"政府必须要有耐心,要保持思想的开放、并要学会迅速地采取行动——建立利于实践发展的规章制度或能在情况恶化时及时叫停"。④ 增长与发展委员会(2008)也指出,对处于发展变革中的经济体和政府而言,得真正理解和

---

① 世界银行:《2009 年世界发展报告:重塑世界经济地理》,胡鞍钢等译,清华大学出版社 2010 年版,序:如何重塑中国经济地理。
② [美] 罗纳德·科斯、王宁:《变革中国:市场经济的中国之路》,徐尧、李哲民译,中信出版社 2013 年版,第 133 页。
③ 倪志伟、欧索菲:《自下而上的变革:中国的市场化转型》,陈海峰、尤树洋译,北京大学出版社 2016 年版,第 16 页。
④ [美] 罗纳德·科斯、王宁:《变革中国:市场经济的中国之路》,徐尧、李哲民译,中信出版社 2013 年版,第 221、223、153 页。

掌握政策的约束条件,"即使是好政策,用得太久就会变成坏政策",在向更高阶段蹬梯的过程中,"决策者的首要任务就是要充分预期到向更高收入水平的转型,并考虑到可能由此产生的新需求"。①

二 脱贫致富的反贫困经济学视角与政策主张

如果说脱贫致富的发展经济学考察是宏观的和长时间维度的,那么反贫困经济的考察则更多地立足于微观与当下,更多地关注贫困的类型、程度、成因与治理机制建设。

(一)贫困的类型、成因与度量

贫困首先表现为物质贫困或经济贫困,也即低收入水平和低消费水平。根据贫困的程度,通常可分为绝对贫困(赤贫)和相对贫困。绝对贫困是指家庭收入不足以维持基本生活的状态。世界银行用购买力平价确定了全球的绝对贫困线,并根据物价的变化,将贫困线从原初的每人每天生活支出1美元、提升到1.25美元并在2015年上升至1.9美元。相对贫困则是指能满足基本需要但不足以满足品质生活的需要。在发达国家,"最普遍的实践是用消费或收入分配的算术平均值或中值的某一比例作为贫困线"②,比如一国人均收入的40%。萨克斯在两者间加入第三种贫困:中等贫困,即处于仅能满足生活基本需要的状态。显然,往下偏离贫困线越远,贫困程度越深。一国或一地区在贫困线下的人口越多,国家或区域的贫困水平越高。③

物质贫困或经济贫困,显然是贫困的直接表征与结果。导致这一结果的是,穷人的能力贫困、社会排斥与权利贫困。马克思主义者认为,资本主义下的贫富分化,就是资产阶级剥削无产阶级的结果。阿马蒂亚·森提出,贫困是对基本可行能力的剥夺,而不仅仅是收入低下;贫困在一定意义上就是各种社会排斥的综合结果,贫困率与贫困程度可视为对社会排斥

---

① 增长与发展委员会:《增长报告:可持续增长和包容性发展的战略》,孙芙蓉译,中国金融出版社2008年版,第4、67页。
② [美]马丁·瑞沃林:《贫困的比较》,赵俊超译,北京大学出版社2005年版,第50页。
③ [美]杰弗里·萨克斯:《贫穷的终结:我们时代的经济可能》,邹光译,上海人民出版社2010年版,第21页。

的综合度量。① 联合国开发计划署在《1997年人类发展报告》中指出，贫困不仅是缺乏收入的问题，更是一种对人类发展的权利、长寿、知识、尊严和体面生活标准等多方面的剥夺，包括收入贫困、权利贫困、人力贫困和知识贫困。鉴于贫困不只是结果，更是更多痛苦与社会排斥的起源，联合国开发计划署在《2010年人类发展报告》中进一步指出："关注剥夺是人类发展的基本原则。贫困的维度远远超过了收入不足的范畴，其涉及的健康和营养状况、较低的受教育水平和技能、谋生手段的缺乏、恶劣的居住条件、社会排斥以及社会参与的缺乏等诸多方面"，主张以包含了上述因素的多维贫困指数取代原有的人类贫困指数。②

值得注意的是，反贫困或是更高要求的脱贫致富，只有进行时没有完成时，充满着复杂性和不确定性。一是绝对贫困可以消除，但相对贫困将永远存在；二是贫困是动态的，贫困人口可以脱离贫困但亦可能因各种原因返贫，原先的非贫困人口因种种原因也可能掉进贫困状态；三是贫困在空间上分布是不均衡的，既可能在空间上再生产，也可能因自然与产业原因而更迭。

（二）反贫困的机制设计与措施

自1601年英国通过《济贫法》以降，通过国家的再分配职能对贫困人群进行救济，就日益成为现代社会反贫困的一项制度安排。19世纪末，德国通过了《疾病保险法》《工伤事故保险法》和《老年与伤残强制保险法》，在全球范围内第一个建立起了面向全体居民而非贫困人群的社会保障制度。不过，借助国家的力量以转移支付的方式构筑社会安全网络，通常属于救济式和被动型。一方面发展中国家很难建立起高水平的社会保障体系，另一方面也容易导致贫困的再生产。因此，除了这项托底型政策，反贫困的机制设计大多围绕"助人自助"、激发贫困地区和贫困人口的内生动力展开，不仅脱贫、更要致富。

对此，萨克斯（2010）的政策主张是"要致富先修路"和人力资本

---

① ［印度］阿马蒂亚·森：《以自由看待发展》，任赜、于真译，中国人民大学出版社2002年版。

② 转引自鲁可荣、杨亮承、朱启臻《精准扶贫与乡村再造——基于云南禄劝实践的反思》，社会科学文献出版社2017年版，第23—24页。

投资。他认为,只有一个国家(地区)建立起道路、电力、港口等基础设施并实施人力资本投资这些前提条件时,市场才能成为发展的强有力发动机;否则,市场就会残酷地使这些地区的人们陷入无休止的贫困和折磨之中。为解决贫困国家(地区)的资金不足问题,一定的外国(外部)援助和国际(区域)合作是必要的。[1]

加尔布雷斯(2014)指出,贫困之所以根深蒂固,就在于贫困的均衡及其产生的接纳。改变接纳告别贫困的关键在于增加不接纳人口的占比,让其突破临界点。为此,一国必须把基础教育置于优先位置,通过工业化创造机会雇佣拒绝接纳的人并生产可贸易的商品,以及允许和支持国内外移民。[2]

阿马蒂亚·森(2002)提出,要提升人的可行能力改变贫困与不平等,需要扩展五种相互联系的工具性自由:保障公民权利的政治自由、指向扩展经济资源机会的经济条件、包括社会教育和医疗保健等在内的社会机会、基于信用的透明性保障和以社会安全网为主体的防护性保障。[3]

显然,萨克斯、加尔布雷斯和阿马蒂亚·森的反贫困机制设计,仍偏于宏观,带有发展经济学与"涓滴效应"的色彩。不过,基于赋权的参与式反贫困、基于行为经济学的反贫困和基于实验心理学的反贫困,则毫无疑问将关注转向了具体个案,并深入挖掘背后的社会文化与心理基础,以实现精准帮扶、精准脱贫。

赋权理论起源于社会工作与女权主义运动,主要通过对弱势群体或个人的权利赋予以扩展其潜能,进而改变发展绩效。阿马蒂亚·森的主张,为赋权理论与反贫困的结合奠定了基础。基于赋权理论的反贫困,其核心在于在权利层面向穷人赋权,其最显著的特征是对获得资源和参与决策发展活动的权利进行再分配,为贫困群体提供最基本的参与和决策权利。[4]

---

[1] [美]杰弗里·萨克斯:《贫穷的终结:我们时代的经济可能》,邹光译,上海人民出版社2010年版,第7页。
[2] [美]约翰·肯尼斯·加尔布雷斯:《贫穷的本质》,倪云松译,东方出版社2014年版。
[3] [印度]阿马蒂亚·森:《以自由看待发展》,任赜、于真译,中国人民大学出版社2002年版。
[4] 鲁可荣、杨亮承、朱启臻:《精准扶贫与乡村再造——基于云南禄劝实践的反思》,社会科学文献出版社2017年版,第39—40页。

赋权理论总是与参与式扶贫相伴相生。有学者认为,"平等参与"是参与式扶贫的手段、"获得公平及时的扶贫资源并增强贫困人群的综合发展能力"是参与式扶贫的主要方式,"提升发展效率并分享发展成果"是参与式扶贫的目标,而"赋权"则是参与式扶贫规划的核心。不过,基于赋权的参与式扶贫,在实用中也普遍面临既有权力结构的阻碍、贫困居民形式参与多实质赋权少、实践模式化等的困境,相关实践必须加强对实际"情景"的有机嵌入。①

魔鬼藏在细节里。阿比吉特·班纳吉和埃斯特·迪弗洛(2013)认为,之所以国际援助收效甚微、之所以小额信贷的实用性并非某些人所信奉的那么神奇、之所以穷人未能从社会保障与基础教育中得到预期的好处,原因就在于:(1)穷人通常因缺少信息来源而过于相信错误的事情或流言;(2)穷人肩负生活中的多种责任,必须做出更艰难的决定;(3)一些服务于穷人的市场正在消失,或穷人在其中处于不利地位,穷人缺乏有效的市场机会。因此,倾听穷人的心声,理解他们的逻辑,把目标设置得更近一些,给穷人创造更多可直接触及的机会、降低经济风险与不确定性,让反贫困项目与措施真正地"在场",才是帮助穷人摆脱贫困的现实路径。比如,设计出可行的储蓄计划、优化小额信贷的结构、以政府补贴撬动农业保险市场、优化消息传播机制,提升政府机构效能等。②

虽然反贫困已有数千年的历史,"二战"后国际社会更是投入基金,但"一个令人震惊的事实是":"一直到最近,对于在与贫困的斗争中什么是有效的、什么是无效的,我们所懂得的,依然少之又少",幸好"通过衡量各个特定的发展项目的有效性,我们开始获得了一些长期缺乏的真凭实据"。迪恩·卡尔兰和雅各布·阿佩尔(2013)在《不流于美好愿望》中做了如是表达。他们认为,只有走下云端真正走进穷人的生活,通过嗅、尝、触摸等,才能真正体会贫困的气息、滋味和感觉,也才能设计出有针对性的项目和政策措施,推动反贫困的实质性进展。他们强调,好

---

① 参见毛维维《大扶贫:分享、赋权与发展》,载刘海英主编《大扶贫:公益组织的实践与建议》,社会科学文献出版社2011年版,第20—22页。
② [印度]阿比吉特·班纳吉、[法]埃斯特·迪弗洛:《贫穷的本质:我们为什么摆脱不了贫穷》,景芳译,中信出版社2013年版。

的想法并不会自动实施，需要因时制宜、因地制宜地推进被实践证明了的好的操作并不断探索新的可能，如推进小额储蓄、提醒储蓄、驱虫运动、小班化实习教育等，帮助穷人建立起有效运转的承诺机制。[①]

塞德希尔·穆来纳森和埃尔德·沙菲尔（2014）发现，贫困陷阱不只是低收入水平的长期均衡、马尔萨斯人口陷阱和接纳型文化的锁定，还根源于稀缺心态。稀缺会俘获大脑，使人们将注意力集中于稀缺，改变他们对周遭世界的认识；稀缺会减少智力带宽容量，致使人们缺乏洞察力和前瞻性、并减少控制力，让人变笨和更加冲动；稀缺会进一步延续和加剧稀缺，创造出更大的陷阱。幸运的是，稀缺心态并非个人特质，而是环境造就的结果，而这些环境条件是可以进行管理的。他们建议，扶贫要从穷人缺少带宽这一事实出发，在过程中既要包容穷人的不当行为，又要设计有效的预警机制让穷人提早为未来做准备，还要减少穷人在培训上的带宽支出，并在专注力带宽的基础上重构扶贫体系[②]。世界银行在《2015年世界发展报告：思维、社会与行为》中也建议，反贫工作要在实现贫困人口认知消耗最小化的基础上，将社会环境纳入方案设计进程，重构工作框架。比如，将"贫困家庭"改为"行动中的家庭"、"贫困卡"替换为"机会卡"等细节上的改变，也会对改变穷人的"管窥效应"和优化带宽产生积极的影响。

三 脱贫致富的包容性发展视角与政策主张

（一）包容性发展：关注平等而不只是托底

包容性发展，其概念可直接上溯到2000年由联合国提出的"包容性"理念。2007年，亚洲开发银行首次将"包容性"与"增长"直接结合，提出"包容性增长"（Inclusive Growth）的理论主张与政策指向。自2009年始，"包容性增长"理念迅速为中国所接纳与发展，并经常出现在国家领导人的讲话中，成为"富有中国气派的'中国话语'"向世界传播中国

[①] [美]迪恩·卡尔兰、[美]雅各布·阿佩尔：《不流于美好愿望》，傅瑞蓉译，商务印书馆2013年版。

[②] [美]塞德希尔·穆来纳森、[美]埃尔德·沙菲尔：《稀缺：我们是如何陷入贫穷与忙碌的》，魏薇、龙志勇译，浙江人民出版社2014年版。

发展的理念与主张。① 2011 年,"包容性发展"(Inclusive Development)被博鳌亚洲论坛选定为年会主题,时任国家主席胡锦涛发表"包容性发展:共同议程与全新挑战"主旨演讲。2015 年,党的十八届五中全会通过的《"十三五"规划建议》,明确要求"提高发展平衡性、包容性、可持续性"。2016 年,"G20 领导人杭州峰会"上,习近平总书记主张"落实 2030 年可持续发展议程,促进包容性发展"。

包容性发展的理论渊源,隐藏于亚当·斯密和马克思的理论中。亚当·斯密在《国富论》中明确提出了分工、专业化与市场规模、市场秩序扩张的关系,认为"看不见的手"可以推进国民财富的增长与分配。在《道德情操论》里,亚当·斯密在优化社会秩序的意义上暗示:如果一个社会的发展成果不能分流到大众,它就会失去道义基础并影响社会稳定并最终阻碍发展;国民财富的增长,应该具有包容性。马克思对资本主义社会资本积累与贫困积累同构性的强批判,明确指出劳动异化的逻辑必然导致阶级革命与社会制度演进,共享包容的"自由人的联合体"将成为主导。

以"最大多数人最大的幸福"的边沁功利主义原则为基础的社会效用理论,构筑了福利经济学的基本原则,为包容性发展的定量分析与评估提供了初始的基础。不过,鉴于效用难以量化与比较等难题,特别是其漠视分配、忽略权利、自由以及其他非效用因素等缺陷,对包容性发展支撑较为有限。1971 年,罗尔斯在其《正义论》中指出,提升最不幸社会成员的福利水平具有优先性。罗尔斯的自由主义观点,为衡量发展,特别是包容性发展,提供了不同于功利主义的视角。以此为基础,阿马蒂亚·森在其著作《以自由看待发展》中明确主张,应将发展"看作是扩展人们享有的真实自由的一个过程",提出"自由不仅是评价成功或失败的基础,它还是个人首创性和社会有效性的主要决定因素"②。随后,联合国基于森的理论编制了人类发展指数,世界银行进一步提出了"共享式繁荣"

---

① 戚义明:《"十三五":在共建共享中提高发展包容性》,http://news.xinhuanet.com/politics/2015-11/22/c_128453796.htm。
② [印度] 阿马蒂亚·森:《以自由看待发展》,任赜、于真译,中国人民大学出版社 2002 年版,第 1、23 页。

(Shared Prosperity)。

按照亚洲开发银行副首席经济学家庄巨忠的解释,包容性增长是指"为建立在机会平等基础上的经济增长",它"保证人人都能公平地参与增长过程并从中受惠"。[①] R. Rafael and R. R. Almeida (2013) 认为,包容性增长是倡导机会平等扩张经济参与让每个社会成员分享经济利益的增长。[②] UNDP 则将包容性发展视为反对性别、年龄、种族、残疾和贫困等社会排斥性的发展,是所有社会群体共同创造发展机会、共享发展成果和参与决策的发展。[③]

包容性发展明确了一国在实现经济增长的同时,要实现教育、医疗、社会保障等各种社会发展进步目标,提高社会公平的程度,即经济增长对其他各项社会进步目标的包容。包容性发展具有"权利公平、规则公正,成果共享、共同富裕,利益共容、价值共建三大特征",[④] 它以倡导机会均等与公平正义积极调整群体间收入分配、以政策制定的开放性积极回应民众多元化利益诉求、以促进社会流动与阶级互动推进社会利益整合优化社会结构。[⑤]

(二) 群体性脱贫致富是包容性发展的政策重心

包容性发展的政策,一方面增长与发展要求保持较高的发展速度,宏观经济稳定、人力资本投资与经济结构转变是实现这一目标的前提与基础;另一方面,包容性在政策上强调发展机会的均等化与发展成果的共享化,要求政府强化社会投资、优化分配结构、完善社会保障网络,确保每个个体的发展权利与实现"体面有尊严的生活";要求政府不仅重视人类发展平均水平的提高,更要追求更加平等的人类发展,缩小不同地区和不

---

① 《经济学家解读为什么中国需要提高增长的包容性》,http://theory.southcn.com/c/2010-10/12/content_16593512.htm。
② Ranieri, Rafael; Ramos, Raquel Almeida (2013), "Inclusive Growth: Building up a Concept", Working Paper. 104. Brazil: International Policy Centre for Inclusive Growth.
③ UNDP. Inclusive development, http://www.undp.org/content/undp/en/home/ourwork/povertyreduction.
④ 相均泳:《习近平"包容性发展"将开启"十三五"幸福之门》,http://news.cntv.cn/2015/10/29/ARTI1446103607611608.shtml。
⑤ 倪明胜:《共享式改革与包容性发展:利益整合时代的现实逻辑》,《天津行政学院学报》2012年第5期,第84—89页。

同群体间的人类发展差距。

在所有的这些政策指向中，脱贫致富，无疑是发展包容性的题中之义与核心内容。包容性发展，一定先是益贫性的增长与发展（Pro-poor Growth），而后是基于社会平等准则的发展成果共享。Basu[①]提出，为有效度量包容性增长，应首先将目光聚焦于最贫困的20%底层人口。Subramanians[②]认为，底层40%的人口至少应获得40%以上的经济增长份额。世界银行（2015，2017）亦将共享性繁荣的目标锁定在了底层40%人口的收入增长与福利水平提升，提出应将底层40%的居民收入增长情况与全体居民的平均收入增长情况作为衡量基准，如果底层40%的居民收入增长更快，则意味着增长的包容性和繁荣的共享式，反之则反是。[③]世界经济论坛公布的《2017年包容性增长与发展报告》提出，应当由包容性发展指数（IDI）来取代国内生产总值。包容性发展指数由以下三个方面构成：一是增长与发展指标，含GDP、就业、生产率及预期寿命；二是包容性指标，含收入中位数、贫困以及不平等的严重程度；三是代际公平和可持续性指标，如煤的使用、公共债务和对人口的依赖程度等。[④]

第二节　浙江脱贫致富的实践与思考

消除贫困、改善民生，由人民共享发展成果，逐步实现共同富裕是社会主义本质要求，历来为党中央所重视。习近平总书记多次指出，扶贫"是社会主义的本质要求，是我们党的重要使命"，领导干部不仅要懂得"富人经济学"，更要懂得"穷人经济学"。他强调，"我国发展必须保持一定速度，不然很多问题难以解决。同时，发展必须是遵循经济规

---

① Kaushik Basu (2006), "Globalization, poverty, and inequality: What is the relationship? What can be done?" *World Development*, Vol. 34 (8).

② S. Subramanian, "Inclusive Development and the Quintile Income Statistic", *Economic & Political Weekly*, 2011, 46 (4): 67–72.

③ 世界银行：《2015年世界发展报告：思维、社会与行为》，胡光宇等译，清华大学出版社2015年版；世界银行：《2016年世界发展报告：数字红利》，胡光宇等译，清华大学出版社2017年版。

④ 《放弃GDP？世界经济论坛主张采用包容性发展指数》，http://www.cankaoxiaoxi.com/finance/20170118/1621722.shtml。

律的科学发展，必须是遵循自然规律的可持续发展，必须是遵循社会规律的包容性发展"，"要通过更加有效的制度安排，促进权利公平、规则公平、机会公平，使人人都有人生出彩和梦想成真的机会"，"让人民群众有更多获得感"，要求"全面小康是全体中国人民的小康，不能出现有人掉队"。

浙江是全国最先消除"贫困县""贫困乡"的省份，也是最早建立低收入农户数据库开展精准扶贫的省份。党的十八大以来，浙江也是脱贫攻坚标准最高、速度最快、成效最为显著的省份。在走包容性发展实现共同富裕的道路上，浙江是排头兵、是模范、是标杆。浙江的脱贫致富的实践，为中国特色社会主义建设的伟大实践提供了生动的注脚，亦为国内后发地区甚至是全球的反贫困目标的实现提供了有益的启发。

一 脱贫致富的历程与成效

（一）简要回顾

改革开放起点上的浙江，经济发展落后于全国水平，1978 年人均 GDP 仅占全国的 86%，可以说是穷国中的穷省。[①] "一有阳光就灿烂、一有雨露就发芽"的浙江人，成为中国最早嗅到改革春风并抓住机遇的少部分人群。他们借助"村村点火、户户冒烟"的家庭工业并依靠"四千精神"和"两板作风"，[②] 硬生生地在"无优势资源、无国家扶持、无政策优惠"的"三无小省"基础上创造出了市场大省、经济强省、民本经济强省的脱贫致富发展奇迹（见图 1-1）。

仅用两年时间，浙江人均 GDP 就反超全国水平。1985 年，浙江站上 1000 元的台阶；1994 年，浙江突破 5000 元的台阶达到了 6201 元；1997 年，浙江领先全国 6 年突破万元大关，达到了 10624 元，并进入加速闯关模式；2003 年，突破 2 万元，达 20149 元；2006 年突破 3 万元，达 31241

[①] 本书数据，若无特殊注明，均引自《2017 年中国统计年鉴》和《2017 年浙江统计年鉴》，2017 年数据出自《中华人民共和国 2017 年国民经济和社会发展统计公报》与《2017 年浙江省国民经济和社会发展统计公报》，以及相应地区统计公报。

[②] 指浙商在改革开放时期"历经千辛万苦、说尽千言万语、走遍千山万水、想尽千方百计""白天做老板、晚上睡地板"的创业精神和奋斗精神，为浙江精神的核心内涵之一。

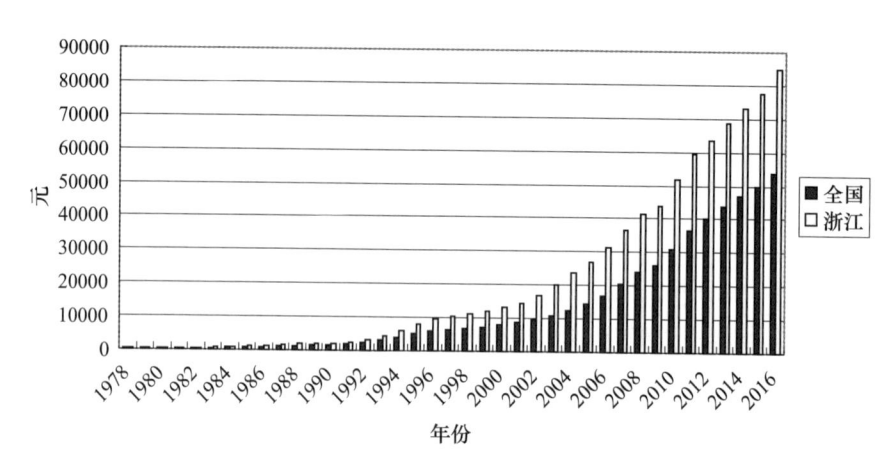

图 1-1 人均 GDP（1978—2017 年）

元；2008 年突破 4 万元，达 41405 元；2010 年、2012 年和 2014 年分别突破 5 万元、6 万元和 7 万元；2016 年，浙江站上 8 万元的高台阶，2017 年，进一步提升至 92057 元，按年平均汇率折算约 13634 美元，跨入高收入经济体门槛。① 2017 年，浙江人均 GDP 约是全国平均水平的 1.54 倍，绝对差额为 3.24 万元。列天津、北京、上海、江苏之后，居全国第 5 位、省区第 2 位。

（二）包容性发展成效

1. 居民收入增长快、水平高

自改革开放以来，浙江城镇居民人均可支配收入以较快的速度增长，自 2000 年以来，更是以引领的姿态在四大经济强省中高速增长。1978 年至 2017 年 39 年间，与全国水平相比，浙江城镇居民可支配收入以领先全国年均 1.09 个百分点增长，2017 年比全国水平高出 14856 元；与江苏、广东、山东相比，浙江分别以每年领先 0.05、1.27 和 1.44 个百分点增长，2017 年分别高出 7599 元、10285.9 元和 14472 元（表 1-1、图 1-2）。

---

① 世界银行最新标准用 12735 美元界分中等收入和高收入组别。

表 1-1　　　　　　　　城镇居民可支配收入变化　　　　　　　单位：元

年份	全国	浙江	江苏	广东	山东
1978	343.4	332	288	412.1	391.5
1980	477.6	488	433	472.6	448.2
1985	739.1	904	766	954.1	747.6
1990	1510.2	1932	1463.8	2303.2	1466.2
1995	4283	6221	4634.4	7438.7	4264.1
2000	6280	9279.2	6800.2	9761.6	6490
2005	10493	16294	12318.6	14769.9	10744.8
2010	19109	27359	22944.3	23897.8	19945.9
2015	31194.8	43714.5	37173.5	34757.2	31545.3
2017	36396	51261	43662	40975.1	36789
年均增长率	12.70%	13.79%	13.74%	12.52%	12.35%

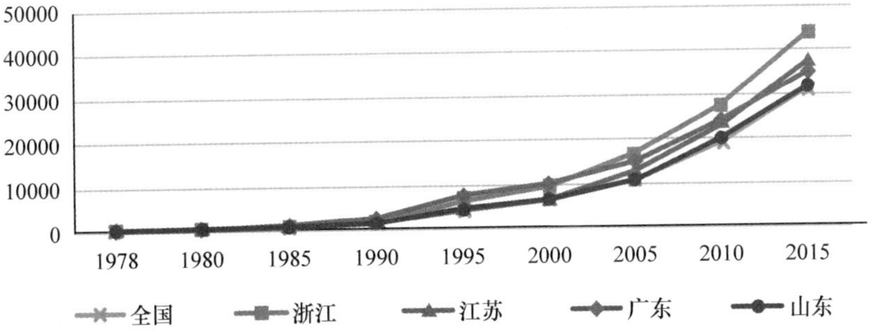

图 1-2　城镇居民可支配收入变化图

从农村居民可支配收入情况看，浙江在 1980 年代初就以领先全国的速度增长。1978—2017 年间，浙江的年均增速比全国高出 1.18 个百分点，2017 年比全国水平多 11524 元；比江苏、广东、山东的年均增速分别高出 0.58、1.78 和 0.39 个百分点，收入额分别高出 5798 元、9176.3 元和 9838 元（表 1-2、图 1-3）。

表1-2　　　　　　　　　农村居民可支配收入变化　　　　　　　单位：元

年份	全国	浙江	江苏	广东	山东
1978	133.6	165	155	193.3	114.6
1980	191.3	219	218	274.4	210.2
1985	397.6	548.6	496.2	495.3	408.1
1990	686.3	1099	959.1	1043	680.2
1995	1577.7	2966.2	2456.9	2699.2	1715.1
2000	2253.4	4253.7	3595.1	3654.5	2659.2
2005	3254.9	6660	5276.3	4690.5	3930.6
2010	5919	11303	9118.2	7890.3	6990.3
2015	11421.7	21125	16256.7	13360.4	12930.4
2017	13432	24956	19158	15779.7	15118
年均增长率	12.55%	13.73%	13.15%	11.95%	13.34%

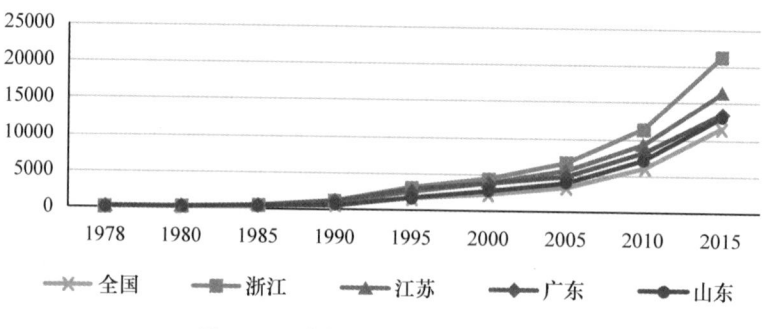

图1-3　农村居民可支配收入走势

2017年，浙江省居民人均可支配收入42046元，是全国的1.62倍。其中，城镇常住居民人均可支配收入51261元，农村常住居民人均可支配收入24956元，分别是全国的1.41和1.86倍，城镇居民人均可支配收入连续17年居全国第3位，省区第1位，农村居民人均可支配收入连续33年居全国省区第1位，2014年首次超过北京，列上海之后居全国第2位。[1]

---

[1] 王美福、傅吉青、黄洪琳：《一张蓝图绘到底　健步迈入新时代——"八八战略"实施15周年系列分析之一》，http://tjj.zj.gov.cn/tjxx/tjjd/2018.5/t2018.524_211604.html。

2. 人均 GDP 收入转化率高

在一定意义上，我们可以城乡全体居民人均收入占人均 GDP 的比重称为人均 GDP 收入转化率。2013—2017 年，全国的转化率由 41.76% 上升为 43.54%，同期浙江由 43.27% 提升到 45.67%，浙江拥有更高的转化率和更快转化速度（表 1-3）。2010—2015 年，全国农村居民人均可支配收入占人均 GDP 的比重由 19.17% 提升为 22.85%，浙江则由 21.84% 提升为 27.21%。浙江省统计局课题组数据显示，2016 年，在人均 GDP 超过 1 万美元的 9 个省市区中，城镇和农村常住居民人均可支配收入与人均 GDP 的比值均居第 1 位；全体居民人均可支配收入与人均 GDP 的比值仅次于上海（47.8%）居第 2 位，高于北京（45.7%）、江苏（33.7%）、福建（37.3%）、山东（36.5%）和广东（41.6%）。[①]

表 1-3　　　　人均 GDP 收入转化率比较（2013—2017 年）　　单位：元、%

年份	全国 人均GDP	全国 全体人均收入	全国 转化率	浙江 人均GDP	浙江 全体人均收入	浙江 转化率
2013	43852	18311	41.76	68805	29775	43.27
2014	47203	20167	42.72	73002	32658	44.74
2015	49992	21966	43.94	77644	35537	45.77
2016	53980	23821	44.13	83538	38529	46.12
2017	59660	25974	43.54	92057	42046	45.67

3. 城乡居民收入差距较小

浙江城乡收入比在全国范围内一直保持相对较为合理的水平。2017 年，该比值降为 2.05，非常接近 1978 年的水平。全国数值仍然高于浙江历史上的最高值，广东与山东的数值与 2005 年处于高点时的浙江相当（表 1-4、图 1-4）。

---

① 王美福、傅吉青、黄洪琳：《一张蓝图绘到底　健步迈入新时代——"八八战略"实施 15 周年系列分析之一》，http：//tjj.zj.gov.cn/tjxx/tjjd/2018.5/t2018.524_211604.html。

表 1-4　　　　　　　　城乡居民可支配收入比

年份\地区	全国	浙江	江苏	广东	山东
1978	2.57	2.01	1.86	2.13	3.42
1980	2.50	2.23	1.99	1.72	2.13
1985	1.86	1.65	1.54	1.93	1.83
1990	2.20	1.76	1.53	2.21	2.16
1995	2.71	2.10	1.89	2.76	2.49
2000	2.79	2.18	1.89	2.67	2.44
2005	3.22	2.45	2.33	3.15	2.73
2010	3.23	2.42	2.52	3.03	2.85
2015	2.73	2.07	2.29	2.60	2.44
2017	2.71	2.05	2.28	2.60	2.43

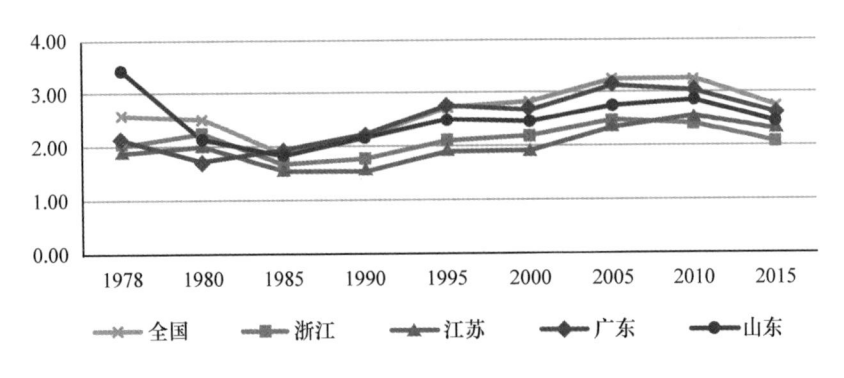

图 1-4　城乡居民可支配收入比走势

2016 年，浙江城乡居民收入比为 2.07，小于全国（2.72），也低于上海（2.26）、江苏（2.28）、山东（2.44）、北京（2.57）和广东（2.60）。此外，地区差异也小于其他发达省。从地级市居民人均可支配收入差距看，2016 年，浙江收入最高的地区为最低地区的 1.72 倍，明显低于山东（2.28 倍）、江苏（2.46 倍）和广东（3.03 倍）等经济发达省份。从收入最低地区的收入绝对水平看，2016 年，浙江全体居民人均可支配收入最低地区的衢州为 26745 元，分别相当于山东菏泽（15661 元）、广东河源

（16077元）和江苏宿迁（18957元）的1.71倍、1.66倍和1.41倍。[①]

4. 底层民众收入改善明显[②]

底层40%民众经济状态的改善，是世界银行判别是否实现包容性发展共享式繁荣的核心指标。根据国家统计局和浙江省统计局公布的城乡居民可支配收入和五等分组情况，2015年全国全体城乡居民人均可支配收入比2013年增长了20%；最高收入组和最低收入组的收入差距倍数从10.78缩小为9.76；最低收入20%户的收入增长倍数尽管高于最高组别，但低于其他组别，收入增长低于全部组别的平均增长率；较低收入组别增长了23%，与中间组别并列第一。

浙江全体城乡居民的人均可支配收入2年间增长了19%；在五等分组中，收入增长率与收入水平成反比，最低组最高增长了32%，达到11574元，与全国较低收入组别的收入水平相当；较低收入组增长了30%达22730元，比全国中间收入组还高出了3400多元；最高组与最低组的收入差距倍数由7.75优化为6.49（见表1-5）。

表1-5　　　　　全体城乡居民收入及其分组（2013—2015）　　　　　单位：元

	全国			浙江		
	2013年	2015年	增长倍数	2013年	2015年	增长倍数
居民人均可支配收入	18310.8	21966.2	1.20	29775	35537	1.19
最低20%户	4402.4	5221.2	1.19	8773	11574	1.32
较低20%户	9653.7	11894	1.23	17545	22730	1.30
中间20%户	15698	19320.1	1.23	25271	31443	1.24
较高20%户	24361.2	29437.4	1.21	35737	43085	1.21
最高20%户	47456.6	50968	1.07	68028	75072	1.10
最高组和最低组收入差距倍数	10.78	9.76		7.75	6.49	

[①] 王杰、王美福、傅吉青、黄洪琳：《创新转型　勇立潮头——浙江省第十三次党代会以来经济社会发展成就》，http：//www.zj.stats.gov.cn/tjxx/tjjd/201706/t20170610_196283.html。

[②] 因浙江省未公布2016年和2017年收入五等分组情况，为便于比较，仍采用2015年数据开展分析。

从城市居民人均可支配收入情况看，浙江与全国同步，两年间均增长了18%，且收入水平越低，增长率越快。浙江最低20%收入组增长了29%，较低20%组增长了25%，大幅快于省平均水平；最高组与最低组的收入差距倍数由5.55优化为4.66。

农村通常是包容性共享式发展薄弱环节，农村收入分组的情况，在相当大程度上映照出了发展成果是否有效共享。从农村居民人均可支配收入情况看，在最低收入组，浙江尽管和全国都落后于平均增长水平，但浙江基数更高、增长更快，2015年达6180元，是同期全国同组水平的2倍，与2013年全国较低组的收入水平相当。浙江较低组收入改善最为明显，增长了35个百分点，比省平均和全国同组高了14个百分点；2015年，该组平均收入为15132元，比全国较高收入组还高594.7元（见表1-6）。

表1-6　　　　农村居民收入及其分组（2013—2015年）　　　　单位：元

	全国			浙江		
	2013年	2015年	增长倍数	2013年	2015年	增长倍数
人均可支配收入	9429.6	11421.7	1.21	17494	21125	1.21
最低20%户	2877.9	3085.6	1.07	5433	6180	1.14
较低20%户	5965.6	7220.9	1.21	11209	15132	1.35
中间20%户	8438.3	10310.6	1.22	15859	20678	1.30
较高20%户	11816	14537.3	1.23	20966	26097	1.24
最高20%户	21323.7	26013.9	1.22	35384	37311	1.05
最高组和最低组收入差距倍数	7.41	8.43		6.51	6.04	

进一步的分析还可发现，2013—2015年间，全国农村各收入组别间的差距倍数呈扩大状态。最高与最低组由7.41扩大到8.43、最高与较低组由3.57扩大至3.60、较高组与最低组由4.11提升到4.71、较高组与较低组由1.98上升至2.01。同期，浙江除较高收入组、中间收入组、较低收入组与最低收入组差距倍数放大外，其余组间收入差距倍数均呈收缩状态。其中，最高组与最低组差距由6.51压缩至6.04、最高组与较低组差

距由 3.16 下降为 2.47、较高收入组与较低收入组由 1.87 下滑到 1.72。

二 脱贫致富的动力机制与发展提升

改革开放以来，浙江省委省政府坚持实事求是的精神，不断审时度势地结合区域实际与发展动态，不断推动政府、市场与社会关系的优化，稳步推进富民经济大业。

（一）动力机制

1. 集聚化发展的草根经济是推动浙江脱贫致富的市场根基

农民重新获得的经济自由，是"中国农村经济得以复苏的最终力量源泉"[①]，更是浙江走向脱贫致富的根本所在。"低"产业层次、"小"生产规模为"村村点火、户户冒烟"式的家庭工业提供了可行的进入与发展路径、聚而不散的块状经济、专业市场与产业集群，为家庭小生产构筑了社会化大生产的区域体系并形成了非凡的产业竞争力，构成了浙江经济发展的强大动力，是浙江强县经济与浙江跨越式发展的核心支撑[②]。正是浙江这种"小商品、大市场""小生产、大流通"和"小企业、大协作"式的、普遍的草根经济成长，为创业创新提供了温床，源源不断地为脱贫致富提供了经济机会与社会基础，进而不断地优化低收入人群的"带宽"、消解"接纳"的逻辑和放松贫困的均衡；同时，亦为浙江经济注入了发展的韧性，提升了脱贫致富的可持续性。

对照全国和浙江的经济普查公报可以发现，2004 年年末浙江分别拥有二、三产业法人单位、产业活动单位和个体经营户 40.4 万户、47.7 万户和 276.3 万户，分别占全国的 7.82%、7.0% 和 7.05%，分别位居全国第三位、第四位和第三位。[③] 2013 年年末，全国共有从事第二产业和第三产业活动的法人单位 1085.7 万个，产业活动单位 1303.5 万个，有证照个体经营户

---

① [美]罗纳德·科斯、王宁：《变革中国：市场经济的中国之路》，徐尧、李哲民译，中信出版社 2013 年版，第 79 页。
② 郭金喜：《运用产业集群推动浙西南地区跨越式发展》，《浙江师范大学学报》（社会科学版）2003 年第 1 期；马力宏：《博弈与互补：浙江政府与市场关系 30 年》，浙江大学出版社 2009 年版。
③ 国家统计局：《第一次全国经济普查主要数据公报（第一号）》，http://www.stats.gov.cn/tjsj/tjgb/jjpcgb/qgjpgb/201407/t20140731_590160.html。

3279.1万个，①平均每万人分别约为80个、96个和241个。同期，浙江共有从事第二产业和第三产业活动的法人单位96.4万个，产业活动单位108.0万个，有证照个体经营户218.1万，②以常住人口计算平均每万人分别约为175个、196个和397个，分别是全国平均水平的2.20倍、2.05倍和1.65倍。

  市场组织的活跃特别是中小微型市场组织的活力，为浙江城乡居民以领先全国的姿态脱贫致富创造了多元化的基础。2016年，浙江省全体城乡居民可支配收入为38529元。其中，工资性收入22207元，占57.64%；经营净收入6589元，占17.10%；财产净收入4337元，占11.26%；转移净收入5396元，占14.01%。同年，全国平均水平为23821元，其中工资性收入13455.2元，占56.48%；经营净收入4217.7元，占17.71%；财产净收入1889元，占7.93%；转移净收入4259.1元，占比17.88%（表1.7）。浙江是分别是全国平均水平的1.62倍、1.66倍、1.56倍、2.30倍和1.27倍。对照浙江领先全国14708元的收入差距，工资性收入差距8751.8元，占总收入差距的59.50%；经营净收入差距2371.3元，占总收入差距的16.12%；财产净收入差距2448元，占总收入差距的16.64%。也即，浙江与全国的市场化与非农化水平，可以解析92.27%的居民可支配收入差距。

表1-7　　全体城乡居民可支配收入及其分解（2013—2015年）　　　　单位：元

	全国		浙江	
	2013年	2016年	2013年	2016年
可支配收入	18310.8	23821.0	29775	38529
工资性收入	10410.8	13455.2	17426	22207
经营净收入	3434.7	4217.7	5600	6589
财产净收入	1423.3	1889.0	3315	4337
转移净收入	3042.1	4259.1	3434	5396

---

① 国家统计局：《第三次全国经济普查主要数据公报（第一号）》，http：//www.stats.gov.cn/tjsj/zxfb/201412/t20141216_ 653709.html。

② 浙江省统计局：《第三次全国经济普查主要数据公报（第一号）》，http：//www.zj.stats.gov.cn/tjgb/jjpcgb/201502/t20150204_ 152719.html。

进一步的数据分析还可发现，2013—2016年间，全国人均可支配收入增长中，工资性收入增长贡献了55.25%、转移净收入增长贡献了22.01%、经营净收入增长贡献14.21%、财产净收入增长贡献8.45%；而浙江人均可支配收入增长中，工资性收入增长贡献了54.62%、转移净收入增长贡献了22.41%、经营净收入增长贡献11.30%、财产净收入增长贡献列第三达11.67%。转移净收入与财产净收入已成为浙江居民收入重要的新增长点。

2. 发展型包容性政策是推动浙江脱贫致富的制度保障

"走在前列、干在实处"，不断以改革红利激活开放红利、人口红利和创新红利，是浙江改革创新实践的真实写照。1978年中共浙江省第六次党代会提出了"重新出发"的口号，1983年中共浙江省第七次党代会重点突出了"改革开放"，1998年中共浙江省第十次党代会提出"加快实现现代化"，2002年浙江省委十一届五次全体（扩大）会议提出把贯彻落实"八八战略"作为此后一个时期工作的主线、2007年中共浙江省第十二次党代会提出以"创业富民、创新强省"深入推进"八八战略"，[①] 2012年中共浙江省第十三次党代会提出建设"物质富裕精神富有的社会主义现代化浙江"，[②] 2017年中共浙江省第十四次党代会提出要坚定不移坚持"八八战略"的指引、高水平全面建成小康社会、高水平推进社会主义现代化建设的奋斗目标。

在经济体制改革领域，浙江创造了一个又一个第一，为经济发展注入持久的改革动力。1978年，温州颁发了全国第一部私营企业地方性法规《温州市私营企业管理暂行条例》。1980年，温州成为第一个发放个体营业执照的城市。1986年台州市出台《关于合股企业的若干政策意见》，成为全国第一个鼓励、支持股份合作制企业的正式文件。1999年，上虞建立起了全国第一家规范意义上的行政服务中心。2001年，浙江制定出台了全国首部行政审批规章《浙江省行政审批暂行规定》。2015年，浙江在全国

[①] 《辉煌浙江 红色经典——浙江省历次党代会回眸》，http://zjnews.zjol.com.cn/05zjnews/system/2012/06/01/018540861.shtml。

[②] 《浙江省第十三次党代会报告摘登》，http://zjnews.zjol.com.cn/05zjnews/ztjj/13ddh/。

率先推出以特色小镇建设推动供给侧结构性改革建设,等等。在社会政策与福利制度领域,浙江同样勇于探索积极创新,为包容性发展不断夯实与抬升社会经济基础。1993年开始了社会统筹与个人账户相结合的职工养老保险模式探索,1996年开始推行最低生活保障制度,2003年率先建立起了被征地农民基本生活保障制度,2003年率先建立新型农村合作医疗制度,2012年,浙江率先将贫困线提升到全国线的2倍,等等。

(二) 发展提升

为不断巩固和提升脱贫致富的成果,浙江不断提升包容性发展的目标、加大包容性发展的政策力度与优化支持体系。

1. 包容性发展向度不断提升

(1) 从消除绝对贫困转向减缓相对贫困

1997年,浙江在全国第一个消除贫困县;2002年,又第一个消除贫困乡镇,在区域的意义上进入减缓相对贫困的新阶段。2008年,浙江开始探索与农民人均收入相关的扶贫标准确定机制,将2007年全省农民人均收入的30%(2500元)确定为扶贫标准。2012年,浙江将地方扶贫标准提高到了本省农民人均收入的40%(4600元)。继2015年,全省全面消除家庭人均年收入4600元低收入农户的基础上,2016年以最低生活保障标准的1.5倍至2倍为标准,精准识别5%左右的全省农村户籍人口作为低收入农户,开展针对性帮扶。

(2) 从消除收入型贫困转向重点关注支出型贫困

贫困具有动态性,有的退出,有的返回,因贫返贫因残返贫问题日益突出。2013年的一份调查显示,全省低收入农户中有48%的户有人生病(包括体弱多病、患慢性病、患大病、持证残疾);而2015年8月对10县494户"4600元以下户"的调查,有人生病户的比重高达70%以上。[①] 针对不少低收入农户在享受医疗保险、大病保险、医疗救助等政策后,仍难以承担医疗费用缺口的情况,浙江省人大于2014年颁布了《浙江省社会救助条例》,在政府层面大力实施健康扶贫,推动低保兜底一批、医疗救助一批,在社会层面鼓励慈善公益组织参与救助。2016年,兰溪市试点探

---

① 邵峰:《扶贫开发仍然在路上》,《今日浙江》2015年第24期,第34—35页。

索开展支出型贫困家庭纳入低保范围工作;同时还完善了医疗救助制度,特困供养、低保、低保边缘、因病致贫对象自负费用救助比例分别达到100%、70%、60%、50%,年度救助封顶线提高至8万元。[1]

(3) 从减少贫困发生率转向压缩收入不平等程度

绝对贫困向相对贫困的转移,意味着减少贫困人口的数量或贫困发生率已不再是核心目标。相反,扩展扶贫对象的发展机会加快增加他们的收入,并使他们的收入增速高于社会平均水平,减少收入差距,共享发展成果,已成为脱贫攻坚的中心工作。浙江省明确把"扶贫对象收入增速高于社会平均增速"设定为"扶贫目标",深入实施"低收入农户倍增计划(2013—2017)",各市则出台更为具体的行动计划。2016 年,全省低收入农户人均可支配收入达到 10169 元,增幅达 19.2%,[2] 比全省居民人均可支配收入的增长速度快了 10.8 个百分点,占全省居民可支配收入的比重达到了 26.39%,占全省农村居民可支配收入的比重更是达到了 44.47%。

2. 包容性发展力度持续加强

(1) 低收入农民认定标准与范围不断提高

继 2015 年浙江全面完成消除家庭年人均收入 4600 元以下绝对贫困现象后,2016 年浙江省民政厅、省农办、省扶贫办联合制定了《低收入农户认定标准、认定机制及动态管理办法》。《办法》规定,新一轮低收入农户对象,由低保对象、低保边缘对象与"4600"低收入农户巩固扶持对象(指如无巩固帮扶措施,年均收入极易滑入 4600 元以下的农户)组成,前两类对象为主体。新一轮低收入农户对象总量,按 2014 年农村人口的 5% 计算。其中,丽水、衢州、温州、台州、金华的低收入农户总量可高于当地农村人口 5%。低保对象与低保边缘对象按 1∶1 测算,享受相关优惠政策。

(2) 社会保障资金投入和社会保障水平不断提升

城乡居民养老保险基础养老金最低标准,已由 2012 年的 80 元提升到

---

[1] 金华市委市政府办:《关于切实做好 4600 元以下贫困现象消除后巩固提升工作的通知》,http://www.zjfp.gov.cn/html/main/jyjlView/3071.html。

[2] 《浙江低收入农户人均可支配收入首次突破万元大关》,http://n.cztv.com/news/12416025.html。

2014 年的 100 元,并在 2015 年进一步提高至 120 元。城乡低保平均标准分别由 2012 年每人每月的 476.78 元和 350.03 元提高到 2017 年每人每月 739 元和 730 元,增幅分别达到 55.0% 和 108.55%;同期全省在册低保人员数量 67.5 万人扩张为 81.5 万人;全省支出医疗救助资金也由 7.5 亿元上升为 18.4 亿元,增幅达 145.33%。

3. 包容性支持体系日趋完善

从"百乡扶贫攻坚计划"到"欠发达乡镇奔小康",从"低收入农户奔小康工程"到"低收入农户收入倍增计划",从 12 个重点欠发达县特别扶持计划到丽水国家级扶贫改革试验区,浙江的扶贫战略不断创新推进,通过"产业帮扶一批、金融服务一批、培训就业一批、异地搬迁一批、低保兜底一批、医疗救助一批"的脱贫路径不断拓宽;按照"扶持对象精准、项目安排精准、资金使用精准、帮扶举措精准"的要求,建立健全扶贫帮扶新机制;一个集专项扶贫、行业扶贫、社会扶贫相结合的"三位一体"大扶贫格局基本成型。2016 年,全省开展低收入农户基础数据核对工作、动态管理,确保实现"一户不漏、一个不少",一个含低收入农户认定、数据交换端口的社会救助信息系统正在生成。

4. 包容性发展动力体系不断优化

在巩固与深化结对帮扶、异地脱贫、来料加工、普惠金融、社会保障托底等脱贫致富传统举措的基础上,浙江积极拓宽脱贫致富的新渠道新领域,通过技术赋能、生态赋能、空间赋能、资产赋权和政策确权等不断构筑脱贫新动能。①

(1) 数字化:技术赋能脱贫致富

在所有对低收入农户的技术赋能中,以电子商务为代表的数字化经济和"互联网+"商业模式,起到了最为积极和广泛的作用。

阿里研究院的相关研究报告显示,浙江淘宝村、淘宝镇的数量最多、最为活跃,对农民增收的帮助也最为显著。2015 年,浙江有 280 个"淘宝村",数量居全国首位。截至 2016 年 8 月底,全国共发现 1311 个淘宝村,

---

① 本书对赋权与赋能的使用,借鉴森在《以自由看待发展》中的看法,那些可直接为经济主体提高可行能力的帮助,称为赋能;有助于经济主体扩展发展机会但不直接扩展其能力的,称为赋权。

浙江506个占据第一（占38.60%），是排名第二广东（262个）的1.93倍；在135个淘宝镇中，浙江占37.78%达51个，是排名第二广东（32个）的1.59倍。2017年，阿里研究院的报告显示，在全国2118个淘宝村，浙江占了779个。① 这些淘宝村镇，对孵化草根创业、创造规模化就业机会和电商致富消贫起到了非常积极的作用。② 正是借助这些密集活跃的电商群体，《阿里农产品电子商务白皮书（2015）》显示，浙江农产品销售额超80亿元，位列全国第一。

淘宝村镇的高速发展，特别是其背后更为广泛的浙江农村电商群体，离不开浙江省各级政府的重视与支持。2013年，省商务厅发布实施"电子商务进万村工程"，截至2015年年底浙江省电子商务公共服务平台共入驻企业620家。依托省级平台，全省新建29个县级公共服务中心，3688个村级服务点，初步形成了省、市、县三级联动的公共服务体系，构筑了覆盖信息、交易、结算、运输等全过程的电子商务公共服务支撑体系。③

在地市层面，丽水市把发展农村电子商务作为推进创业创新、精准脱贫、加快农民增收、实现生态惠民的重要战略举措。丽水市是全国首个农村电子商务全域覆盖的地级市、浙江省唯一的省级农村电子商务创新发展示范区，较好地解决了农村青年创业、农产品销售的两难问题，实现了农村青年成功创业、农村经济蓬勃发展、农民群众增收致富的多赢。④ 2017年，该市活跃网店1.08万家，直接解决就业岗位2.77万—2.89万个，间接带动就业岗位7.54万—7.86万个，全年实现网络零售额达259.8亿元、网络零售顺差达97.3亿元。其中，农特产品网上销售额92.3亿元，同比增长40.1%。⑤

---

① 阿里研究院：《全国淘宝村数量已超2100个 阿里巴巴打造乡村振兴新样本》，http：//www.aliresearch.com/blog/article/detail/id/21427.html。

② 阿里研究院：《2016中国淘宝村及淘宝镇出炉》，http：//www.aliresearch.com/blog/article/detail/id/21127.html。

③ 浙江省商务厅：《2015年浙江省电子商务发展总报告》，http：//www.zcom.gov.cn/art/2016/7/28/art_1127_226302.html。

④ 丽水市扶贫办：《"中国青年电商群英会暨电商扶贫活动周"在丽开幕》，http：//www.zjfp.gov.cn/html/main/xwkdView/3271.html。

⑤ 丽水商务局：《我市2017年网络零售额达259.8亿元》，http：//sswj.lishui.gov.cn/gnmy/dzsw/201801/t20180118_2719859.htm。

衢州市深入实施电商扶贫，2015 年，农村电子商务店铺数达到 31200 多家，新增从业人数 43000 多人，网销零售额达 66.88 亿元。目前，建立电商试点村达到了 355 个，其中扶贫重点村 217 个，带动低收入农户 2.18 万户。① 2017 年，衢州市 35 个电商园区入选省电商产业基地，全市网络零售额达 194 亿元，全国首个阿里村淘各县域全覆盖的地级市。② 温州在电商扶贫之外，于 2016 年创建了"温州扶贫互联网平台"，搭建了由政府主导、社会参与、网上网下互动、大数据储存和分析的基本框架，探索"互联网＋政府＋乡村＋项目＋公众参与"的精准扶贫模式。该平台提供扶贫项目对接、扶贫金点子征集、扶贫助力、扶贫申请等综合功能，是国内首个能够实现一对一网上帮扶、项目自助对接的扶贫互联网平台，为数字化时代的技术赋能提供了新的方向与可能。③

（2）同城化：空间赋权脱贫致富

异地搬迁、下山脱贫，一度是空间赋能脱贫的典范。在新的时期，发达密集的市际高速交通网络和便利的城乡公路系统，以其同城化的空间可达性和经济机会扩张，有效地构筑起了萨克斯所重视的市场前提，成为脱贫攻坚的关键支撑。2011—2017 年，浙江省的公路通车里程由 11.18 万公里增加到 12 万公里，其中，高速公路由 3500 公里增加到 4154 公里。高速公路几乎遍及每个县市，高铁亦已覆盖所有的地级市，全省已经由 4 小时交通圈进入到 2 小时交通圈并向 1 小时交通圈迈进。

2016 年，全省农村实现等级公路通村率 100%、路面硬化率 100%，城乡客运一体化率 50% 以上。④ 交通条件的改善，不仅改善了空间关系，更为欠发达的山区低成本地接入发达市场创造可能，推进地方资源的市场化和地方产品的跨空间贸易，为收入的持续增长奠定了基础。也正是这些

---

① 《人民日报今天头版头条重磅推荐衢州治返贫经验》，http：//news.qz828.com/system/2016/11/05/011218883.shtml。

② 于倩：《衢州市举办"2018 互联网＋三衢儿女英雄会"》，http：//www.zjscdb.com/detail.php? newsid=201069&security_verify_data=313434302c393030。

③ 《互联网＋精准扶贫平台启动　温州实现一对一网上帮扶》，http：//zjnews.zjol.com.cn/system/2016/04/28/021129219.shtm。

④ 《浙江坚持美丽乡村建设 13 年　打造"升级版"　争当"示范生"》，http：//js.zjol.com.cn/ycxw_zxtf/201611/t20161103_2044274.shtml。

交通网络的优化，使得与互联网构成了相互支撑强化的"天网+地网"组合，推动了浙江特别是浙西南山区农村电子商务的发展，也为全省绿色经济的腾飞提供了动力。（见图1-5）

图1-5　遂昌：通村路、富民路

（3）绿色化：生态赋能脱贫致富

加尔布雷斯[①]认为，比起接纳，决定生活水平更为重要的因素是资源禀赋、外部投资。有资源和产品可供交易，是贫困区域及贫困家庭融入市场体系的前提；拓宽资源与增加商品供给，是贫困区域及贫困家庭获得持续发展的内生动力。长三角区域快速地由工业化向后工业化社会的转型、由产品输出型经济向产品输出与消费引入并重型经济转向，加上浙江技术赋能所创造的数字化经济、空间赋权所带来的同城化效应，第一次真正让"绿水青山"转化为"金山银山"。在这里，习以为常的土货，成为城里人的品质商品；在这里，生态成为实实在在的经济资源；在这里，破旧的农村土夯房有了新的生命；在这里，采摘经济、"颜色"经济、气候经济、民宿经济已成为常态；在这里，发展的可能性不再是走出"大山"打工而是"回乡创业、返乡就业"。2015年，全省26个欠发达县一次性全部"摘帽"后，省里全面取消对26县的GDP考核，建立以"绿富美"为导向的新考核体系，更是为生态赋能脱贫注入持久的制度性动力。

---

① ［美］约翰·肯尼斯·加尔布雷斯：《贫穷的本质》，倪云松译，东方出版社2014年版，第79页。

以乡村旅游为例。2015年,开化县所有乡镇都发展起乡村旅游,共有农家乐(民宿)村店50余个,经营户600多户,床位近7000张,从业人员3000人左右,2014年为农民收入贡献1.3亿元。① 同年,丽水市农家乐民宿经营户近3000户,从业者3.7万人,挂牌的乡村休闲旅游村点437个,接待1700万人次,实现营业总收入超20亿元。② 据有关部门统计,2016年全省仅农家乐营业收入一项,就达到290亿元,其中26县农家乐营业收入达到56亿元,增幅达到35.6%,吸纳低收入农户从业人员4.5万人。③ 具体到村,毗邻牛头山和十里荷花景区的武义县江下村,也是当地"下山脱贫"的移民村点,全村600多口人,开办了23家民宿,床位超过200张,户均每年增收达到了6万元。④

(4)产权化:资产赋权脱贫致富

德·索托在其著作《资本的秘密》中指出,发展中国家在经济上之所以难以向欧美发达国家靠拢,就在于其缺乏一套合法的系统性产权制度。这套产权制度可以使资产具有可交换性、扩张人的经济选择进而扩张经济发展潜能。如果产权未能合法系统安排,其效果则刚好相反。特别是对穷人而言,不能将资产量化为货币与交易,不仅直接剥夺了穷人的经济选择空间,还进一步为信贷系统所限制。也即,产权对穷人而言,不仅意味着阿马蒂亚·森意义上的可行能力的剥夺,更预示着融入市场机会的剥夺。在政治经济学的意义上,它表明,穷人尽管拥有资产,但却是缺乏资本的"无产阶级",其制度化的经济可能有且只有"出卖劳动力"一项选择。由是观之,浙江的经济成就,很大的原因就在于推进了合法系统的产权制度建设,让居民有了更多的机会将资产转化为资本,让居民有了更大的激励增加资产并将之市场化。新时期浙江生态赋能脱贫成功的一个关键,就在于深入推进了农村产权改革,让资源变资本、

---

① 《浙江开化掘金乡村旅游 建设国家公园》,http://culture.people.com.cn/n/2015/0806/c172318-27419850.html。

② 《绿水青山怎样才能成为金山银山》,http://www.zjs.org.cn/sybb/20160714/0714164793_4.html。

③ 《浙江低收入农户人均可支配收入首次突破万元大关》,http://n.cztv.com/news/12416025.html。

④ 《武义全域旅游让农民走向小康》,http://www.zj.xinhuanet.com/20160309/3330875_c.html。

农民变股东，使更多的低收入农户成为合作创业者、获得分红收入，不仅让低收入农户直接有了更多的经济选择，还通过发展的累积效应为持续增长奠定了基础。

图1-6 2015年丽水市农村产权制度改革工作推进会

以丽水为例（见图1-6），结合国家级扶贫改革试验区、国家农村金融改革试点、省级农村集体产权改革、生态文明和生态经济双示范区建设，2014年，该市成立"农村产权制度改革领导小组"，整体推进土地承包经营权、林权、水利产权、宅基地使用权、农村房屋产权、村经济合作社股权在内的"六权"改革。赋权、确权的目的，更在于活权。该市按照"依法公开、自愿有偿、规范操作、有效监管"的原则，按"四个最大限度"（最大限度实现农村基本产权可抵押、可融资，最大限度优化农村金融生态环境，最大限度实现农村金融服务普惠发展，最大限度增加农村金融服务主体）的试点要求，建立了涵盖六类农村产权、"市—县—乡"三级农村产权交易平台体系。截至2015年年底，丽水市金融机构创新推出土地经营流转权证、林权流转权证、农村宅基地使用权证"三权"抵押贷款业务，累计发放16.83万笔、202亿元，余额82.77亿元。其中全市累计发放林地抵押贷款138.8亿元，贷款余额48.5亿元，占全省一半以上，占全国总量的近 1/10。①

再如衢州,该市深入推进村级经济合作社股份合作制改革,完成农村股改村 1424 个,完成率达 99.2%。搭建公共服务平台,全市 6 个县(市、区)均建成县乡联通一体的综合性农村产权交易平台,2015 年在平台上发生农村产权交易 4966.83 万元。拓宽农村金融服务渠道,2015 年"三权"抵押贷款余额达 7.6 亿元,缓解了农业主体的"担保难"问题。② 常山县黄塘村开创了"山水资源持股"模式,推行"公司+集体+农户"的运作模式,除了集体村民现金持股,将河道、土地等集体资源也算作股份,成功众筹 260 万元资金,成立了浙江常山黄塘旅游景区开发公司,有效推进了乡村旅游开发,帮助每户农户每年增收 3 万元。该项创新获得了省领导和社会各界的高度肯定。③

(5) 制度化:政策确权脱贫致富

如果说赋权(Empowerment)更侧重的是扩展发展的机会、提升个人的发展权利,那么资格(Entitlement)则更加重视生存权利与社会正义。新时期的政策确权与浙江脱贫攻坚实践,不仅在于实现了具有内生能力的低收入群众发展权利和能力扩张,推动了自由度的增长;更在于明确巩固提升了缺乏内生能力低收入群众的生存权利,将贫困视为一种社会排斥与能力剥夺,认可贫困的长期性、动态性,突出反贫困工作的包容性与共享性意义。

脱贫致富工作制度化的目标在于推进脱贫工作的规范化与长效化。一方面,浙江不断优化精准扶贫、精准脱贫的标准建设与技术支撑。继 2014 年浙江省人大颁布《浙江省社会救助条例》后,浙江于 2016 年实施了《低收入农户认定标准、认定机制及动态管理办法》,在巩固消除绝对贫困成效的基础上,明确和认定了新一轮低收入农户对象,较好地解决"扶

---

① 《绿水青山怎样才能变成金山银山——浙江省丽水市全域推进农村综合改革纪实》,http://lstk.zjol.com.cn/06lstk/system/2016/07/14/020595616.shtml。
② 《衢州市农村产业融合发展调查与思考》,http://www.qz001.gov.cn/info/view/283da01647bc4e0bb472079b777451e4。
③ 《带领村民打造"浙西香格里拉" 常山县黄塘村村支书获金牛奖》,http://qz.china.com.cn/quzhou/2016-01-13/43803.html。

贫"与"救助"的矛盾，实现了低收入农户的精准化与动态化管理。另一方面是推动长效化。浙江不断提高贫困补助标准、不断提高救助水平，按一定的人口比例动态调整贫困群体规模，就是要建立"对有劳动能力者建立生产和就业增收的长效机制，对无劳动能力者实行社会救助制度的长期保障"①的制度安排。浙江通过健全生态补偿机制、生态功能区示范区建设试点，逐步提高生态公益林补助标准，增加农民收入的做法，实际上是在区域的意义上进行生存权利与发展权利的确认。

三　浙江脱贫致富的理论思考

浙江的脱贫致富实践，是浙江科学发展干在实处、走在前列的重要标志，是缩小收入差距、实现共同富裕的重要里程碑，②是践行共享发展理念与包容性发展的生动实践。厘清浙江扶贫攻坚的包容性发展理论内涵及其发展机理，对浙江省"精准小康"建设和全国的扶贫开发工作均有非常积极的意义。

以包容性发展视角考察浙江脱贫致富实践，它首先是一个发展包容度政策目标更为清晰、政策力度持续加大、政策效果更为显著的过程。在更为广泛的意义上，它涉及经济发展、社会进步与政治改革，是政府、市场和社会分工基础上的合作优化，在本质上，它是人的主体性的提升，是个人权利的扩张与自由度的增长。从内在机理看，浙江市场体系的持续扩展是实现包容性发展和脱贫致富目标的第一动力，政府对市场培育、市场主体和产业的培育构成了关键推力，发挥市场的决定性作用与更好发挥政府作用，使浙江脱贫致富实践有效跳出了输血与造血、公平与效率、赋权与赋能等的争论，形成了包容性发展的动态支撑体系与发展路径。

（一）市场体系扩张是浙江实现包容性发展脱贫致富的第一动力

无论是历久弥新的来料加工扶贫、电商扶贫、乡村旅游扶贫还是产业扶贫，均得益于浙江高度发达的产业基础与市场体系。电商扶贫，根源于

---

① 邵峰：《扶贫开发仍然在路上》，《今日浙江》2015年第24期，第34—35页。
② 邵峰：《减缓相对贫困的浙江探索》，http：//zjrb.zjol.com.cn/html/2013-09/24/content_2339996.htm？div=-1。

浙江得天独厚的电子商务环境与市场基础：浙江不仅拥有全国规模最为庞大的专业市场体系，而且有着以阿里系为代表的电商集群，更有着发达的传统物流体系与以"四通一达"为代表的快递企业与快递网络。乡村旅游与民宿经济的强势发展，从根本上受益于浙江的城市化水平与经济发展水平。2017 年年末，全省民用汽车拥有量 1397 万辆，其中个人轿车 823 万辆；移动互联网用户 7456 万户；全年旅游产业增加值 3913 亿元，占 GDP 的 7.6%；实现旅游总收入 9323 亿元，增长 15.1%。其中，接待国内游客 6.4 亿人次，增长 9.6%。

具体到来料加工，其之所以能成为欠发达地区工业化的最低启动点和扩展低收入群众市场机会的重要通道，就在于它通过对区域优势资源与市场分工链条的双重嵌入获得了市场机会，并通过成功的示范作用激励仿效与经纪人队伍的成长，而后借助知识扩散或"干中学"的累积效应不断成长，并在新的时代中借助电子商务与"一带一路"等机遇，实现产品升级、流程升级和工艺升级，甚至完成市场转换，形成市场机会扩散、可行能力提升和发展螺旋晋升的良性互动，吸引和支持更多的低收入农户踏上发展的阶梯。①

（二）更好发挥政府作用是实现发展包容性攻坚致富的关键保障

无论是亚洲开发银行、世界银行还是联合国，其推进包容性发展的政策主张，都包含基础设施的投入、经济机会的扩张和人力资本与社会资本的投资。在森的理论中，更是将发展建立在了经济机会、政治自由、社会条件、透明性保证以及防护性保障五个工具性自由基础上，对政府推进工具性自由实现实质自由提出了要求。浙江通过技术赋能、生态赋能、空间赋权、资产赋权和政策确权等为脱贫致富确立了新动能，实质也是以优化政府职能来扩张市场机会、扶持特色产业和培育市场主体，实现以创业创新带动就业增收致富，同时通过动态调整的托底型社会政策来保障每个个体的生存权利。

扩张市场机会、扶持特色产业和培育市场主体，在增进发展的包容性

---

① 陶选宁、郭金喜：《论区域经济发展的产业嵌入及其实现路径：以兰溪市来料加工行业为例》，《浙江社会科学》2014 年第 2 期，第 150—154 页。

中实现脱贫攻坚具有内在的一致性。以空间赋能为代表的发展政策，首先是为欠发达地区和低收入农户创造了经济机会，亦为新的技术赋能、生态赋能和资产赋权创造了前提，并要求政府在政策上推行系统化的安排。如县域农村电子商务发展的典范遂昌县，其就构建了集电商创业支持、电商网络建设、电商协会发展、电商物流派送和特色农产品生产销售一体化的政策扶持体系。2015年浙江省共开展农村电子商务培训超1500场，培训人数超过50万，职业经理人200余名。各地乡村旅游的开发，集中了旧村改造、农家乐民宿发展、特色农产品种植、乡村旅游精品线路设计等，在培育市场主体的同时，开辟和增加乡村公益性就业岗位，进一步解决低收入群众的就业增收问题。

赋权与赋能的实质，就是要以系统思维补上发展的短板，通过更好发挥政府作用改变发展环境，树立发展信心，增强低收入群众与欠发达地区的自生能力。加尔布雷斯[1]提出，"一旦一个人与贫困和平共处，他就不太可能有所反抗"；[2] 森也认为，"受剥夺的人们出于单纯的生存需要，通常会适应剥夺性环境，其结果是，他们会缺乏勇气来要求任何激烈的变化，而且甚至会把他们的愿望和期望调整到按他们谦卑地看来是可行的程度"。这种对贫困的接纳会进一步加剧低收入群众在思考相关问题时的"带宽"不足与管道效应，与经济贫困一起构成心理贫困，最终导致贫困的恶性循环[3]。因此，"社会和经济因素，诸如基本教育、初级医疗保健，以及稳定的就业，不仅就其自身而言，而且就它们在给予群众机会去带着勇气和自由面对世界这方面所发挥的作用而言，都是重要的"[4]。习总书记多次强调要发挥困难群众的主体性，"注重扶贫同扶志、扶智相结合"，实际上也就是要求打破贫困的经济陷阱、文化陷阱与心理陷阱，扩张他们的可行能

---

[1] [美]约翰·肯尼斯·加尔布雷斯：《贫穷的本质》，倪云松译，东方出版社2014年版，第91页。

[2] [印度]阿马蒂亚·森：《以自由看待发展》，任赜、于真译，中国人民大学出版社2002年版，第53页。

[3] [美]塞德希尔·穆来纳森、[美]埃尔德·沙菲尔：《稀缺：我们是如何陷入贫穷与忙碌的》，魏薇、龙志勇译，浙江人民出版社2014年版，第164—180页。

[4] [印度]阿马蒂亚·森：《以自由看待发展》，任赜、于真译，中国人民大学出版社2002年版，第53页。

力，强化他们在市场发展中的竞争能力，让他们真正享有人生出彩的机会，获得"经济发展带给人们的希望和安全感"。

在更广泛的意义上，新一届中央推进的简政放权改革、商事登记制度改革；浙江省推进的"四张清单一张网"建设、"最多跑一次"改革，以及"拆、治、归"三字经，虽然表面上与脱贫攻坚无关，但其对创业创新和对市场体系扩张的作用非常突出，通过外溢效应积极促进了扶贫攻坚工作。

（三）优化政市社关系是实现包容性发展长效脱贫致富的根本出路

保障弱势群体的生存与发展权利，是现代政府的一项基本职责，更是社会主义的本质要求，是人民主体性的核心体现，是中国共产党稳固执政基础、实现"中国梦"的重要基础。在推进包容性发展实现长效扶贫脱贫的路上，没有完成时，只有进行时。"十三五"时期，有效处理好政府、市场和社会的关系，形成政府—市场—社会的新型合作关系，依然是实现包容性发展和脱贫致富工作的核心问题。

进一步优化城乡特别是欠发达地区基础设施建设和公共服务供给水平。积极推进供给侧结构改革，进一步加强对市场主体和特色产业的引导、培育和支持工作。推动淘宝村、淘宝镇建设，积极推动 26 个欠发达县农村电商的集群化发展。优化民宿经济乡村旅游特色化发展与体系化发展，避免同质竞争，实现提挡升级。整合财政支农资金，提升财政资金脱贫效率。鼓励公益慈善组织、社区社会组织参与扶贫与救助工作，通过公益创投、公共服务采购等方式，推动脱贫创新，进一步提升社会保障能力与水平。

第二章 产业扶贫致富

产业兴、经济旺、社会活、百姓富。大规模草根经济的崛起与特色产业的发展及其所激发的创业创新大潮是浙江经济率先发展的秘密所在。发展产业是实现脱贫致富最重要的举措，亦是其他帮扶措施取得实效的重要基础。产业扶贫是扶贫开发的战略重点与主要任务。本章在简要探讨产业扶贫的概念、类型与总体成效的基础上，重点分析来料加工、山海协作、乡村特色农副产业发展和乡村旅游发展对扶贫致富的作用，最后是小结与思考。

第一节 概念、类型与总体成效

一 基本概念

产业化发展是现代经济增长的题中之义，亦是后发地区实现经济赶超的根本保障。将产业化与扶贫结合起来，就是在正视发展差距的基础上，以市场为引领着力挖掘贫困地区和欠发达的资源优势、培育内生能力、变发展潜能为竞争优势，真正完成由"输血式"扶贫向"造血式"脱贫的转变。中国人民大学反贫困研究中心殷浩栋认为，产业扶贫是一种建立在产业发展和扶植基础上的扶贫开发政策方法，通过培育新主体创建新体系，解决贫困农户独立发展能力弱和贫困地区产业发展基础差等问题，它是一种典型的能力建设扶贫模式。[①]

---

① 殷浩栋：《产业扶贫：从"输血"到"造血"》，《农经》2016年第10期。

我国政府高度重视产业扶贫对脱贫攻坚的重要作用。习近平总书记多次强调，"发展产业是实现脱贫的根本之策。要因地制宜，把培育产业作为推动脱贫攻坚的根本出路"。国务院《"十三五"扶贫攻坚规划》把产业扶贫工作列为脱贫攻坚的八大重点任务之首，提出要"立足贫困地区资源禀赋，以市场为导向，充分发挥农民合作组织、龙头企业等市场主体作用，建立健全产业到户到人的精准扶持机制，每个贫困县建成一批脱贫带动能力强的特色产业，每个贫困乡、村形成特色拳头产品，贫困人口劳动技能得到提升，贫困户经营性、财产性收入稳定增加"。2016年，农业部等九部门联合印发《贫困地区发展特色产业 促进精准脱贫指导意见》，指出产业是发展的根基、脱贫的主要依托，必须找准产业项目与贫困户增收的结合点，真正建立起贫困户分享产业发展红利的有效机制，提出"到2020年，贫困县扶持建设一批贫困人口参与度高的特色产业基地，建成一批对贫困户脱贫带动能力强的特色农产品加工、服务基地，初步形成特色产业体系；贫困乡镇、贫困村特色产业突出，特色产业增加值显著提升；贫困户掌握1—2项实用技术，自我发展能力明显增强"。

鉴于相关理论认知与政策实践，本章认为产业扶贫是一种以促进贫困地区的贫困居民脱贫致富为目标、以贫困地区本身所具有的资源优势为基础、以市场为导向、以培育新型主体和发展特色产业为依托、以提升贫困居民发展的内生动力与实力为重点，通过政府的各项扶持政策实现贫困地区产业永续蓬勃发展的扶贫开发方式。

二 发展类型

杨国涛、尚永娟[①]从组织模式角度把产业化扶贫分为公司带动型、基地带动型、合作组织带动型、优势产业带动型和乡村旅游五种模式。其中，公司带动型是指以农产品加工、储藏、运输企业为龙头，围绕一项产业或一种产品，实行生产、加工和销售一体化经营；合作组织带动型则是以中介组织为主体，由贫困农户参与决策和执行扶贫行为的活动，并形成激励与约束机制共存、实现良性循环的扶贫方式；基地带动型是把开发资

---

① 杨国涛、尚永娟：《中国农村产业化扶贫模式探讨》，《乡镇经济》2009年第9期。

源与建设商品基地结合起来，根据本地实际，选好重点产品，建立一个商品基地，培植一个优势产品的一种产业化扶贫；优势产业带动型从利用当地资源，发展特色产业和产品入手，以"一乡一品，一村一业"的发展思路，形成生产、加工、销售一体化经营的产业群和产业链。

殷浩栋[①]认为产业扶贫主要有直接带动模式、就业创收模式、资产收益模式和混合带动模式四种类型。其中，直接带动模式采用的主要组织方式是"公司＋合作社＋贫困户"；就业创收模式主要适合于劳动密集型农业产业，对弱能贫困户帮助较大；资产收益模式是将自然资源、公共资产或农户权益资本化或股权化，贫困户按股权分红；混合带动模式是前三种模式的混合，是效果最好的产业扶贫模式。

国务院《"十三五"扶贫攻坚规划》在"产业发展脱贫"中提出，通过农林种养产业扶贫工程和农村一、二、三产业融合发展试点示范工程等推进农林产业扶贫；通过旅游基础设施提升工程、乡村旅游产品建设工程、休闲农业和乡村旅游提升工程等推进旅游扶贫；实施电商扶贫工程；通过光伏扶贫工程、农村小水电扶贫工程等推进资产收益扶贫；通过加强贫困地区创新平台载体建设和提高贫困人口创新创业能力等推进科技扶贫。

在浙江，上述的产业扶贫模式与组织类型均有体现，但表现最为充分、应用最为广泛、成效最为显著的方式还是来料加工扶贫、山海协作扶贫、特色农副产业扶贫和乡村旅游扶贫。本章的第二节至第五节，分别加以详细展开。

三　总体成效

以产业发展带动脱贫致富，是浙江反贫困工作最为鲜明的特征。本书第一章所描述的发展历程、反贫困举措与成效，与产业发展大多存在千丝万缕的关联。在自发的市场化进程和政府主推的"低收入农户奔小康工程"等产业帮扶推进中，浙江从微观与宏观两个角度入手优化体制机制、增强自身发展能力、改善人民生活水平，帮助贫困居民产生与提高自我造血能力，并以创新创业的激发不断推进浙江经济的转型升级。

---

① 殷浩栋：《产业扶贫：从"输血"到"造血"》，《农经》2016年第10期。

（一）提高了贫困人口自我发展能力

产业扶贫的目标是"造血式"，重点在于挖掘与培养贫困居民自我发展的能力，通过类型多样的培训班对其进行专业化的培训，例如涉及农产品的种植、产品的深加工、产品销售等各环节的知识与技能。这种自我发展能力的提升一方面让贫困居民以主人公的身份积极参与到扶贫实践中来，另一方面也满足了扶贫产业对高素质劳动力的需求。

（二）开拓了贫困人口就业创业之路

随着基础设施条件的改善、创业发展氛围的提升和就业创业平台的扩展，产业扶贫不断吸引越来越多的社会资本参与进来，从而为贫困居民提供更多就业创业的机会与平台。例如，在乡村旅游的发展中，就带动了交通运输业、酒店住宿业、餐饮服务、景点讲解、环境卫生、旅游纪念品销售等一系列的工作与创业机会。通过产业开发帮扶，浙江涌现出了大量的乡村经纪人、技术能手和经营创业能手，培育出了大量的新兴市场主体，为新一轮的创业创新与经济转型升级奠定了良好的市场基础。

（三）促进了后发地区经济结构转型

一方面，它表现在由原来以第一产业为主转向为第一、第二、第三产业协同发展，从原先只重视产品的初加工向产品的深加工转变，延长产业链进而相应地提高产品的品牌化、信息化，进而推动区域特色产业体系化发展；另一方面，它表现为服务业的兴起与蓬勃发展，突出表现在依托贫困地区的资源优势而兴起的乡村旅游业，旅游业继而又产生了联动作用，促进了餐饮、民宿、交通、文娱、创意等一系列的旅游相关产业的发展。例如，2010—2017 年间，浙江省三次产业增加值结构由 5.0∶51.9∶43.1 调整为 3.9∶43.4∶52.7；同期衢州市由 8.5∶55.0∶36.5 调整为 26.3∶45.1∶48.6，第三产业的增速快于全省平均水平。

（四）缩减了城乡差距与区域差距

浙江经济以"村村点火、户户冒烟"为起点，以相似产业集聚的特色块状经济闻名。与其他省份不同，这种块状经济，并不局限于某个特定的产业和区域，而是以星火燎原之势遍布于全省各地和主要产业，不仅支撑起了县域经济，而且有效推动了富民经济，压缩了城乡差距与地域差距。截至 2017 年年底，农村居民人均可支配收入连续 33 年居全国省区第 1

位，城镇居民人均可支配收入连续17年居全国第3位、省区第1位；城乡居民收入比为2.05，收入最高的地区为最低地区的1.70倍，均大幅低于全国水平和经济发达省市水平。

第二节 来料加工

一 起源与历程

来料加工，一般是指由厂家提供原材料或半成品，本地加工者按照指定的产品规格标准和质量要求进行生产，制成半成品或成品后运交对方深加工或销售，从中赚取加工费的一种生产形式。

在浙江，它首先来源于以义乌为代表的专业市场的扩展与企业（经营户）的加工外包。大约在20世纪90年代初，义乌等地就开始将头花等低技术含量的劳动密集型产品加工分包给周边农户。在金华市磐安县，周爱珠1995年就开始到义乌市场寻找来料加工的商机，并在其后成功转型为来料加工经纪人。

来料加工从零星的自发到大规模的推进，首先来自于义乌市妇联的发现与努力。2002年，时任义乌市妇联主席的刘艾春根据本地实践提出了"城乡妇女手拉手、来料加工促增收"的工作口号与思路，以来料加工为抓手提升妇女的经济地位与话语权。随后义乌市政府与市妇联发动了"市场带百村，百村联万户"活动，积极从组织上、政策上推动来料加工。

义乌市妇联的创举引起了浙江省妇联和全国妇联的重视。2003年，省妇联就提出"市场带千村"，并在2006年发起了"百万妇女闯市场，来料加工显身手"活动。同年，全国妇联在义博会开展来料加工精品展洽活动日。2007年，全国妇联在义乌召开"巾帼示范村"创建工作交流会暨"市场带千村"项目推进会。会议期间，有21个省市区的女经纪人参加了来料加工展洽活动，共达成合作意向951项，手工制品加工与订货额达9987.3万元。2008年，省妇联制订"百万妇女来料加工推进计划"。计划提出了发动100万妇女从事来料加工、培育10000名来料加工女经纪人、扶持1000个来料加工重点基地和每年表彰100名来料加工经纪人的目标。

同年9月浙江省来料加工业务对接洽谈会在义乌举行，共达成加工合作意向829项，加工费总值达2.75亿元。①（见图2-1）

图2-1　2008年浙江省全省来料加工业务对接洽谈会

　　在组织保障方面，2008年，义乌来料加工联合会成立。全国妇女"市场带千村"项目办公室、全国妇女培训基地、浙江省妇女来料加工推广中心、浙江省妇女来料加工推广中心培训基地四个机构于2007—2009年间相继在义乌成立。2011年，全国妇女手工编织协会成立。2015年，浙江妇女创客园启动。

　　来料加工的积极作用引起了各地政府的重视。早在2007年，磐安县政府就把来料加工视为富民工程和扶贫开发主导产业。同年，丽水市政府出台了《丽水市发展来料加工业的若干意见》，把来料加工当作民心工程、富民工程、没有围墙的工厂、无烟产业加以推进。截至2008年浙江省内就有十多个县市在义乌市设立了来料加工联络处。浙江省政府不仅把来料加工视为低收入农户创收、妇女创业的重要抓手，还把发展来料加工业作

---

① 《义乌市"十一五"妇女发展规划中期监测评估报告》，http：//fl.yw.gov.cn/fnet/fnrtfz/200905/t20090506_31793.html。

为推进农村扶贫开发和欠发达地区加快发展的重要举措加以推进，并在2014年出台了《浙江省来料加工项目管理办法》。

二 典型实践：兰溪[①]

改革开放以来，受经济转型、中小企业不发达和区域交通条件的位移等影响，兰溪经济在金华市乃至全省的排名持续下降，从拥有浙江省第一家上市企业的"小小金华府、大大兰溪县"下降为浙江省的欠发达县。截至2012年年末，全市共有户籍人口66.6万人，实现人均GDP 34693元，为金华市平均水平的60.13%，列金华市县市倒数第二位。当年全市实有农村劳动力33.59万人，第一产业就业14.02万人，农村人均纯收入9721元，仅为金华市平均水平的73.17%。如何实现"追赶跨越、重振雄风"，已成为全市上下的共识与迫切需求。

在这一背景下，扶持来料加工业不仅被视为地方工业化的最低起动点和创业培训的最便捷学校，更被看成为农村妇女、残疾人等社会弱势群体以及社会边缘群体就业最简单的途径。2005年以来浙江省兰溪市通过政府推动、部门协作和市场引导，强势推动了来料加工的快速发展。

（一）立足优势嵌入发展

兰溪结合自己的区位优势和农村剩余劳动力富足的优势，主动迎合义乌等地的市场扩张需求，承接由企业外包的饰品、包装袋、袜子、清洁用品等来料加工项目，组织经纪人参加"义博会""广交会"等大型展会，大力拓展来料加工的外向来源。并以此为基础，进一步在市内形成二、三级的分包体系，培育经纪人的组织、协调、创新等企业家技能。

（二）产业集聚加快发展

如同浙江大地盛行的特色块状经济一样，经过几年的培育与发展，兰溪来料加工也普遍出现了"一乡一品""一村一品"发展模式，形成了柏社、横溪等北向乡镇缝纫类，游埠、水亭等南向乡镇头花、相框类，诸

[①] 资料主要来源于2012—2015年郭金喜等对兰溪来料加工跟踪式调研。调研成果部分转化为陶选宁、郭金喜《论区域经济产业发展的产业嵌入及其实现路径——以兰溪来料加工行业发展为例》，《浙江社会科学》2014年第2期，第150—154页。

葛、黄店等西向乡镇饰品编织及箱包类，兰江、云山、上华等东向乡镇、街道礼品袋和串珠类块状发展格局。在加工实体不断发展的同时，经纪人协会、来料加工创业 QQ 群等经纪人间交流的网络信息平台也纷纷建立与运行，使从业者不仅互通相关信息，而且实现"淡季旺季"业务调剂、对接和分流，推动块状经济进一步向产业集群演化。依托于庞大加工体系的礼品袋加工，已占据了义乌市场的半壁江山。

（三）政府助推培育发展

第一，以创新组织体系为保障。为全面推进来料加工的发展，兰溪市逐步形成了由来料加工领导小组为组织领导、以妇联为主要工作推手、以经济人协会为纽带、以经济人（企业）等为基础单位的比较完备的组织运行体系，不断强化组织保障，融合政府、市场、社会力量。其中，来料加工领导小组由市委副书记兼任，较好地推动了各部门的协作，为相关政策的创新与落实提供了组织保障（见图 2-2）。目前，全市已成立市级来料加工经纪人协会 1 家，乡镇来料加工经纪人协会 16 家，并创办了兰溪来料加工网。

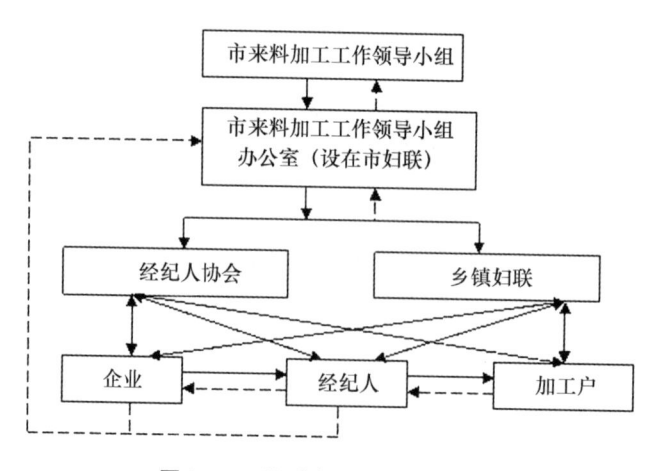

图 2-2 兰溪来料加工组织体系

第二，以创新政策衔接为动力。在市委、市政府和领导小组的大力支持下，全市先后出台了《扶持来料加工产业发展的若干意见》《兰溪市来料加工经纪人担保供求实施办法》《兰溪市来料加工以奖代补项目管理办法》《来料加工目标责任制考核办法》和《关于加快推进来料加工转型升级若干意见》等一系列的扶持政策，初步形成了"专项政策＋已有政策衔接"的优势政策环境，对临时用地、入园发展、融资、担保交通运输、用电和培训提供积极支持，为来料加工的快速发展和转型升级提供了强大的政府助力（见表2-1）。

表2-1　　　　　　　　　　政府政策扶持效果

	担保贷款（万元/人）	巾帼创业贷款（万元）	少生快富贴息贷款（万元）	以奖代补（万元）	培训班（期）	培训人数（人）
2009年	1327/73	388	50	58	94	10194
2010年	1569/80	467	80	87	120	10511
2011年	2125/103	45	100	111	88	9840
2012年	2759/121	38		118	34	3370
累计	7780/377	938	230	374	336	33915

第三，以创新机制协同为推手。一方面，推动部门间协作，塑造齐抓共管活力。借助领导小组的力量，妇联积极推动各职能部门加大对来料加工的支持力度。例如，市经信局、商务局积极为经纪人安排"义博会"及"广交会"展位；国土、工商、税务等部门在用地、工商登记、税收等方面开绿灯等。另一方面，妇联系统借助培训、技能比武大赛和创意大赛等为来料加工行业的提升提供帮助。例如，市政府2011年专门拨款12万元选送38名优秀经纪人赴浙大培训；2012年推出"姐妹携手、助推转型"女企业家与来料加工女经纪人结对帮扶活动，通过培训，当年就有十分之一的经纪人用电子商务接单。新近，该市还推出了"兰嫂加工"区域品牌，受到广泛的关注与好评（见图2-3）。

（四）脱嵌创新转型发展

兰溪市来料加工围绕"部分工序外包于分散的加工户生产"，不断衍生了"专业市场＋经纪人＋加工户""专业市场＋来料加工联络处＋经纪人＋加工户""外贸公司＋经纪人＋加工户"和"企业＋经纪人＋加工

图2-3 选手身着"兰嫂加工"制服参加来料加工能手挑战赛

户"等多种业态；逐步涵盖了"来料加工""来单加工""来样加工"和"进料加工"等多种方式；日渐拥有了纯手工、机械辅助生产多种组合的技术手段。各类来料加工经纪人大户通过资金积累、经验累积、市场培育，普遍已转成为企业主，并带动更多的人走入相关行列。不但如此，不少来料加工企业与经营大户，通过电子商务融入大企业供应体系，不仅摆脱了对义乌市场的单一依赖，而且实现了OEM到ODM的升级。依托于市场链条的成功挖掘与嵌入，鑫港工艺已成为沃尔玛的供应商，芬达布艺有限公司成为宝洁公司最大的礼品袋加工基地，而"毕业"企业博爱家纺更是成为全国知名的家纺企业。

（五）体系带动共享发展

从2005年至2014年，兰溪来料加工经纪人队伍、创办企业数、集中加工点、专业村和加工费发放等，都以年均15%以上的速度增长，实现了全市665个村（社区）的全覆盖，呈现出16个乡镇竞相发展的良好势头，步入全省来料加工先进县市行列。截至2014年8月，全市已培育经纪人1144人，创办企业346家，设立集中加工点525个，来料加工配送站161个，专业村193个，吸纳加工者8.07万人，改善了近6.5万户家庭的经济条件，其中，有 6208 户为低收入家庭。2013 年度发放加工费 6.83 亿元，2014 年 1—8 月发放的加工费近 5 亿元，为该市农村居民人均纯收入提供了八分之一强的贡献（见表 2-2）。

表 2-2　　　　　　　2005 年至 2014 年来料加工情况表

年度\项目	从业者队伍（人）	低收入农户（户）	经纪人队伍（人）	集中加工点（个）	来料加工配送站（个）	创办企业（家）	专业村（个）	加工费（万元）
2005 年	63318	—	371	—	—	—	—	10826.54
2006 年	67093	—	616	98	—	19	45	22534.26
2007 年	71520	—	721	78	—	34	33	33028.81
2008 年	66189	—	779	241	—	103	18	48834.26
2009 年	70801	6584	840	312	—	139	101	51176.47
2010 年	75425	7647	897	349	52	185	129	57302.7
2011 年	77831	6952	1006	417	85	249	157	59436.8
2012 年	77693	6590	1069	453	116	299	174	62524.23
2013 年	79113	6229	1145	504	148	350	193	68279.82
2014 年 1—8 月	80701	6208	1144	525	161	346	193	49506.50

三　成效与启示

（一）成效

第一，创造了家门口的就业机会、增强了农民特别是弱势农民的收入。与其他扶贫发展方式不同，来料加工最大的特色就是"零门槛" + "弹性工作"，只要有劳动能力，无论是农妇、老人还是残疾人，均可以加入体系获得收入。以丽水为例，从 2004 年至 2014 年，该市已累计发放加工费 17 亿元；2014 年前三季度该市有 2.7 万名低收入农户、1.8 万名异地转移安置点的农民从事来料加工，全市低收入农户集中村、农民异地转移安置点分别发放加工费 1.1 亿元和 9150 万元。[①] 2015 年，龙泉市妇联带

---

① 《十万农民共创业　来料加工结硕果》，http://www.zjsfnlljgtgzx.com/news/show.php?itemid=68。

动全市 171 个扶贫重点村的 3971 名农民参与来料加工，发放加工费 5000 多万元；全市共建立专业村（社区）10 个，2 万多从业人员遍布 19 个乡镇（街道）200 多个行政村（社区），发放来料加工费 2.51 亿元，年人均加工费 9449 元。① 从全省情况看，2015 年，全省来料加工点已达 2.2 万个，140 多万妇女从事来料加工，年发放加工费近 100 亿元。②

第二，培育了一大批来料加工经纪人。2014 年，兰溪发展了 1100 多名经纪人，构建了经纪人三级队伍体系。2015 年，龙游县已发展来料加工经纪人 680 人，联系低收入农户和家庭约 3 万人，全年发放加工费 3.5 亿元，为全县农村家庭每户增收约 3000 元。③ 当年，全省的来料加工经纪人达到了 2.38 万人。

第三，发展了一批来料加工企业，推进了产业集聚。2013 年以来，全省各地纷纷推进来料加工转移升级工作，促使了一大批企业的生成。截至 2014 年，兰溪累计创办来料加工企业 350 余家，孔明灯、皮包珠饰品已获得了 32 项专利。已培育注册商标 43 个。龙游县来料加工重点发展丝袜蝴蝶、平车缝纫、毛绒玩具、电子配件和珠类饰品五大主导产品，产品不仅大量走向广交会、旅博会和义博会等大型展销会，部分来料加工企业的业务还扩展至中南亚和欧美等国际市场。④ 通过工厂加工模式、集中加工模式和分散加工模式等的组合，丽水各地来料加工集群化日趋显著。其中，庆元县 2011 年被中国小商品城集团授予"中国（义乌）围巾加工基地"，围巾加工在义乌的市场份额从 50% 扩展到 90% 以上。莲都区"饰品加工基地"规模形成，饰品加工占加工费总量的 32%。龙泉"家居服饰加工基地"发展迅猛，建起了 5000 平方米的孵化基地。青田、云和、遂昌、松阳的"服装加工基地"不断壮大，缙云、景宁"鞋帮加工基地"日益扩展。⑤

---

① 《来料加工鼓起百姓钱袋子》，http：//www.zjsfnlljgtgzx.com/news/show.php? itemid = 100。
② 《浙江省妇女来料加工推广中心启动 为妇女创客提供培训》，http：//www.zjol.com.cn/05zjol/system/2015/10/20/020880104.shtml。
③ 《龙游来料加工插上翅膀》，http：//www.zjsfnlljgtgzx.com/news/show.php? itemid = 99。
④ 同上。
⑤ 《丽水：来料加工助农增收》，http：//news.xinhuanet.com/local/2015 - 12/15/c_ 128529869.htm。

(二) 启示

第一，妇女赋权。近20年来，无论是纽努斯开创的小额信贷，还是世界银行、联合国等的反贫困工作，抑或是马云对女性创业者的强调，赋权妇女均是摆脱贫困、推动发展的核心选项之一。来料加工在起源与推进上，均打上了鲜明的性别指向。关注妇女、培育妇女、发展妇女，是来料加工最直接的目的和现实结果。来料加工以涓涓细流的方式不断扩大了农村妇女的经济机会和劳动参与率，提高了她们的经济收入与技能，改善了她们在家庭甚至是乡村的经济与社会地位，促进了乡村社会治理。

第二，政府推进。来料加工之所以迅猛发展，不仅有效地促进了农村妇女等的就业创业，还在扶贫脱贫、产业发展等方面收到奇效，非常关键的一点是政府的培育与助推以及各级政府所形成的合力。21世纪初义乌妇联转变工作思路以来料加工推进妇女工作，迅速地引起了省妇联、全国妇联的关注与响应，采取各种活动加以推进。受此启发的各地政府亦纷纷出台了鼓励和支持来料加工发展、转型升级的相关政策，将来料加工作为无烟工作和富民产业加以推进。浙江省政府也在各类文件中点出了来料加工的重要性，将来料加工作为产业扶贫的重要内容积极推进，并专门出台相关政策，形成了上下合力。各地普遍通过"抓活动，促氛围""抓培训，促素质""抓对接，促市场""抓集聚，促规模""抓企业，促规范"和"抓设计，促品牌"六抓六促工作，强化来料加工发展的政府与市场的合力、培育发展与内生发展的合力、脱贫致富与产业发展的合力。

第三，机会扩散。来料加工是农村工业化的最低启动点，是一所农民非农化转型的培训学校，亦是农村经纪人发展与转型的商学院，它重构了一个地区发展的经济与社会基础。作为政府助推下的一种市场扩展体系，来料加工几乎覆盖了浙江所有的县市与乡镇，并延伸到了多个省份。早在2009年，义乌市场的来料加工就辐射到新疆、黑龙江等20个省区，带动就业100多万。

第三节 山海协作

一 起源与历程

21世纪初,浙江经济因地理和交通原因形成了较为明显的ⅤⅡ结构。其中,Ⅴ为杭州湾地区,Ⅱ为沿海和杭金衢高速,浙东北与浙西南的发展差距呈拉大局面,不利于浙江区域经济的均衡协调发展和全面小康社会建设。针对这一状态,2001年10月省委、省政府召开全省扶贫暨欠发达地区工作会议,提出要实施省内沿海发达地区帮助浙西南山区发展战略。2002年4月,省政府办公厅正式下发《关于实施山海协作工程帮助省内欠发达地区加快发展的意见》,山海协作大幕正式拉开。

山海协作中的"山"主要指的是浙江省西南部的一些山区为主的欠发达地区,而"海"指的是浙江省沿海发达地区。按照政府引导、企业为主、市场运作原则,将浙东沿海发达地区的资金、技术、人才与浙西南欠发达地区的资源、劳动力、生态资源结合起来,实行多渠道、多层次、全方位的区域经济合作与交流,构筑"以海引山、以山促海、陆海联动、山海统筹"的总体格局,实现欠发达地区与发达地区的优势互补、合作共赢、协调发展。

为抓好山海协作工程,省委、省政府和各地政府均做出了大量的政策举措,积极持续予以推进。时任省委书记的习近平把山海协作工程提升到事关浙江发展大局的战略高度,指出实施"山海协作工程"是缩小地区差距、促进区域协调发展的有效载体,是培育新的经济增长点、不断提高浙江综合实力的必然要求,必须作为一项德政工程、民心工程抓紧抓好。[①]

2002年浙江省委、省政府在全省欠发达地区轮流举办山海协作工程系列活动。2003年,浙江省委、省政府特成立了山海协作工程领导小组,同年出台了《全面实施山海协作工程的若干意见》,《意见》提出杭州、绍兴与衢州结对,宁波、嘉兴、湖州与丽水结对,温州、台州和金华实行市

[①] 马跃明:《青山与蓝海的交响——浙江开展山海协作工程10周年综述》,《今日浙江》2012年第6期,第18—21页。

内对口发展。从 2004 年开始，山海协作融入义博会，在展会上设立山海协作专区。2005 年出台了《浙江省山海协作工程考核办法》。2006 年，全省第一家山海协作示范园区成立。随后，浙江省政府发布了《山海协作工程"十一五"规划》，提出到 2010 年，全省达成合作项目 1500 个、合作金额 150 亿元、组织实施社会事业 100 项、对口培训劳动力 1.5 万人等目标。（见图 2-4）

图 2-4　2008 年山海协作项目签约仪式

2009 年，《浙江省人民政府办公厅关于实施新一轮山海协作工程的若干意见》（浙政办发〔2009〕63 号）发布，提出"到 2012 年，力争在欠发达地区新增山海协作特色优势产业项目 2000 个，到位资金 400 亿元；建立山海协作参与新农村建设示范点 100 个，到位资金 1.2 亿元；培育 10 个山海协作职业技能实训基地，为 1.2 万名欠发达地区群众提供创业就业技能培训；实施一批社会事业合作项目，有效缩小发达地区与欠发达地区的公共服务差距"的建设目标。

2012 年发布的《浙江省山海协作工程"十二五"规划》对结对帮扶做了调整，提出要争取完成 2000 个产业合作项目到位资金 500 亿元、在全省建立 10 大山海协作培训基地、组织培训劳动力 10 万人次、帮助低收入群众就业创业 1 万人次等目标。（见图 2-5）

图 2-5　2012 年浙江省山海协作工程电视电话会议

2015 年，浙江省出台了《浙江省人民政府办公厅关于进一步深化山海协作工程的实施意见》（浙政办发〔2015〕132 号）。文件把"进一步拓宽山海协作内涵、完善山海协作平台、深化山海协作机制，增强 26 县生态经济'造血'功能和自我发展能力，促进全省区域协调发展，努力推动 26 县与经济强县同步实现全面小康"列为总体目标。

2018 年，浙江省颁布《中共浙江省委 浙江省人民政府关于深入实施山海协作工程促进区域协调发展的若干意见》，提出要更加注重协作方式创新，更加注重造血功能培育，更加注重创新成果转化，全力打造山海协作工程升级版。到 2022 年，浙西南山区绿色发展水平和群众增收能力明显提高，区域协调发展新格局基本形成。其中：26 个加快发展县农村常住居民人均年可支配收入达到 2.5 万元以上，年均增长 8% 以上；低收入农户人均年可支配收入达到 1.8 万元以上，年均增长 10% 以上；基本公共服务均等化水平进一步提高，优质教育、医疗资源等实现共享。

二 主要探索

（一）政府高度重视、确保协同推进

浙江省高度重视山海协作工程，积极出台相关政策，并将其列入省委、省政府的年度重点工作。由山海协作工程领导小组负责、省经济合作交流办主推，采取年初部署、年中督评与年终考核的方式，对各市、县（市、区）山海协作工程的具体落实情况进行考核，考核结果与相关领导班子及领导干部的绩效考核直接挂钩。在市县层面，不管是"山"方地方政府还是"海"方地方政府，均积极出台相关措施，如派出干部双向挂职交流，逐步形成了省政府任务督察与地方政府间互动合作相结合的推进机制。

（二）强化政策支持、完善激励机制

浙江省积极落实经济强市、经济强县对结对的市、县（市、区）的援建资金，同时为保证资金的合理使用，由相关领导部门制定资金管理使用办法。对于省级专项资金不仅完善了管理办法，同时充分发挥省级专项资金的激励作用，尤其是对山海协作工程中的创新项目的支持。同时各市、县（市、区）也积极完善相应的资金保障，鼓励合作双方能建立起互利共赢、美美与共的良好格局。同时，给予税收、金融、土地等多方面政策上的支持与拥护。例如，鼓励金融机构向贫困地区居民、青年创业者提供小额贷款服务，并对按期还贷借款人给予一定的贴息补助。2015年《浙江省人民政府办公厅关于进一步深化山海协作工程的实施意见》就进一步明确了资金安排与增长机制，提出"2016年杭州、宁波市本级各安排500万元，湖州、嘉兴、绍兴市本级各安排300万元，结对的经济强县各安排150万元；2017年起，按每年5%建立增长机制"。

（三）搭建平台体系、拓展内外市场

在开发和发展援助方面，浙江形成了首批15个山海协作示范区、2个山海协作职业技能实训基地和每年在一个地区举办一次全省性的山海协作工程系列活动的省级平台。此外，浙江省将山海协作工程有效地融入了诸如义博会、工科会、西博会还有长三角的一些具有影响力的展会，通过在展会上搭建山海协作专区，使得这些欠发达地区的企业能够得以很好的宣传与推广，大大促进了成交额的提升，使得这些企业拥有了更广阔的市场资源。这也进一步推动了低收入群众收入水平的提高。例如丽水市的松阳、莲都、龙泉、遂昌四个县（市、区）列入省级试点分别与余姚、义乌、萧山、诸暨四地签订了共建协议。2015年，4个产业园总体规划面积达到20.53平方千米，累计已开发土地面积15.99平方千米，新引进产业项目37个，实际到位资金26.36亿元，新增固定资产投资39.11亿元。[①]

（四）盘整浙商资源、凝聚多元力量

积极开展"浙商回归工程""省外浙商回归工程·参与新农村建设计划"和"省外浙商帮扶低收入群众152计划"等（见图2-6），浙江积极利用浙商资源优势，引导省内外浙商积极向贫困地区投资，尤其对贫困地区的基础设施建设、特色项目建设等给予资金上的支持。借助浙商的全国网络平台的优势，将贫困地区的特色产品推广出去，拓展国内国际市场。同时整合社会多方资源共同推进这一工程的实施，如通过整合民间资本扩大产业发展基金的规模；鼓励社会团体、民主党派、民非企业共同支持与参与山海协作工程的稳步推进。

图2-6 浙商回归：协作新动力

（五）资源产业导入、社会帮扶助推

发达地区产业的发展到一定阶段会容易受到资源条件如紧缺的土地的限制，而欠发达地区尽管拥有着丰富的资源但是由于缺乏产业的发展而不能得到有效利用，而资源与产业的合作正好能打破双方的瓶颈，可以有效

[①] 杜丽峰、王艳杰：《浙江省精准扶贫的探索与实践》，《农业经济与科技》2016年第9期，第196—198页。

地使其达到合作共赢。山海合作不仅重视产业合作，还重视社会建设合作。《浙江省山海协作"十一五"规划》，明确将合作分为特色产业合作、新农村建设合作、劳动力培训就业和社会事业合作四个方面；《浙江省山海协作"十二五"规划》进一步提出特色优势产业、劳动力转移、群众增收、社会事业、开放兴区五大领域合作；"十三五"时期，浙江进一步明确深化民生和社会事业的合作。

案例2.1　衢州全面利用山海协作加快发展[①]

山海协作工程一经推出，衢州市就将之视为加快发展的重大机遇，成立由党政一把手负总责，分管领导抓落实的领导小组，出台"山海协作工程"规划纲要和实施意见等，热情迎接"海的拥抱"。

2006年7月，在省政府的高度重视下，杭州与衢州市签订了《共建杭州—衢州山海协作示范项目协议书》，协议明确"十一五"期间，衢州市要为杭州代造、代建、代保一批（农田）耕地，杭州市要加大对衢州产业合作力度，力促杭州企业在衢州的投资额达到100亿元。"十一五"时期，杭州市与衢州市共签订资源与产业合作项目367个，杭州方面协议总投资210亿元，累计到位资金106亿元。在实施"百村促进计划"中，杭州市帮助衢州实施新农村项目55个，到位帮扶资金625万元。

杭州与衢州合作的成功，引来宁波、绍兴也加入到资源与产业合作团队。宁波与衢州商定，在五年内，衢州为宁波解决各类土地指标16.5万亩，宁波则推进企业到衢州投资争取达到100亿元。为服务好在衢企业，宁波在衢州设立了专门的政府办事处，为企业在投资计划、考察洽谈、项目选址、注册登记、征地建设、投产运营等方面提供全程服务。宁波市北仑、镇海、鄞州等区还分别在衢州市的柯城、衢江、龙游、江山、常山5

---

① 案例根据《"山海协作"力促浙江省区域协调发展》，http：//news. sohu. com/20091013/n267327096. shtml；《山海协作工程》，http：//www. hangzhou. gov. cn/art/2012/6/12/art_806320_160599. html；《创新山海协作机制　衢州实现与发达地区互补双赢》，http：//zjnews. zjol. com. cn/05zjnews/system/2009/09/03/015794348. shtml；《衢州启动新一轮山海协作》，http：//zj. people. com. cn/n2/2016/0114/c186956 - 27542669. html 和《浙江衢州筑梦创新飞地　谱写山海协作交响曲》，http：//www. zj. chinanews. com. cn/news/2017/0724/14819. html 等改编。

个县（市、区）合作建立乡镇工业功能园区。（见图2-7）

2002—2008年间，该市招商引资引进项目3001个，其中山海协作项目2309个，占76.9%，招商引资项目累计完成投资389亿元，其中山海协作项目投资287亿元，占73.8%。到2009年9月，衢州市山海协作累计签约项目已达2624个，其中2506个项目已开工，1919个项目已投产，累计到位资金383.2亿元。7年间，衢州市山海协作项目创造的经济增加值约占全市生产总值增量的40%。

2013年，柯城、衢江、龙游、江山、常山5个省级山海协作产业园获得省政府正式命名。2016年，衢州市与杭州市、绍兴市结对，衢州市所辖的柯城区、衢江区、龙游县、江山市、常山县、开化县分别与余杭区、鄞州区、镇海区、柯桥区、慈溪市、桐乡市结对。结对县市突出七大产业的合作，拓展农业和农民增收的合作，推动特色小镇建设的合作，开展产业承接平台建设的合作，探索资源要素开发利用的合作，深化人才引育和技能实训的合作，深化民生和社会事业的合作。

图2-7 衢州海创园项目于2012年正式签约

2016年4月19日，投资3.2亿元建设的6.7万平方米的衢州海创园在杭州余杭区正式开园。作为浙江省第一个跨行政区建设的创新"飞地"，海创园帮助衢州引进高科技人才和项目，并鼓励入驻园内的科技创新型企业赴衢州创办生产基地,促进科技成果转化。

三 成效与启示

(一) 发展成效

山海协作一经推出,就起到了立竿见影的成效(见表 2-3)。到 2003 年年底,衢州、丽水两市共签约合作项目 491 个,协议总金额 118 亿元,462 个项目组织实施,履约率 94.1%,到位资金 23.7 亿元,376 个项目开工建设,181 个项目建成投产。①

表 2-3　　　　　　　　山海协作累计成效

年份	产业项目与到位资金	培训人数	劳务输出	新农村和社会事业项目	低收入群众增收
2003 *	491 个 23.7 亿元	—	—	—	—
2009 **	4987 个 1056.79 亿元	23 万人次	47 万人次	352 个 1.62 亿元	—
2011 ***	7316 个 1705 亿元	32 万人次	56 万人次	—	—
2014 ****	8803 个 2940 亿元	—	72 万人次	2174 个 7.86 亿元	30 亿元
2016 *****	10182 个 4432 亿元	—	127 万人次	3006 个 8.51 亿元	—
2017 ******	10634 个 4875 亿元	—	—	8.7 亿元	—

数据来源:数据来源:*:《浙江全面实施"山海协作工程"》,http://news.sohu.com/2004/01/10/99/news218339923. Shtml;**:《"山海协作"力促浙江省区域协调发展》,http://news.sohu.com/20091013/n267327096. shtml;***:马跃明:《青山与蓝海的交响－浙江开展山海协作工程 10 周年综述》,《今日浙江》2012 年第 6 期;****:《浙江多年实施山海协作工程 累计合作项目达 8803 个》,http://biz.zjol.com.cn/system/2014/10/26/020323328. shtml;*****:《山海协作成效显著》,http://zj.zjol.com.cn/news/666577. html;******:张荣飞、韦宇洁:《发挥山海资源优势 推动欠发达地区跨越式发展——"八八战略"实施 15 周年系列分析之七》,http://tjj.zj.gov.cn/tjxx/tjjd/201806/t20180601_ 212136. html。

---

① 《浙江全面实施"山海协作工程"》,http://news.sohu.com/2004/01/10/99/news218339923. shtml。

到 2009 年 6 月，全省已累计实施山海协作产业合作项目 4987 个，到位资金 1056.79 亿元；累计实施山海协作新农村建设项目 352 个，组织培训劳务 22.93 万人次，转移输出劳务 47.18 万人次；累计帮扶社会事业建设资金 1.62 亿元。衢州市山海协作项目创造的经济增加值约占全市生产总值增量的 40%；丽水市山海协作项目对全市规模以上工业增长贡献率超过 40%。[①]

2016 年，全省实施产业合作项目 541 个，到位资金 522 亿元，其中八大万亿产业和特色小镇项目 369 个到位资金 290 亿元；实施社会事业项目 603 个，到位资金 9200 万元。截至 2016 年，26 县累计共实施山海协作产业合作项目 10182 个，到位资金 4432 亿元。其中，2016 年共实施产业合作项目 541 个，到位资金 522 亿元。帮助 26 县建立 20 多个山海协作实训基地，累计培训就业劳动力 127 万人次。26 县通过省财政专项、结对市县援助等渠道获得帮扶资金 31.4 亿元；累计实施群众增收、新农村和社会事业项目 3006 个，到位资金 8.51 亿元。[②]

截至 2017 年年末，26 县共实施山海协作产业合作项目 10634 个，到位资金 4875 亿元，地区生产总值从 2002 年的 850.2 亿元增至 2017 年的 5151 亿元；人均 GDP 从 2002 年 8012 元增至 2017 年的 53492 元，相当于全省人均 GDP 的比例从 2002 年的 47.6% 提高到 2017 年的 58.1%，提升 10.5 个百分点，强有力地助推了高档特种纸、氟硅、食品饮料、装备制造、消防器材、电子信息等特色产业在衢州市的聚集提升，推动了丽水市在精工机械、金属制品、装备制造、生物制药、生态农产品深加工等领域的特色发展。[③]

可以说，在过于的 15 年，山海协作确实实现了"强化产业合作，增强 26 县内生发展动力"、"突出要素合作，弥补发达地区发展短板"、"创新平台载体，助推绿色集约发展"和"深化合作内涵，扩大合作成效"

[①]《"山海协作"力促浙江省区域协调发展》，http://news.sohu.com/20091013/n267327096.shtml。

[②]《山海协作成效显著》，http://zj.zjol.com.cn/news/666577.html。

[③] 张荣飞、韦宇洁：《发挥山海资源优势 推动欠发达地区跨越式发展——"八八战略"实施15周年系列分析之七》，http://tjj.zj.gov.cn/tjxx/tjjd/201806/t20180601_212136.html。

等功能，有力地推动了浙江的区域均衡协调发展。

（二）启示

第一，政府搭台、市场唱戏。山海协作工程是在省、市、县三级政府共同努力下兴起的。可以说，没有省政府的领导与助推，没有地方政府的积极参与，就不可能取得如此巨大的成效。但政府的作用主要还是定位于"牵线搭桥"激发市场活力方面，着力将山海协作打造成为"政府推动、市场运作、各方参与"的开放式的平台，充分利用市场、要素、产业的互补性来推动"山"与"海"的协作共进。例如，常山与绍兴市的嵊州是省里原先计划联谊的对象，但在合作中发现两者并不是很对口，产业与要素资源不能很好匹配；而常山的矿产资源与旅游资源丰富，正是绍兴县诸暨市一些企业所需的资源，双方通过市场的力量重新配对发展。同样的例子还有丽水，该市与宁波、嘉兴和湖州结成对，在市场的自发作用下也主动加强了与金华和温州的合作。

第二，合作共建、互利双赢。伊利乳业、娃哈哈、维达纸业、国镜药业、洛阳轴承、国机集团、中国农机院、邢台一拖等一大批"大、好、高"项目之所以落户山海协作产业园，就在于当地有着丰富的资源与市场支撑。对发达地区政府而言，对口帮扶欠发达县市不仅是政治责任，更能获得经济利益。2002年至2016年经济强县帮助26县建立20多个山海协作实训基地，累计培训就业的劳动力127万人次，为发达地区和山海协作企业提供了劳动力资源。将资源加工型和劳动密集型产业向26县转移，不仅为沿海发达地区产业转型升级腾出了空间；同时，发达地区获得了宝贵的耕地占补平衡指标。对此，宁波市经协办负责人表示，得益于山海协作，"通过与衢州开展资源与产业合作，有效缓解了宁波土地等要素资源的制约，拓展了宁波的发展空间，推动了优势产业的外拓和梯度转移，加快产业转型升级"[1]。

第三，创新合作、开拓空间。山海协作以产业合作为重点，但从没有局限于经济合作，从设立初始，就高度注重乡村建设与社会领域的合作，

---

[1] 《"山海协作"力促浙江省区域协调发展》，http://news.sohu.com/20091013/n267327096.shtml。

并不断根据形势发展拓宽创作机制与渠道。自 2007 年始,浙江省新启动了"山海协作工程·百村经济发展促进计划""省外浙商回归工程·参与新农村建设计划"和"省外浙商帮扶低收入群众 152 计划"等。从 2016 年起,将推动特色小镇建设的合作作为山海协作的重点任务。在丽水和衢州等建立山海协作园,推动发达地区与欠发达县市建立发展"飞地"的同时,浙江省也高度重视欠发达地区在发达地区建立技术"飞地",在浙政办发〔2015〕132 号文件中提出"重点建设衢州(杭州)海创园、丽水(杭州)海创园,帮助衢州、丽水引进高科技人才和项目,并鼓励入驻园内的科技创新型企业赴衢州、丽水创办生产基地,促进科技成果转化"。此外,该文件也提出要"推进多层次干部交流,重点推进教育、卫生、旅游、招商等部门干部互派挂职,每年安排一定数量干部进行双向交流挂职",通过交流进一步夯实合作机制,扩展合作成果。

第四节 特色农副产业发展

一 挖掘发展的历史基因

《浙江省山区经济发展规划纲要(1996—2010 年)》和《浙江省山区经济发展规划(2012—2017 年)》均将生态绿色农业及其精深加工作为山区经济发展的重要支撑。2015 年,《中共中央国务院关于打赢脱贫攻坚战的决定》要求贫困地区制定好适合自己的特色产业发展规划、走好特色的产业扶贫发展道路。

值得注意的是,区域特色产业与经济的兴起,除偶然性外,大多有着内在的地理基因与历史基因。义乌的敲糖帮以"鸡毛换糖"换出了全球最大的小商品市场,永康以"百工之乡"玩金属加工发展成了中国最著名的"五金之乡",杭嘉湖的丝绸顶起了"中国丝绸"响亮名头。在农副产品领域,杭州临安,依托于多山多核桃树的资源优势发展 300 多家具有 QS 认证的企业,与阿里巴巴产业合作,成功打造"中国坚果炒货食品城"。与临安相似的还有嘉兴粽子、西湖藕粉、金华酥饼、龙游发糕和宁波汤圆等。金东的白桃、奉化的水蜜桃、兰溪与仙居的杨梅、浦江与上虞的葡萄等鲜果均在长三角地区拥有盛名。乡村农副特色产业的发展,不仅成为关联万家的富民产业，有的甚至还发展成为支柱产业。

贫困或欠发达的山区，要做好特色产业规划走好特色产业扶贫发展道路，亦需要充分挖掘资源优势与历史基因。在浙江，"缙云烧饼"和"开花汽糕"，就成为以特色农副产品产业化发展推进山民脱贫致富的新典范。本节重点以发展更为成熟的"缙云烧饼"为案例加以展开。

二 典型实践：缙云烧饼①

缙云烧饼以面粉、鲜猪肉和霉干菜为主要原料制成饼坯，经烧饼桶炭火烘烤制成，也称为桶饼，是浙江省缙云县传统小吃（见图2-8）。缙云烧饼有着悠久的历史，在当地传说中，与朱元璋及黄帝均有关联，在外地也有很好的口碑。1989年，"缙云烧饼"荣获丽水地区点心评展第一名，同时被省商业厅评为最佳产品级的优质点心。在缙云，烧饼摊随处可见，出县赚钱的烧饼师傅，常年也有上千之数。尽管如此，烧饼仅被老百姓视为谋生手段，与其他众多土特产一样，难以形成影响力取得大的发展。

该县县委县政府在仔细研究后认为，缙云作为一个资源匮乏的山区县，引进大项目固然重要，但抓大也不能放小。大众创业、万众创新时代，"小烧饼"有千家万户的群众基础，是老百姓增收致富最直接、有效的产业，因此也是最适合"大众创业"的富民产业，应积极加以推进。

2013年，缙云县政府提出，应将培训烧饼师傅、塑造品牌形象，作为低收入农户增收的新引擎、农民创富的好产业。当年，县人大组团赴沙县考察沙县小吃品牌发展的成功经验。2014年以来，缙云县"缙云烧饼"产业发展列入"十大民生实事"和"十大乡愁富民产业"，专门成立"缙云烧饼"品牌建设领导小组，举办烧饼节，通过品牌化、标准化等有力地提升"缙云烧饼"的品牌形象与发展实绩，有效地助推了缙云低收入人群

---

① 案例根据马凤兴、郑功帅《"缙云烧饼现象"的成功经验》，《丽水日报》2015年9月13日第2版、蒋文龙《"缙云烧饼"翻身记》，《农民日报》2016年3月2日第1版、陈庆源《缙云烧饼产业发展现状与对策思考》，http://www.jinyun.gov.cn/2007tszf/dywj/201504/t20150422_611144.html、《缙云烧饼》，http://cs.zjol.com.cn/system/2016/12/08/021393738.shtml、《坚持"真严高" 推进"标准化+"——缙云县当好三个角色 推动缙云烧饼乡愁富民》，http://nb.lishui.gov.cn/sndt/zhxw/201707/t20170724_2167113.htm 等改编。

的增收创富。

图 2-8 缙云烧饼及其传说

（一）政策引领

2014 年，缙云县特别成立了缙云烧饼品牌建设领导小组和全国唯一一个专门为促进烧饼发展的"缙云烧饼品牌办公室"，办公室设在县农办内，给予相关工作人员以专职的编制，全面落实缙云烧饼品牌建设中的各项工作。该县不仅把发展缙云烧饼写进每年的政府工作报告和县"十三五"规划之中，而且专门出台了《关于缙云烧饼品牌建设的实施意见》和《关于推进缙云烧饼品牌建设的若干意见》等专项政策，提出争取到 2017 年年末实现全县拥有缙云烧饼师傅 3500 名，从业人数达 1 万多人、营业收入达 12 亿元以上，缙云烧饼示范点在全省县级城镇覆盖率达到 80%；到 2020 年，要实现从业人数达 2 万多人，营业收入达 20 亿元以上，力争缙云烧饼示范店在全国各省市全面铺开的目标。2017 年政府工作报告提出了新开设缙云烧饼示范店 80 家、烧饼产业实现年产值 13 亿元的年度目标。

(二) 资金撬动

县政府每年安排500万元的专项资金给予发展支持，用于对农民开展免费培训、示范店经济补贴及统一制作工艺等，对缙云烧饼全产业链进行资源整合，引导向基地化、公司化发展。例如，为了鼓励老百姓更多地变地摊为门店，缙云县出台了相关的鼓励政策：对于门店面积在30平方米以下、经营缙云烧饼等传统小吃品种不少于2个的给予1万元的补助；对于门店面积达到30—60平方米、经营缙云烧饼等传统小吃品种不少于4个的给予1.5万元的补助；对于门店面积达60平方米以上的、经营缙云烧饼等传统小吃不少于8个的给予3万元的补助。

(三) 品牌运作

重塑缙云烧饼形象提升烧饼附加值的根本，在于品牌建设。缙云县将打造缙云烧饼品牌视作为推进烧饼产业的牛鼻子工程，出台相关政策，并由政府出面注册了统一的商标，设计统一的门店形象，按照缙云烧饼品牌建设的总体要求，制定安全卫生标准和服务标准，制作服装、桌牌、菜单等标牌标识，规范员工服务用语和保证产品质量品质（见图2-9）。要求对于授权门店实行"注册商标、门店标准、制作工艺、原料标准、经营标准、培训内容"的"六统一"与"集中宣传营销和挖掘文化"的"两集中"管理。经过努力，缙云烧饼获得了一系列的荣誉。2014年浙江省餐饮协会授予缙云烧饼"浙江名小吃"荣誉称号；2015年，中国烹饪协会授予缙云烧饼"中华名小吃"荣誉称号、浙江省农业博览会优质产品金奖、2015年丽水市商标品牌故事演绎活动一等奖、中国浙江（国际）餐饮产业博览会金奖等；2016年，缙云烧饼荣获首届"中国金牌旅游小吃"并被评为浙江省非物质文化遗产。

(四) 人才建设

品牌化需要标准化的强力支撑，缙云烧饼的口碑提升离不开烧饼师傅的技艺提升。2014年，该县制定实施了《缙云烧饼制作规程》，强化了对烧饼师傅的培训工作，为产业发展提供高素质的人才保障。按照"培训机构基地化、培训内容系统化、从业人员专业化"的思路，该县建立电大缙云分校和欣盛科技培训中心两个免费"缙云烧饼师傅"培训基地；在县职业中专开设3年制高级烧饼师傅、高级店长专业班，着力培养懂技术、善

图 2-9　缙云烧饼统一标识

经营、会管理的多层次、年轻化的中高级"缙云烧饼师傅";聘请相关专家以及在烧饼行业享有盛誉的烧饼师傅担任授课老师,编撰培训内容与培训课程;县城内的缙云烧饼示范店里还设立了缙云烧饼师傅的实践基地。截至 2017 年 6 月,已累计举办培训班 147 期 8828 人,有 76 人获中级技能证书、15 人获高级技能证书,5 人被评为"缙云烧饼大师"。

(五) 市场拓展

政府积极举办"缙云烧饼文化节"、组织"缙云烧饼文化展"等多种活动,利用报纸、广播、电视、网络等多种传播媒介进行宣传推广,提升缙云烧饼的影响力与知名度。政府还与浙江玖味公司合作,将产品输入多个省市的高速公路服务区销售(见图 2-10)。

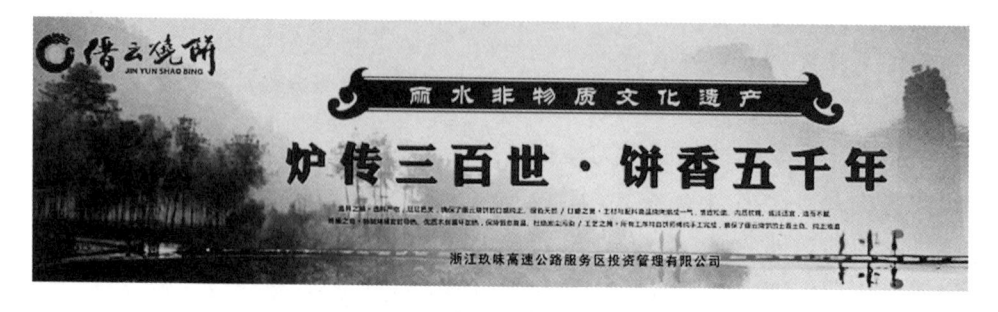

图 2-10　缙云烧饼走进高速服务区

三　成效与启示

（一）成效

第一，产业富民。数据显示，2014年缙云烧饼产业营业额就达到了2.5亿元以上。2014—2017年6月，缙云烧饼产业已累计实现产值22亿元，从业人员达1.4万多人。早在2004年，杭州的"胖子烧饼"店和北京的"天意烧饼"等经营比较好的店铺，年营业额达到100万元以上。现在，夫妻经营的普通小店年营业额也能达到20万元，缙云烧饼真正成为了富民产业。

第二，产业兴业。缙云烧饼还产生了联动效应，带动了烧饼炉、菜干和养猪等产业。受益于烧饼产业的快速发展，缙云东山村的陶炉膛订单源源不断，壶镇镇桃源村的张云祥研发出了"电热"烧饼桶。对菜干的极大需求推动了蔬菜的大规模种植，2016年东方镇蔬菜种植面积达到2000亩，在该镇苏宅、古楼等村，不少农户一季蔬菜就能收入2万—3万元。缙云还规划建立无公害的生猪养殖基地、原木炭基地、推动土麦、服装包装等产业的发展。目前，缙云县根据缙云烧饼的成功实践，形成了可复制可推广的经验，将相关做法移植到缙云土面的开发中。

第三，产业名县。在不到5年的时间里，以"烧饼"为代表的缙云小吃产业蓬勃发展，走向了都市、登上了央视、闯出了世界，230多家示范店分布在全国20多个省、市、区，并走上了加拿大、澳大利亚、意大利等国的餐桌。缙云的美誉度与知名度由此而大大提升，从而进一步推动了缙云特色小吃产业与旅游业的融合发展。缙云烧饼成为了进一步传承缙云文化，弘扬特色小吃，提高缙云知名度的一张特殊"名片"。

（二）启示

第一，富民产业选择要注重小和大的辩证法。富民产业怎么选，发展优势怎么挖掘，是许多贫困或欠发达地区普遍面临的基本问题。一些地方瞄准了从外地招引大项目，一些地方认准了矿产资源或特色种植，而往往忽略了几百上千年的传统产业与资源，经常导致缘木求鱼式的"逼农致富"。对此，主推缙云烧饼品牌化发展的缙云县委书记朱继坤说，"对自己的优势视而不见，一味追求'高精尖'，无疑是一种盲目，是不切实际的",抓大不能放小,缙云必须从有深厚群众基础的产业中挖掘富民创业,推动大众创业。经过5年左右的努力,缙云就将烧饼打造为惠及千家万户的10亿元级产业。

第二,富民产业建设要注重单品和产业链的辩证法。烧饼虽小,但涉及一系列的原材料和加工工具,烧饼品质的提升和品牌建设,需要系统提升。围绕烧饼发展,缙云制定实施了《缙云烧饼制作规程》《雪里蕻种植技术》《缙云菜干加工技术》等标准加以规范,涵盖缙云菜干种植、加工环节,土猪养殖环节,到烧饼桶及炉芯制作环节,到最后的烧饼制作等各个环节。以全程式监管为保障,着力推进菜干、烧饼桶、炉芯、养猪、原辅料供应等产业的基地化建设,积极打造"缙云烧饼"原材料供应中心。如在霉干菜制作方面,制定生产标准,成立专业合作社;烧饼办、市场监管局等部门坚持把缙云菜干龙头企业纳入重点管理对象,定期举办产品管理培训班,每月到生产一线开展品质检查;县农业局、丽水出入境检验检疫局(缙云办)、丽水市农科院等对缙云菜干联合开展品质提升工作,给予技术支持,并开展定期、不定期抽检和问题整改。

第三,富民产业培育需要注重政府、市场与社会的辩证法。政府搭台、经济唱戏,特色农副产业的兴起,离不开政府的积极助推,但仅有政府是不够的,它需要政府、市场和社会的合唱。在"缙云烧饼"崛起的过程中,专业化的食品加工企业、专业合作社与"缙云烧饼"协会应运而生。缙云县通过协会先后成功申报获批浙江名小吃、中华名小吃、浙江省级非遗,累计为协会成员发放示范店补贴近500万元。协会还通过QQ群、微信群对协会成员给予实时技术指导、答疑解惑,并通过烧饼师傅技能竞赛、示范店验收评优等形式持续提升从业人员技能。

第五节 乡村旅游

一 起源与历程

人均国民收入的变化必然催生新的需求与产业、推动经济结构的变革。近年来,乡村旅游日益成为发展的风口,成为地方经济发展的新动力,被各级政府视为产业振兴和促进乡村脱贫致富的新抓手。2014年国家发展改革委员会、国家旅游局等 7 部委下发《关于实施乡村旅游富民工程推进旅游扶贫工作的通知》，明确提出在全国扶贫开发重点县和集中连片特困地区开展旅游产业扶贫工作。2016 年全国第二届乡村旅游扶贫大会发布了由 12 个部委制定的《乡村旅游扶贫工程行动方案》（征求意见稿），提出在"十三五"期间，力争通过发展乡村旅游带动全国 25 个省（区、市）2.26 万个建档立卡贫困村 230 万贫困户 747 万贫困人口实现脱贫致富，全国实现乡村旅游总收入 2.3 万亿元，带动全国约 15% 的农民受益。[①]

乡村旅游区别于以往走马观花式的旅游形态，它是一种将农业旅游与休闲旅游相结合、主要以农村的自然风光、人文情怀为依托，以休闲度假为主要目的，以农村旅游基本设施为活动基础，以体验农村风土人情、感受自然轻松愉悦为主要内容而离开固定居住地到目的地进行观光、体验等旅游活动的一种旅游形态，对农村发展具有全面的拉动作用。

在得风气之先的浙江，对发展乡村旅游带动乡村经济发展的重视由来已久，与美丽乡村建设、流域整治和生态保护等有着不解之缘。2003 年浙江启动了"千村示范、万村整治"活动建设美丽乡村。2005 年，时任浙江省委书记习近平在安吉余村考察时提出"绿水青山就是金山银山"。同年，省委省政府就在安吉召开首次全省农家乐休闲旅游工作现场会，标志着乡村旅游正式步入规范发展时期，相关的政策和发展规划日益出台不断完善。

2006 年，省旅游局率先在全国出台了乡村旅游点的服务规范标准《乡村旅游点服务质量等级划分与评定》。2008 年省旅游局和省农办联合下发了《浙江省省级农家乐特色村（点）认定办法》《浙江省农家乐经营户（点）旅游服务质量星级评定办法》等地方性乡村旅游标准。2009 年，省旅游局完成了《浙江省乡村旅游发展规划（2009—2020）》，明确将"农家乐"经营户纳入"千万农村劳动力素质培养工程"。2010 年省政府出台了《关于加快旅游业发展的实施意见》和《浙江省人民政府办公厅关于提升发展农家乐休闲旅游业的意见》。2011 年，出台《浙江省人民政

---

① 《全面推进乡村旅游发展，深入实施旅游扶贫工程：聚焦第二届乡村旅游扶贫大会》，http://www.sohu.com/a/111362931_463894。

府办公厅关于提升发展农家乐休闲旅游业的意见》。新近,《浙江省人民政府关于加快培育旅游业成为万亿产业的实施意见》《浙江省旅游风情小镇认定办法（试行）》《浙江省慢生活休闲旅游示范村创建工作实施意见》《浙江省深化美丽乡村建设行动计划（2016—2020）》《浙江省万村景区化五年行动计划（2017—2021 年）》《全面实施乡村振兴战略高水平推进农业农村现代化行动计划（2018—2022）》等系列政策举措相继发布，着力将乡村旅游打造成为惠及全省农村的富民产业。

通过发展，浙江省培育了乡村民宿、休闲观光农业、休闲农庄、乡村乐园等多种休闲旅游业态，基本形成了以农（渔）家乐休闲旅游和休闲观光农业为主体，古镇古村文化休闲旅游和新农村特色旅游为两翼，乡村生态度假养生旅游为补充的休闲农业和乡村旅游供给体系，农家乐、"洋家乐"和渔家乐共舞的局面。①

二 典型实践：乡村旅游的"长兴模式"②

长兴县位处浙江西北部苏浙皖三省交界处，与安徽省广德县、江苏的宜兴市接壤，隶属湖州市。该县资源丰富、区位优势明显（距上海、杭州、南京、苏州、无锡等大中城市均在150公里左右）、经济发达，长期位居中国百强县榜单。21世纪以来，长兴县积极抓住乡村旅游的大风口抢先布局，取得了巨大的成功。2016年，长兴成功创建浙江省休闲农业和乡村旅游示范乡镇1个，浙江省休闲农业和乡村旅游示范点1个，省级农家乐特色乡镇1个，省级农家乐集聚村2个，省三星级以上经营户（点）65个，培育农家客栈500多户，床位约1.6万张，全年接待国内游客1598.7万人次，旅游收入达162亿元。因业绩突出，长兴荣获了"全国休闲农业与乡村旅游示范县""全国十佳生态休闲旅游县""浙江省十佳旅游县"

---

① 《浙江样板：乡村旅游发展模式百花齐放 带动农民致富》，http：//money.163.com/14/0106/22/9HUJV1HB00254TI5.html。

② 根据《长兴2015年乡村旅游游客591万人次》，http：//www.changxing.ccoo.cn/news/local/4188637.html、黎彦《长兴：从美丽乡村到美丽景区》，http：//www.sohu.com/a/106036691_239815、《2016年长兴县国民经济与社会发展统计公报》、《长兴乡村旅游发展的探索与实践》，https：//wenku.baidu.com/view/c9e5acba1a37f11f1855b88.html、《长兴县乡村旅游》，http：//www.360doc.com/content/12/0816/06/10580899_230419677.shtml 等改编。

和"中国最美休闲胜地"等诸多荣誉称号。

长兴县乡村旅游的快速发展,得益于以下几个方面的推进:

(一)政策先行

2005年,长兴县成立了由县委、县政府分管领导任组长的"县农家乐发展综合协调小组",统筹领导全县农家乐发展,出台了《关于促进农家乐发展的若干意见》《长兴县农家乐管理暂行办法》等相关系列政策,每年安排专项资金100万元用于农家乐的扶持和补助。2007年出台《关于举办农业观光节庆活动和建设休闲农业观光园有关事项协调会议纪要》,对发展休闲农业观光园和举办农业节庆活动给予相应的资金补助。2014年,《长兴县人民政府印发关于促进旅游业加快发展的若干政策的通知》从旅游项目建设、旅游产品体系完善、旅游企业做大做强、旅游公共配套提升、乡村旅游转型升级、旅游市场推广和旅游人才方面对乡村旅游推进做了直接与间接的奖励性政策。(见图2-11)

(二)规划导引

2006年,该县完成了《长兴"新乡村游"(农家乐)发展战略总体规划》,确定了农家乐发展重点区域、次重点区域、一般区域以及限制区域,引导了农家乐的区域化发展。2013年以来,长兴逐步提出打造全域旅游的工作思路,不仅将乡村旅游作为重点纳入《长兴县旅游发展"十二五"规划》和《长兴县旅游发展"十三五"规划》,而且与美丽乡村建设有机结合,将特色村、精品村、中心村等与景区串点成线,大力发展旅游集聚区,推动旅游经济由门票经济向产业经济的转变。2015年,该县编制了《长兴县旅游产业导向目录》,指导乡镇(街道、园区)根据业态需要和空间布局,为乡村旅游的体系化和有机融入全县旅游大产业奠定了扎实的基础。

(三)标准建设

为推动农家乐等的快速发展、标准化建设与转型升级,长兴县先后出台了《长兴县农家乐管理暂行办法》《农家乐服务质量通用要求》《长兴县农家乐星级评定标准》《申报农家乐认定及新申办农家乐的要求和程序》等标准。在农家乐精品化改造取得一定成效后,出台《长兴县特色精品农家乐规范标准(试行)》以进一步规范农家乐发展。2014年,长兴启

图 2-11　泗安镇"芥里人家"实验示范带

动优美民宿改造和优美庭院改造计划，按《关于促进旅游业加快发展的若干政策意见》对乡镇（美丽乡村）景区化、特色民宿发展进行奖励。长兴县还成立了县乡两级农家乐自治协会，以协会来规范导引相关从业者。

（四）市场拓展

以活动增强乡村旅游的黏性，长兴县高度重视庆节活动对乡村旅游的作用，形成了"乡乡有节庆、月月有活动"的氛围，桑葚节、采茶节、民宿文化节和乡村旅游微电影大赛等接续不断，使长兴乡村旅游告别了淡旺季的区分。在对外旅游推广方面，长兴县建设了农家乐旅游网站，编撰了《旅游宝典》《乡村休闲旅游指南》，每年均组织挂牌的农家乐到上海、杭州进行推介活动，成立有运营资质的农家乐旅游车队为中心城市的游客提供上门接送服务。

案例 2.2　长兴县水口旅游[①]

水口乡是长兴乡村旅游的一张金名片。该乡位于长兴县西北部，乡域面积 80 平方公里，其中核心旅游区面积 16.8 平方公里，户籍人口 1.8 万，以唐代贡品——紫笋茶、金沙泉而闻名，有"茶文化圣地、生态旅游乡"之美誉。

2000 年左右上海人在水口乡创办的康复疗养院，引爆了农家乐的发展。水口逐步探索实践出一条从"农家乐"到"乡村旅游"再到"乡村度假"并向"乡村生活"转型的乡村旅游发展之路，形成了较为成熟与完善的旅游服务体系，形成了"统一叫车、统一配送、统一洗涤、统一营销"的"四统一"经营模式；斩获了"全国环境优美乡""省级生态示范乡"和"长三角十佳乡村旅游目的地"等荣誉称号。

水口的吃与住：当地美食以"味美、新鲜、地道"为特色，发展有独具心意的"水口八大碗"。除农家客栈、特色民宿之外，水口还引进了精品酒店。

水口的行：交通便捷，与周边景区连接紧密。乡村的旅游直通车大大提升了本地的可进入性，使得临近的上海、江苏等地的游客来此变得更为便捷。

水口的购：水口有大量特色旅游小商品市场、超市还有农贸市场。土特产品或是手工艺品深受游客喜爱。2013 年水口的农贸市场和小商品市场经营收入就达 1300 多万，其中的咸肉摊的销售额就达 30 余万。

水口的游：除 4A 级景区顾渚茶文化风景区外，蔬菜、水果、茶叶等采摘园、农事节庆和民俗活动定期举行。

优美的环境、完善的旅游服务体系让水口成为乡村旅游的宝地，让水口人民的口袋越来越鼓。2013 年，水口乡旅游人数达到 180 万人次，旅游创收约 3.5 亿元。2016 年水口乡全年接待游客 300 多万人次，实现旅游收

---

① 案例改编自徐娇鹜《长兴水口乡打造全域大景区　高质量建设长三角乡村度假目的地》，http://zjnews.zjol.com.cn/zjnews/huzhounews/201612/t20161222_2218859.shtml、《长兴农家乐再升级》，http://cxnews.zjol.com.cn/cxnews/system/2014/04/10/017872033.shtml 和汤晓晨、赖月如《浙江长兴：年接待游客超 300 万　旅游收入 4.7 亿》，http://tour.jschina.com.cn/gdxw/201707/t20170717_800315.shtml 等。

入4.7亿元，其中，400余户农家乐和民宿经营主体的户均营业额约70万元。

三 典型实践：乡村旅游的"开化模式"

与长兴、安吉、遂昌等乡村旅游发达的区域一样，开化也在发展政策、规划、市场推广和组织保障等方面做了大量工作，形成了乡村旅游发展体系与支持系统。与其他地方不同的是，开化乡村旅游的发展是在区位条件相对较差（浙江最西南部与经济发达地区相距较远）和生态功能区定位（作为钱江源头所在，开化产业发展受到严格的限制，"开化的责任就是要为下游人民送出一江清水"）两个背景下发展起来的。开发乡村旅游的发展，取得了保护与发展的新平衡，对收入水平较低的山区农户而言，更具有示范意义。

开化县乡村旅游的发展，与基于生态立县的生态功能区和国家公园建设紧密相关。早在1998年开化就确立生态立县战略，2003年该县在全国第一个通过了"生态县建设总体规划"评审并实施，2010年开化通过国家生态县考核验收。2013年开化县被授予"国家东部公园"荣誉称号，从此开启了以国家公园建设升级生态立县战略的新征程，2014年被浙江省政府列入省级重点生态功能区示范区建设试点，2015年开化获批国家主体功能区建设试点，同年入选首批国家级生态保护与建设示范区，2016年开化成为全国第四个国家公园体制试点。[①]

为推进乡村旅游的发展，开化县先后出台了《关于加快旅游产业发展的实施意见》《开化县关于加快生态旅游业发展的若干意见》《开化县委、县政府关于加快文化旅游产业发展的若干政策》和《关于扶持风情小镇建设及民宿（农家乐）产业发展的若干意见》等政策。开化还积极创设各种大型的旅游活动来推荐和吸引游客，助推乡村旅游发展。从2013年起，开化启动了每年一次的钱江源油菜花节活动，2016年首届开化钱江源国家公园半程马拉松开跑。青蛳、清水鱼、汽糕等名吃经《舌尖上的中国》等

[①] 王小俊、徐雪明：《弹指一挥间 旧貌换新颜——浙江开化总结"绿色发展 生态富民"十年经验》，http://qz.china.com.cn/quzhou/2016-08-15/86409.html。

央视节目报道蜚声海内。2017 年第五届钱江源油菜花节展板如图 2-12 所示。

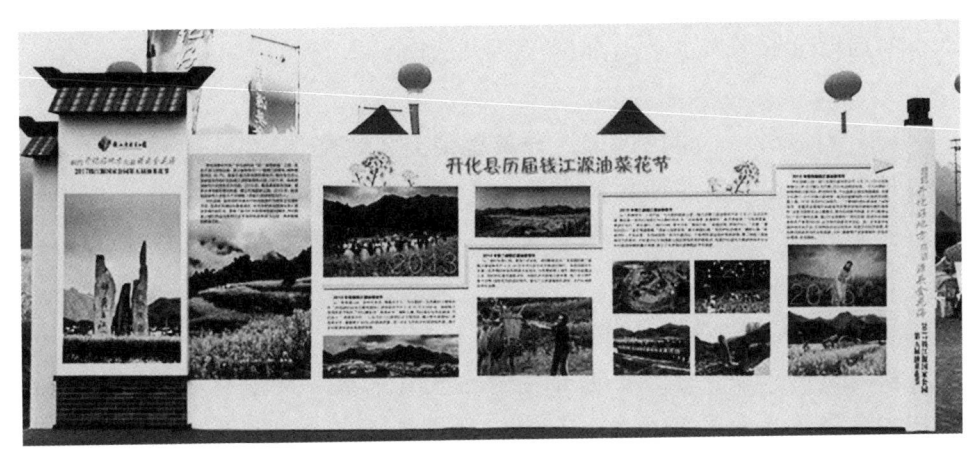

图 2-12　2017 年第五届钱江源油菜花节展板

2015 年，全县所有乡镇都开始发展起了乡村旅游，共有农家乐（民宿）村店 50 余个，经营户 600 多户，床位近 7000 张，从业人员 3000 人左右，2014 年为农民收入直接贡献 1.3 亿元。① 该县龙门村成功打造"九溪龙门"国家 3A 级景区，并让 34 家民宿主体带动 157 家种养农户共同富裕。2013—2016 年 4 年间，该村村民年人均收入从 4115 元增加到 14600 元，外出务工人数则从 400 多人降到 200 多人。②

2003—2016 年，开化接待国内外旅游者从 40.2 万人次增长到 847.06 万人次、旅游总收入从 2.09 亿元增长到 53.12 亿元，分别增长了 21.07 倍和 25.42 倍；同期，农村常住居民人均可支配收入从 3612 元提升至 14371 元，增长了 3.98 倍。浙江同期的国内游客量由 8429 万人提升至 5.73 亿人次、国内旅游收入由 695.3 亿元增长至 7600 亿元，分别增长了

---

① 徐万佳：《开化：乡村旅游领跑"两山"路》，http：//www.ctnews.com.cn/zglyb/html/2015-03/30/content_104843.htm?div=2。
② 程磊 刘志科：《开化农村客栈半年销售额破 35 万》，http：//www.zjrx.org/plus/view-59976-1.html。

6.82倍、10.93倍，全年农村居民人均纯收入由5431元增长3.19倍达17359元。开化县旅游业特别是乡村旅游业的发展，不仅有效拉动了全县农民的增收，而且以更快的速度推动农民的收入增长，使开化县的人均收入不断逼近全省平均水平，由66.51%提升至82.79%。①

案例2.3　一条鱼带出大效益②

开化围绕打造亿元清水鱼产业，按照"对接市场、扩大规模、做优品牌、创新服务"思路，走高效、生态、绿色的发展模式，利用优质水资源，着力打造清水渔业。

第一，以综合体和基地建设带动规模化、规范化养殖。成功打造开化清水鱼（何田）综合体，推进开化清水鱼（长虹）综合体建设，并引导农户在房前屋后发展庭园式、一家一塘式养殖，产业规模发展迅速。同时，依托好山好水，打造一批高起点、高标准的集生产、旅游、休闲、度假等功能于一体、具有鲜明特色的生态休闲渔业基地，引导发展渔业文化服务产业。目前，全县已发展清水鱼养殖、观光、餐饮等休闲渔业基地40余家，并成功创建国家级休闲渔业基地1个、省级休闲渔业精品基地1个。为推进规范化养殖，开化专门制定了《开化清水鱼养殖技术规范》县地方标准，为养殖清水鱼提供技术支撑保障。

第二，以深挖历史文化推进区域品牌建设。开化县专门组织人员深入挖掘开化清水鱼的历史文化、研究清水鱼的营养价值、建设公用品牌等，整理出一套完整的开化清水鱼文化体系，让开化清水鱼有了文化与品牌的附加值。

第三，以广告和配送促进市场推广。开化在积极参加展会推介的同时，积极借助央视《远方的家——北纬30°》《科技苑》《创富路上》等节目进行传播推介，吸引了越来越多的省内外游客和非洲、欧洲食客来吃鱼。为确保清水鱼运输、存放后质量不下降积极引导在外创业的开化乡贤建设

---

① 数据源于相应年份浙江省和开化县国民经济和社会发展统计公报。
② 案例根据《一条鱼带出大效益：开化力推清水鱼产业发展　带动乡村旅游业红红火火》，http://www.ndrc.gov.cn/fzgggz/ncjj/njxx/201608/t20160815_814673.html 改编。

配送中心。目前已建成杭州滨江、义乌城区等3个清水鱼市外配送中心。

通过多措并举，一条鱼激活了乡村旅游富民大产业。例如，何田乡通过发展"鱼香小镇"，年游客数就突破10万人次，清水鱼全产业链产值从800万元上升到4000万元，其中农户直接收益2800多万元，户均增收5400多元。

四　成效与启示

实践表明，乡村旅游具有进入门槛相对较低、就业吸纳能力强、产业带动力大等的优势，是"大众创业、万众创新"的好帮手，更是富民发展的好产业，是不少省份农村居民收入增长跑赢城镇居民的重要支撑。据统计，我国现有各类农家乐、牧家乐、渔家乐超过200万家，乡村旅游特色村超过10万个，接待游客21亿人次，旅游收入5700亿元，带动672万农户受益。[1]

在乡村旅游基础更好、水平更高的浙江，早在2011年全省就已建成农家乐旅游村点2765个、经营农户1.2万户，吸纳直接从业人员10.17万人，全年创造直接营业收入70.5亿元和游客购物收入15亿元。[2] 截至2016年，全省累计发展经营农户1.9万多户，吸纳直接从业人员16.6万人，带动就业45万人，年接待游客2.8亿人次，[3] 乡村旅游在农民增收中的贡献率为20%以上。[4]

浙江乡村旅游的快速发展，特别是开化、遂昌等欠发达山区县的乡村旅游强势崛起表明，生态保护、经济发展和人民增收创富是可以兼容并实现动态平衡的。无论是长兴的水口乡还是开化全境，乡村旅游发达的地方恰恰是过去被认为的经济不发达地区。开化虽然放弃了污染型工业发展的

---

[1] 《400名旅游"大咖"齐聚安吉　探索乡村旅游新趋势》，http://www.zjnjl.com.cn/a/gongsi-tupian/2017/0721/102782.html。

[2] 《2011年浙江乡村旅游收入逾70亿元》，http://www.chinanews.com/cj/2012/02-03/3644308.shtml。

[3] 《400名旅游"大咖"齐聚安吉　探索乡村旅游新趋势》，http://www.zjnjl.com.cn/a/gongsi-tupian/2017/0721/102782.html。

[4] 袁华明：《浙江乡村旅游：为一张床，一间民宿，乃至一扇窗》，http://biz.zjol.com.cn/system/2016/11/30/021384971.shtml。

机会一度损失巨大，但恰是因生态立县赢得了"东部国家公园"发展的契机，站上了乡村旅游发展的大风口。实践一再证明，区域经济发展和人民脱贫致富，需要有定力、有信心、经得起诱惑、耐得住寂寞。

乡村旅游的发展，是一个系统工程，既需要政府强力的政策孵化与支撑，更需要激活市场与社会的活力。无论是长兴还是开化，抑或是任何县市，均把引进社会资本推动项目开发、鼓励经营主体转型升级作为工作重心。同时，休闲旅游作为一种体验经济，吃住行游购娱均很重要，既需要形成完善的支撑配套体系，亦需积极推进服务的标准化与规范化。

产业发展普遍具有集聚效应，乡村旅游也不例外。乡村旅游既要注重线的串联，亦需高度重视点的工作，积极培育和打造乡村旅游集聚区，打造特色乡村旅游综合体，培育综合竞争力。

特别值得注意的是，随着乡村旅游的爆炸式增长，乡村旅游不可避免地会出现同质化加剧。各地的乡村旅游开发、建设、经营与维护，不能简单学习模仿，需要注重动态发展能力，并以更大范围内的旅游体系甚至是产业体系竞争来稳固与拓展市场。

第六节 小结与思考

一 简要结论

产业发展是脱贫致富的根本，是市场化扶贫的核心领域，是其他扶贫举措有效实施的基础与前提。产业扶贫是一个过程，产业的识别、培育和发展，均需要政府、市场和社会的协力，持续推进。

扶贫产业的识别和培育，政府引导是关键。在浙江，无论是来料加工、山海协作、乡村特色农副产业，还是旅游开发，均离不开政府在规划、财税、土地、就业培训、标准化建设等方面的持续努力。其中，来料加工和山海协作均已经进入第17个年头，浙江各地对以农家乐为代表的乡村旅游开发也已经超过10年。扶贫产业的识别和成功培育，政府合力不可少。在地方层面，均形成了以领导小组统筹协调的部门合力。在山海协作等一些领域，还生成了非常明确的省、市、县三级联动体制安排。

扶贫产业的培育和发展，市场发展是根本。只有符合市场需求的产业，才是好的产业；只有赢得市场竞争的产业，才是可持续发展的产业。好的产业扶贫必须以"造血"实现内生发展、自主发展和持续发展。由省政府力促的山海协作，在很大程度上是因为采取了"政府搭台、市场唱戏"的方式。在来料加工和乡村旅游中，各地均强化与目标市场的直接对接工作，绝大多数的欠发达县均在义乌设立了来料加工联络处，不少地方的农家乐开通了对上海、杭州等主要客源地的直接接送服务。缙云烧饼、开水汽糕、龙游发糕等特色农副产业，均以"放心""好吃"为标准不断强化市场影响力。

扶贫产业的识别、培育和发展，脱贫致富是核心。"一口吃不成胖子"，对贫困和落后地区而言，过于追求产业发展和投资的"高""大""上"，很可能镜花水月甚至是陷入骗局、得不偿失。在浙江，注重于大项目推进的山海协作，根植于发达地区产业转移、资本扩张和欠发达地区比较优势的显化。而乡村旅游、乡村特色农副产业和来料加工，立足点均放在了千家万户的经营上，通过有机整合散存的力量、积极打造品牌和完善体系，将发展成果直接体现出来而非外溢给参与的民众。充分吸纳了"大众创业、万众创新"的草根经济，形成的恰恰是县域10亿元级的富民大产业、创业创新大产业。浙江产业扶贫的经验表明，在培育与发展产业的过程中，欠发达区域既需要向外寻求帮助，但更需要在内部挖掘潜力。

二 发展思考

产业发展不仅是个市场过程，亦是个政策过程。在转型和赶超的大背景下，政府作用更是社会发展的决定性力量之一。对后发区域而言，产业选择首先是一个根据优势资源与市场机会，因地制宜和因时制宜的产业识别过程，并据此形成的产业政策过程。选择与培育的成功与否，根本在于产业培育的人为因素能否与自然因素相协调。因而，在强调"发展是硬道理"的同时，后发区域更需要谨记"硬发展没道理"的历史教训，着力克服发展的急躁症，做到帮助不替代、扶持不拔苗、培育促内生、转型促发展，以辩证思维真正处理好"小与大""内和外"及"部分与整体"的关系。

对浙江而言，相关的产业扶贫工作成效显著，但也要及时关注新变化，做到应势而谋、应势而动。例如，浙江来料加工的发展，将会受到人口结构变化、劳动力成本提升和其他产业发展的强势冲击，无技术含量和低技术含量的加工产业将加速向中西部地区转移。面对这一冲击与趋势，浙江的来料加工须加快转型升级速度，一是要加强技术培训，提高加工的技术能力与复杂水平，提升自我设计能力；二是要积极推动部分经纪人转型创办企业，完成从接加工订单向市场销售产品的转变；三是积极融入"一带一路"建设开发国际市场；四是乡村旅游发达、来料加工地方特色鲜明的地区，鼓励相关从业者创办为游客服务的DIY小店等。在乡村旅游的推进方面，地方政府尤其是乡镇基层政府，须积极防范因美丽乡村建设标准化推进而可能导致的同质化问题。

第三章　电商扶贫致富

2015年，国务院出台的《关于积极推进"互联网＋"行动的指导意见》指出，"互联网＋"是驱动创业创新构筑经济社会发展新形态、新优势和新动能的重要举措。从脱贫致富的角度看，"互联网＋"不仅让浙江经济的可持续发展有了更强的动力与业态，以支持浙江全体居民向更高的收入水平迈进；"互联网＋"还通过数字化赋权与赋能的方式，帮助低收入人群特别是低收入山区农户更有效地开发利用当地资源有机融入市场体系。本章共分五节，第一节简要介绍电商扶贫的概念、地位和总体成效；第二节至第四节，分别关注浙江电商扶贫致富的三个经典地域模式：遂昌模式、龙游模式和北山模式；最后一节是对浙江电商扶贫致富的若干讨论。

第一节　概念、地位与总体成效

一　基本概念

电商扶贫概念的提出，源于汪向东教授的贡献。2011年他与张才明共同发表了《互联网时代我国农村减贫扶贫新思路——"沙集模式"的启示》，首次提出沙集模式电商扶贫模式的有效性，[1]并建议国家在农村减贫扶贫规划中给予重视。汪教授于2014年10月发表了《电商扶贫：是什

---

[1] 汪向东、张才明：《互联网时代我国农村减贫扶贫新思路——"沙集模式"的启示》，《信息化建设》2011年第2期，第9页。

么，为什么，怎么看，怎么办?》个人博客，明确提出"电商扶贫，即电子商务扶贫开发，就是将今天互联网时代日益主流化的电子商务纳入扶贫开发工作体系，作用于帮扶对象，创新扶贫开发方式，改进扶贫开发绩效的理念与实践"①。

该文激起了热烈的关注和讨论，相关探讨不断涌现。例如，徐艳红提出，"所谓电商扶贫，就是以电子商务为手段，拉动网络创业和网络消费，推动贫困地区特色产品销售的一种信息化扶贫模式"②；魏延安在解读《促进电商精准扶贫的指导意见》（国开办发〔2016〕40号）时指出，电商扶贫要在贫困地区开展，重点在农产品上行、贫困人口创业就业，最终体现在当地农特产品销售和农民增收上。③

总结梳理各界对电商扶贫的观点后，本书认为电商与扶贫工作的融合成为了电商扶贫，它是信息化扶贫的一种具体实践模式。电商本身不是目的，而是载体或手段，电商扶贫不仅要鼓励贫困地区人民通过开网店等途径实行电商创业脱贫，还包括进行网络消费，一来能以低廉的价格买到农资农具等农业物资，二来可以享受到网络上物美价廉的消费品。

二 政策定位

电商扶贫一经提出，就受到了政府的高度重视。发展农村电子商务，推进电商扶贫，自2013年以来，连续被写入中央一号文件中。在农村电子商务元年的2015年，国务院与国家部委关于农村电商的政策更是多达12个。国务院于2016年12月印发的《"十三五"脱贫攻坚规划》中进一步明确，要将农村电子商务作为精准扶贫的重要载体，把电子商务纳入扶贫开发工作体系，以建档立卡贫困村为工作重点，提升贫困户运用电子商务创业脱贫的能力。2017年中央一号文件将"推进农业供给侧结

---

① 汪向东：《电商扶贫：是什么，为什么，怎么看，怎么办?》，http://blog.sina.com.cn/s/blog_593adc6c0102v74t.html。

② 徐艳红：《电商开辟精准扶贫新路径——访国务院参事、友成基金会副理事长汤敏》，《人民政协报》2016年1月5日第6版。

③ 魏延安：《十六部委联合发力 电商扶贫效果可期》，http://news.cnwest.com/content/2016-11/25/content_14279555.htm。

构改革"作为主题，首次将农村电商单独列出，显示政府正从更高层次、更广视角关注电子商务在拓展农业产业链价值链中的重要作用。同年，商务部也明确提出要在推动农村电商公共服务体系建设、提升农村产品电子商务发展水平、深化电商精准扶贫等方面推出一系列措施，并加强经验总结和推广。2018年中央一号文件《中共中央国务院关于实施乡村振兴战略的意见》，指出要大力建设具有广泛性的促进农村电子商务发展的基础设施，鼓励支持各类市场主体创新发展基于互联网的新型农业产业模式，深入实施电子商务进农村综合示范，加快推进农村流通现代化。可以看出，以电商为代表的新兴经济不仅正成长为农村经济的新动能，转变为农村经济增长的新动力，更被视为"十三五"脱贫攻坚规划中的重要措施之一。

在电商经济大本营的浙江，省委、省政府、省扶贫办也积极出台相应政策。《2015年扶贫开发工作要点》（浙扶贫办〔2015〕10号）的通知中提出，要开展电商扶贫，发挥电子商务的扶贫功能，以市场化的方式引导扶贫重点村、低收入农户加入电子商务行业，促进农产品营销，加快生态优势转化为经济优势。浙扶贫办〔2015〕14号文件指出，鼓励各地在扶贫重点村开展电商扶贫、旅游扶贫，发挥电子商务在促进农产品销售、降低购买成本等方面的作用。《2016年扶贫开发工作要点》（浙扶贫办〔2016〕5号）指出，支持电商平台开设扶贫专馆，在异地搬迁小区和有条件的扶贫重点村设立电商服务网点，对低收入农户开立网店给予相应资费补贴。同时，在全省扶贫开发工作会议上，省委、省政府明确要求"十三五"时期确保消除绝对贫困现象且不出现反复，强调要创新扶贫方式，开辟扶贫路径，加大力度推进电商扶贫、光伏扶贫等新兴产业扶贫。2017年以来，浙江省政府在《政府工作报告》中均强调，要把积极推进"互联网＋农业"作为农业供给侧结构性改革和高起点实施乡村振兴战略的基本举措。

三　发展成效

在这场扶贫攻坚的硬战中，浙江省创造了一系列富有地方特色的电商扶贫经验，成效显著，极大推进了贫困区域经济发展和创新创业。2015年，浙江省县域网络零售额占网络零售总额的 45% 以上，全省农产品网络零售额达到 304 亿元，比上年增长 69%，高居全国首位，共有各类农产品活跃网店近 1.5 万家。① 截至 2017 年年末，浙江全省发展了 779 个淘宝村和 77 个淘宝镇，在 28 个县 2200 个行政村创建了农村淘宝，当年实现电子商务网络零售额 13336.7 亿元，其中县及县以下区域 6482.4 亿元，占比 48.6%，拥有活跃的涉农网店近 2 万家，实现农产品网络零售 506.2 亿元，同比增长 27.8%。② 其中，浙江省域内淘宝村、淘宝镇、淘宝村集群的迅猛发展大大促进了电商扶贫的整体成效。

(一) 淘宝村

世界银行中国局局长 Bert Hofman 先生在调研了江苏沭阳县淘宝村后指出，"淘宝村是减少贫困和促进共同繁荣的利器"。《中国淘宝村研究报告 (2016)》指出，一个淘宝村就是一个草根创业孵化器。2017 年，全国 2118 个淘宝村的活跃网店超过 49 万个，网络销售额超过 1200 亿元，带动的就业机会超过 130 万个。③ 数据分析结果显示：淘宝村平均每新增 1 个活跃网店，可新增约 2.8 个直接就业机会。所谓淘宝村，是指大量网商聚集在某个村落，以淘宝为主要交易平台，以淘宝电商生态系统为依托，形成规模和协同效应的网络商业群聚现象。淘宝村的认定标准有三个：一是经营场所在乡村地区，以行政村为单位，二是电子商务年交易额达到 1000 万元以上，三是本村活跃网店数量达到 100 家以上，或活跃网店数量达到当地家庭户数的 10% 以上。④ 浙江省淘宝村发展迅速，脱贫减贫成效显著。浙江省淘宝村增长迅猛，数量多，占全国总数 1/3 左右，居全国首位 (见图 3-1、图 3-2)。

---

① 浙江省商务厅：《农村电商：农业农村发展的加速器——2015 年浙江省农村电子商务发展报告》，《浙江经济》2016 年第 17 期，第 26—27 页。
② 《农村电商激活乡村资源 浙江精准发力乡村振兴》，http://www.zj.xinhuanet.com/2018-03/08/c_1122505541.htm。
③ 盛振中：《数字经济创新助力乡村振兴》，http://i.aliresearch.com/img/20180625/20180625204624.pdf。
④ 阿里研究院：《全国淘宝村增至 212 个，阿里推出淘宝村三大扶持措施》，http://www.aliresearch.com/blog/article/detail/id/20048.html。

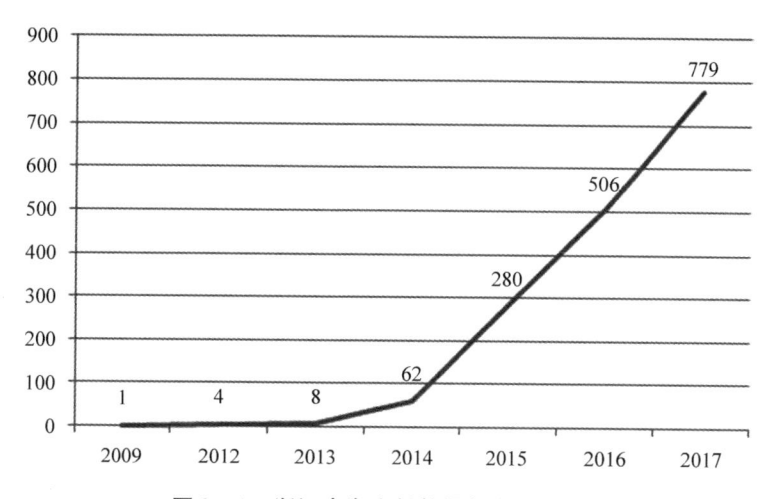

图 3-1 浙江省淘宝村数量年增长趋势图

资料来源：根据阿里研究院公开数据整理。

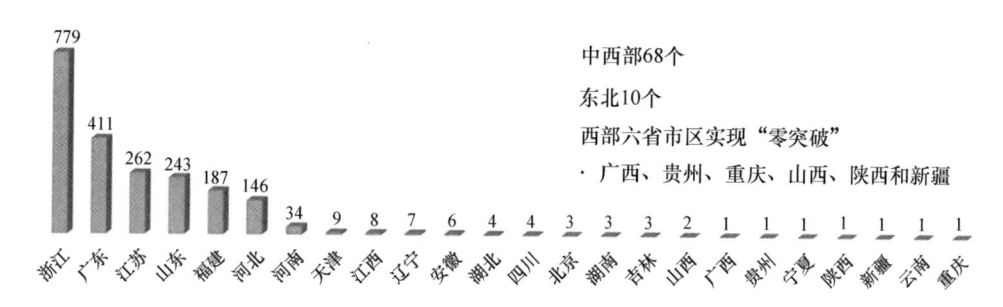

图 3-2 2017 年各省市淘宝村数量分布图

中西部68个

东北10个

西部六省市区实现"零突破"

· 广西、贵州、重庆、山西、陕西和新疆

资料来源：阿里研究院：《中国淘宝村研究报告（2017）》，http：//i. aliresearch. com/img/20171211/20171211101359. pdf。

（二）淘宝镇

阿里研究院对淘宝镇的界定是，一个镇、乡或街道符合淘宝村标准的行政村大于或等于3，是在淘宝村的基础上发展起来的一种更高层次的农村电子商务生态现象。2014 年阿里研究院首次公布的全国 19 个淘宝镇，浙江占 6 席；2015 年全国的 71 个淘宝镇，浙江占 20 席；2017 年全国的 242 个淘宝镇，浙江达到了 77 席。

（三）淘宝村集群

2015 年 12 月，阿里研究院新提出淘宝村集群概念，即指由 10 个或 10

个以上淘宝村连片发展构成的集群,网商、服务商、政府、协会等密切联系、相互作用,电子商务交易额达到或超过1亿元。若相邻的淘宝村数量达到或超过30个,则称为"大型淘宝村集群"。自2015年起,淘宝村集群化特征初步显现,集群化带动强劲,这应当源于熟人社会属性、相近的产业基础、合理的政府引导等。2017年浙江省以其规模庞大的淘宝村,迅速形成了全国最大的两大淘宝村集群并在全国前十大淘宝村集群中占据36席(见图3-3),而强大的集群化效应凸显出电商扶贫的成效。

2017年全国淘宝村销售额超过 **1200亿元**

2017年十大淘宝村集群

排序	县(市)	省	淘宝村数	优势产品
1	义乌	浙江	104	小商品
2	温岭	浙江	75	鞋
3	曹县	山东	74	演出服
4	瑞安	浙江	54	鞋
5	普宁	广东	52	家居服
6	睢宁	江苏	51	家具
7	晋江	福建	48	鞋
8	慈溪	浙江	44	家电
8	永康	浙江	44	健身器材、五金用品
9	沭阳	江苏	41	花木
10	乐清	浙江	40	电工电气产品

图3-3 2016年中国十大淘宝村集群

资料来源:阿里研究院:《中国淘宝村研究报告(2017)》,http://i.aliresearch.com/img/20171211/20171211101359.pdf.

说明:【淘宝村集群】由10个或以上相邻淘宝村构成。

在淘宝村镇、淘宝村集群培育和迅猛发展的过程中,浙江许多贫困地区通过丰富多样的形式开展电商脱贫工作,拓宽了农民脱贫致富的渠道,成绩斐然。比如,曾被李克强总理赞为"中国网店第一村"的义乌青岩刘村,2015年线上交易额约40亿元,从事电商行业的创业者近15000名;[①] 浙江省遂昌县发展了2000多家网店,形成了闻名全国的"遂昌模式";缙云县北山村则是"无中生有",通过电子商务销售与本地毫无关联的户外用品,成功探索出"农户+网络+企业+政府"的电商扶贫之路;龙游县因地制宜对接电子商务平台发展"一村一品",销售地区特色农产品,

---

[①] 《浙江义乌青岩刘村"中国网店第一村"2015年线上交易额约40亿元》,http://news.xinhuanet.com/local/2016-03/24/c_128830367.htm。

拓宽了当地优质农特产品的销售渠道，让贫困村民成功共享了互联网发展成果。农村电商，不仅让土特产品走出了农村与山区，而且让土特产品拥有了附加值，成为推动农民脱贫致富与乡村经济转型升级的有力帮手与导引。

第二节 遂昌模式

遂昌模式是电商扶贫致富的典型。遂昌逐步建立起了一个集农户、普通网商、领军企业、网店协会、电子商务服务商、政府等各主体相互扶持相互促进的健康高效的电子商务生态链，有效带动了遂昌农产品品牌的高速拓展和当地贫困人口的脱贫致富。

一 模式概况

遂昌县坐落于浙江省西南部，地理位置荒僻，有"九山半水半分田"之称，属于典型的山地县，崇山峻岭环绕致使产业分散且不发达。地理条件的约束并未浇灭遂昌人民脱贫致富的激情和渴望，电子商务时代的到来，让绿色的生态农产品资源插上了现代的信息技术翅膀，精准对接上了电子商务另一端的市场。大山里的遂昌人通过接力创业，大胆创新，走出了一条具有鲜明地域特色的农村电商脱贫之路。

遂昌农产品电子商务的发展走过了从无到有、从小到大、从弱到强的创业历程。2005年以来，伴随着淘宝网等国内电子商务服务平台的兴起，一批敢闯敢试的当地农户开始打破传统销售渠道，大胆地在网上开始销售竹炭产品。并逐步扩大到山茶油、烤薯、菊米、笋干等特色农产品领域，由此揭开了遂昌农产品电商发展的序幕。但早期的农户电商分布零散，个体网商缺乏对市场把握和规模销售能力，外加网络操作技能的不娴熟，极大地限制了遂昌农产品电商的初期发展。

自2010年起，遂昌县政府大力给予农产品电商发展的政策支持。在团县委、经贸、工商等政府部门的联合推动下，遂昌在丽水市率先成立了半官方半民间非营利组织——遂昌网店协会。至此，遂昌农产品电商发展进入全新的快速发展车道。

2013年阿里研究中心正式发布《遂昌模式研究报告》。报告将遂昌模式定义为：以本地化电子商务综合服务平台作为驱动，带动县域电子商务生态发展，促进地方传统产业，尤其是农业及农产品加工业实现电子商务化。"电子商务综合服务商＋网商＋传统产业"相互作用，在政策环境的催化下，形成信息时代的县域经济发展道路（见图3-4）。报告还认为，该模式对发展农产品电子商务，促进农业经济的升级，扩大贫困地区农民的就业、推动县域经济的腾飞具有重要的借鉴意义。①

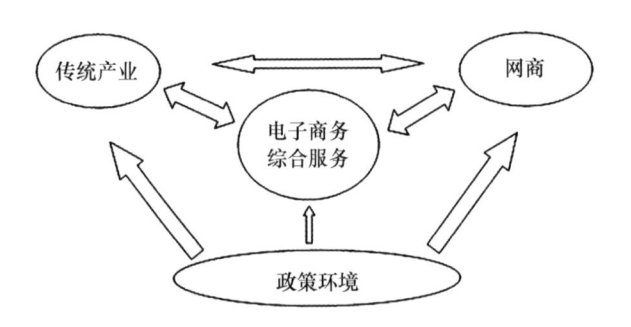

图3-4　遂昌模式示意图

在该模式中，电子商务综合服务商，主要是指当地具有社团性质的遂昌网店协会和市场化企业属性的遂网公司的综合体；电子商务生态是指由电子商务网商、电子商务服务商、供应商、消费者，及社会环境共同构成的融合发展共生进化系统；地方传统产业的电子商务化，包括遂昌中小企业（主要是农产品加工及旅游等服务企业）或农民建立专业合作社自己办网店开展电子商务，也包括他们借助电子商务平台，使其经销的产品对接外界电子商务大市场；政策环境包括软硬件两个部分，既有遂昌县政府对于基础设施的长远投入，也有对电子商务发展的支持与服务。有理由认为，县域电子商务综合服务商是遂昌模式的核心，各类电子商务网商是发展的基础，传统产业是遂昌模式的发展动力，而政府政策环境则对遂昌模式产生催化剂的作用。②

---

① 阿里研究中心：《遂昌模式研究——服务驱动型县域电子商务发展模式》，2013年，第37页。
② 同上。

二 运行机理

(一) 核心驱动：遂昌网店协会及其功能

针对农户网商信息不畅、农产品质量安全缺乏认证等不足，2010年3月遂昌团县委、经贸、工商等政府部门牵头联合一批最早的电子商务网商组建了半官方半民间的非营利组织——遂昌网店协会。协会以"服务性、互助性、自律性"为定位，以构建"信息资源共享、资源互补"的服务性公共联合平台为目标，接收了许多农产品供应商、农户网商和相关电子商务服务商为会员，高效整合会员群体的渠道、供应链、专业服务等优势，在会员间形成彼此依赖协同互助的联盟关系。网店协会的诞生对遂昌电商网络组织发展具有里程碑式意义。它不断构筑与完善县域电商服务体系，制定行业标准，发展壮大了2000多家网商会员，加大对网商会员的公益培训力度，实现了遂昌广大网商从"单打独斗"到"抱团作战"的转身，打造出极具遂昌本土特色的网商集群式发展新格局。

目前，遂昌网店协会提供给各加盟会员的服务包括开店指导、供应货源、培训课程、人才举荐、金融服务、市场信息、创业咨询、导师帮带、实习训练、信贷扶持、文化活动等多维服务，不仅提高了会员的技术素养，带动了会员的创业热情，而且规范了当地电商市场的秩序，为遂昌电商事业的发展营造了良好的软环境。

2011年，遂昌网店协会旗下成立了专门负责农产品销售的遂网公司，结合当地农村合作社、散户农人和种植生产基地等各方的产品资源优势，将产品资源集中到会员仓配中心——麦特龙分销平台。由平台将汇集到此的农产品改制成标准化"产品包"放到分销平台，网店店主通过下载，仅需将标准化"产品包"放到自己的淘宝网店出售，待接到消费者订单后再到分销平台下单发货即可，分销中心根据订单信息负责统一包装配送给消费者。网店协会提供的统一采购，统一仓储，统一配送，统一物流，统一包装物料，统一服务的公共服务，真正让农民做到了低库存，低风险，低门槛进行开网店创业。总体而言，遂昌网店协会与其旗下分销公司组成的农产品电商公共服务双平台将农产品电商相关的主体有序整合，并制定合作的章程和规范，基于共同的利益支持和信任关系，各个结点协调统一，大大降低了农产品流通中间能耗（见图3-5）。经过遂昌网店协会各方人员努力，全国第一家淘宝县级特色馆——遂昌馆于2013年1月8日顺利开馆，全国的消费者可以在此将遂昌县原生态的竹炭、高山茶等农特产品一网打尽，遂昌老百姓得到了实实在在的收益，电商扶贫致富成效显著。

图3-5　遂昌网店协会网货供应平台

典型案例3.1　电商快车搭载土粽，一村半年卖5万多个[①]

范雪从来没有想过，她从小到大吃的家乡粽子会如此受消费者青睐，成为网络热卖品。近几年，距离端午节还有一个月的时候，就要开始忙碌了，以应付旺季来临的销售压力，这些长粽在旺季时销售额能达上万元。

范雪，33岁，遂昌县大柘镇车前村人，而长粽是遂昌的特色粽子。遂昌长粽选用4—6张、宽约七八厘米的野生箬叶，馅料选用的是当地的霉干菜和土猪肉，主馅选用的是遂昌高山糯米并且经过灰汁浸渍，有了考究的粽叶和馅料，最后再用生长在石壁泉溪的粽丝或龙须草紧紧捆扎就成了

[①] 案例根据《土粽火了　浙江要新建3000个农村电商服务站》改编，http://www.zjol.com.cn/05zjol/system/2016/08/10/021260230.shtml。

(见图3-6)。

不过,虽然村民家家都会包长粽,但想在网上打响遂昌长粽的品牌,必须要标准化。因此,遂昌网站协会集中给村民培训,使用统一的场地、采用统一的卫生标准、制定统一的长粽标准,即每根长粽的重量控制在6两,长度控制在20厘米,每个粽子用粽丝绑7段。甚至连对于先放什么后放什么馅料,放几块肥肉几块瘦肉都标准量化。

对包标准化长粽的村民采用计件制,即每包一个粽子两元。一般来说,即使在家很会包粽子的能手,也需要经过两三天的培训学习,才能熟悉长粽的标准化包法。村民范雪经过几天熟悉后,现在最快一天能包180个,通过网络销售的收入也比以前多了很多。

图3-6 遂昌长粽

(二) 市场扩展：浙江赶街电子商务有限公司及其作用

浙江赶街电子商务有限公司，创设于 2013 年 3 月，是一家依托先进高效的渠道铺设力和专业成熟的品牌包装体系，通过整合盘活地方性电商资源，构建城乡一体化综合服务平台的电子商务企业。赶街公司在遂昌创立了中国首家农村电商服务站，打破了农村宽带网络基础设施的桎梏、破除了电商操作和物流服务等农村电商发展短板，进而实现"消费品下乡"和"农产品进城"（见图 3-7）。

图 3-7 浙江赶街电子商务有限公司

公司在积累了一定的经验后，迅速在遂昌的各个行政村建立便民服务网点并积极走向全国。截至 2017 年 12 月底，赶街公司业务在全国 17 个省，42 个县，建立 4900 多个村级电商服务站，服务覆盖 1400 多万人口，农产品网络销售 8.6 亿元。[①] 2018 年 7 月，赶街公司受邀出席 APEC 电商扶贫研讨会，赶街电商精准扶贫案例成为研讨会嘉宾共同关注的焦点。基于赶街公司而得到长足发展的遂昌电商公共服务体系、农产品上行体系和消费品下行体系极大地创新了农村电商发展模式，推动了县域电商生态有序发展，带动了地方传统产业，尤其是农业及农产品加工业迈向电商化，激发了当地农民创业热情，扩大了农村贫困地区就业规模，开辟了脱贫致富之路（见图 3-8）。

---

① 《赶街 2017 年度大事记》，http://www.51ganjie.cn/。

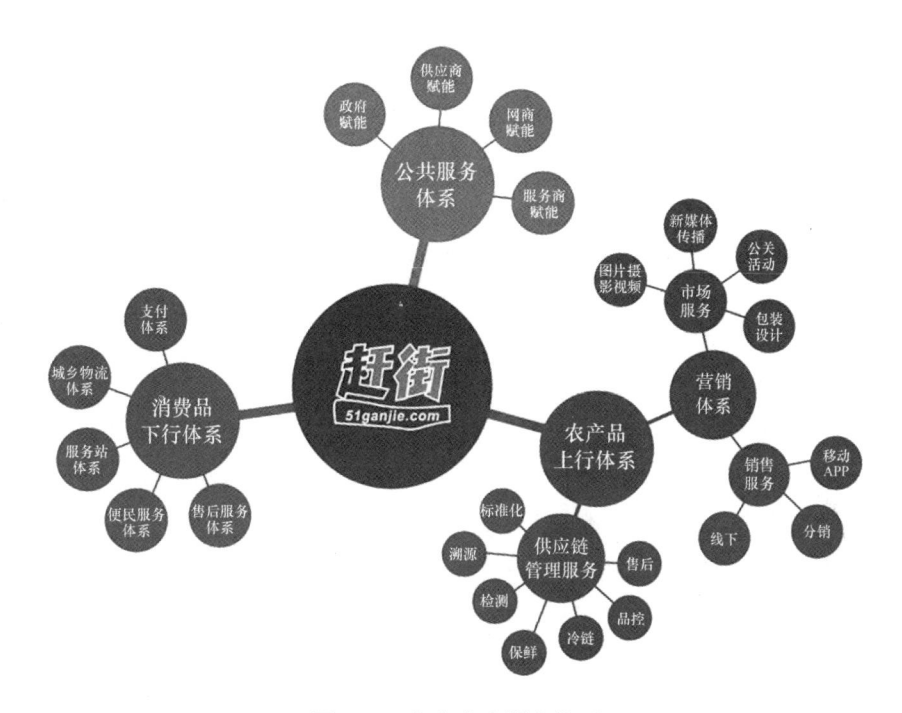

图 3-8 赶街电商服务体系

1. 拓宽公共服务体系

针对政府、企业、创业者电商发展理念和认知相对落后的问题，公司协助网商协会共同研发农村电商课程，形成培训体系，建立本地电商人才体系。在农村电商服务站站长的选拔过程中，公司以网商协会为依托，对入选站长进行岗前操作培训。农村电商服务站站长上岗之后，赶街公司为站点配备 1 台工作电脑，免费为当地村民在赶街网代购日常用品、提供话费充值、缴纳水电费等便民服务，同时在互联网上帮助当地农民代卖自家耕作的农产品，每个月由赶街公司给农村电商服务站站长发放 1500 元工资。赶街农村电商服务站的推广，丰富了遂昌电商模式内容，创新了县域公共服务中心组织，形成了政府与市场共同发展的抓手。

2. 建立农产品上行体系

针对农产品存在着非标准化以及农业参与者市场化水平参差不齐等问题，公司协助网店协会采取创新县域农村分销模式，研发供应链解决方案和农产品溯源系统，探索把小农经济的遂昌农产品进行标准化、冷链物流以及包装商品化。在农产品标准化方面，先后制定了土猪、土鸡、粽子、山茶油、大米等几十项遂昌当地农特产品地方标准规范。通过农产品的标准化体系建设，守好了农产品的质量安全防线。在冷链物流体系建设方面，与杭州祐康集团合作建设大型冷链物流配送基地，真正实现农产品质量安全的无缝链接。在包装商品化方面，实行产地二维码质量追溯，以此推动客户放心购买工程建设。

3. 建立消费品下行体系

针对农村电商消费、物流、售后等问题，遂昌模式采取开创"县、乡、村三级服务站"模式和代购，代售服务模式，致力于打造"最后一公里"乡村物流解决方案。为了解决农村电商快递"最后一公里"问题，公司大胆使用"统一收货地址"的办法，在遂昌县城创建仓储物流中转中心，当地村民网购的日常用品从全国各地汇聚到这里，中转中心分类登记所收到的快件，然后统一配送到农村电商服务站。每天，各村电商服务站的站长上班后首先就是对送达站点的快递进行分类登记，联系通知村民领取快件，真正实现了快递到村。

（三）政策助力：政府角色与作用

县政府科学合理地把控政府、社会、市场三者关系，最大限度激发市场、社会组织、公众参与农村电子商务发展的活力，灵活运用市场机制，坚持做到引导而不主导，扶持而不干预，准确找到了政府引导市场、社会资源参与农村电商发展的最佳契合点。

1. 政策制度供给

县政府将电商发展作为头等重要的战略性创新产业予以培育，先后出台了《遂昌县加快电子商务发展实施意见》《遂昌县电子商务发展战略规划（2014—2020）》等政策。2015年以受商务部委托，起草《农村电子商务服务规划》《农村电子商务工作指引》两项标准为契机，进一步完善县域电商服务体系建设。2018年，为加快推进遂昌农村电商创业小镇建设，结合遂昌农村电子商务发展实际，遂昌县政府办公室又进一步出台了《遂昌县加快电子商务发展二十条（试行）》。

2. 基础设施保障

县政府对县域电子商务服务体系建设给予巨大的财力支持，先后建成淘宝网遂昌馆配送中心、全县电商物流中转仓库、农产品质量检测中心等。通过政府购买服务平台和服务站点等活动，让财政资金撬动电商创业的发展。此外，遂昌县政府积极推动信息网络建设，高速推进城乡网络基础设施提升改造，实现了光纤改造覆盖全县85%行政村，3G基本覆盖全县，4G覆盖主要乡镇所在地，4个4A级景区实现Wi-Fi全覆盖；全县移动电话用户23.62万户，其中3G用户5.4万户，宽带用户4.44万户；农村有线电视联网率、"村村通""村村响"工程达100%，203个行政村全部建成农民信箱村级联络点和"万村联网"村级网站等一系列目标，[1] 为县域电商产业快速发展，实现电商扶贫奠定了坚实的物质基础。

3. 市场主体培育

一方面，通过政府购买服务的形式，携手浙江赶街电子商务有限公司在遂昌各行政村建立赶街农村电子商务服务站，为农民提供购买消费品、出售物品、缴费服务等一站式便民服务。这一模式不仅给农村居民提供生活上的便利，也壮大了农村电商服务市场主体，赶街公司业已成为浙江省"电子商务进万村"承建单位和浙江省农村电商龙头企业。另一方面，以网店协会为依托，结合县域内的样板企业资源、职业教育资源给县域内的网商提供亲情化的信息咨询、业务培训等综合化服务，打通各市场主体间的信息共享，实现资源互补。另外，县政府2011年出台了帮扶全民创业基金的利好政策，即每年从县财政拨款至少300万元的专项资金，帮扶全民创业，其中，电商创业比重占到三分之一。[2] 这些政策极大地激发了农村青年和即将毕业的大学生返乡开网店创业销售遂昌农特产品的热忱。

典型案例3.2　浙江遂昌成立农村电商的"黄埔军校"[3]

遂昌县农村电子商务学院于2016年6月17日成立，这是一家以农村

---

[1] 杜兴林：《农村电子商务的"遂昌模式"》，《政策瞭望》2015年第10期，第35页。

[2] 刘虎、蒋国海、邓晓：《遂昌创新农村电子商务模式》，《浙江经济》2013年第22期，第49页。

[3] 案例根据《我县成立全市首个县域农村电子商务学院》改编，http://scnews.zjol.com.cn/scnews/system/2016/06/19/020521438.shtml。

电子商务培训研究、以电商人才培养为主要目的的学校,堪称农村电商界的"黄埔军校"。

6月17日下午,遂昌县农村电子商务学院揭牌仪式在遂昌职业中等专业学校举行(见图3-9)。商务部国际贸易经济合作研究院培训中心国内培训部副主任张明广、浙江省就业局副局长陈根元、浙江省就业局办公室主任叶永波、丽水市政府办公室副主任王国峰、丽水市商务局副局长王井泉、遂昌县人大副主任鲁子钗、遂昌县副县长张春根、遂昌县政协副主席王凤琴、赶街公司总裁潘东明、遂昌职业中专校长潘文华等众多领导出席揭牌仪式。

图3-9 遂昌县农村电子商务学院

遂昌县农村电子商务学院,将充分利用遂昌网店协会、赶街电子商务公司、遂昌县职业中等专业学校等各项资源,组建一支高效的工作班子,构建符合农村电商产业发展的培训体系架构。同时,培训学院也将整合已有的各种培训资源,整理电商产业发展对人才的需求计划,制定科学合理的人才培养模式方案,建立县域电商人才信息档案库,成立电商工作室,有针对性地编制遂昌农村电商培训标注化目录及农村电子商务人才诚信体系文本，有序开展农村电商分析工作，从而有效提高遂昌电商持续发展动力。

三 扶贫致富成效

遂昌创造了县域农村电子商务发展的"遂昌模式"，有效带动了遂昌人民快速脱贫致富提高生活水平，先后获得全球最佳网商城镇奖、中国电子商务发展百佳县、全省首批电子商务示范县等振奋人心的荣誉。2015年年底，商务部专门发函，认定遂昌县为全国唯一的农村电商强县创建先行县。

(一) 农村电商带动生态农业健康发展

遂昌农村电子商务的持续发展，扩大了当地生态农产品的销售渠道，带动了生态农业的健康发展。统计显示，2015年遂昌实现农业总产值17.09亿元，年均增长8.2%。在淘宝网全国首家县级特色馆——遂昌馆的带动下，遂昌政府带领当地农民主动实施生态精品农业"5522"工程，基本形成茶叶、竹业、生态蔬菜、水干果、生态畜牧为主导，番薯、中药材、食用菌、油茶、杂交水稻制种为特色的十大农业产业格局。建成5万亩粮食生产功能区、2个省级现代农业综合区、5个主导产业示范区、5个特色精品园并通过验收，荣获全国休闲农业与乡村旅游示范县、国家现代农业示范区、省级生态循环农业示范县、省级农产品质量安全放心示范县等称号。[①] 现如今，遂昌当地农户耕作的生态农产品通过淘宝遂昌馆平台源源不断地销往全国各地，生态农业的健康发展又正向促进了遂昌农户收入的快速增长，脱贫致富的道路越走越宽广。

(二) 农村电商带动生态经济持续发展

遂昌农村电商农产品上行体系的建设，特别是农产品标准化和可追溯体系的建设，极大增强了消费者购买当地农特产品的信心，直接带动了遂昌生态经济的持续发展。2015年遂昌县实现茶产业产值6.18亿元、竹产业产值13亿元、高山蔬菜产值2.11亿元。遂昌农村电商的蓬勃发展，也

---

① 《2016年遂昌政府工作报告》，http：//www.suichang.gov.cn/zwgk/bmzfxxgk/00266 2681/04/0403/201605/t20160512_1451230.html。

使遂昌农村电商经验在全国各地受到重视和推广，遂昌荣获全国农业农村信息化示范基地、省级农产品质量安全可追溯体系县等称号，并成功举办了全国信息进村入户试点工作推进会和全国农村电子商务现场会，遂昌农村电商跨界融合被国务院办公厅确定为浙江省三个地方工作典型经验之一。2016年12月遂昌农村电商创业小镇正式开工，小镇建成后将吸引各类电子商务企业和资源聚集，对促进遂昌农村电子商务产业化发展，推动农民就业增收做出新的贡献。

（三）农村电商带动生态服务业快速发展

遂昌农村电子商务市场的蓬勃发展，直接推动了当地交通运输、物流仓储等相关服务业的发展。据统计，2015年遂昌邮政业、交通运输和仓储增加值3.55亿元，比上年增长4.7%。[①] 与此同时，农村电商"遂昌模式"在全国各地的成功推广，吸引了越来越多的考察团到遂昌学习取经，带动了当地培训产业和旅游业的高速发展。在培训产业方面，2012年至今，遂昌依托深入发掘"遂昌模式"的运作经验，积极总结农村电商发展的理念、技能和方法，为全国15个省、23个县农村电商人才提供了培训服务，遂昌也因此被誉为农村电子商务的"新延安"，到遂昌农村游学成为新风尚。在旅游发展方面，遂昌县农办积极引入市场化操作机制，设计更为成熟的农村电商游学线路，并依托浙江遂网电子商务有限公司为遂昌农户提供乡村农家乐培训，形成"互联网+农家乐民宿、农特产品"的农村旅游新模式，让农民学会通过微信朋友圈等平台发布自家的农家乐信息，促使遂昌县农家乐民宿与农村电商的相互融合发展，打造遂昌农家乐民宿+电商品牌的新效应，推动当地农民脱贫致富。

四　经验与启示

遂昌电商扶贫工作成效显著，对于欠发达区域发展农村电子商务、扩大就业规模、增加贫困人民收入、促进农业产业升级等方面具有积极的借鉴和参考价值。

---

① 《2015年遂昌县国民经济和社会发展统计公报》，http://www.suichang.gov.cn/zwgk/ztzl/sctjxxw/sjjw/tjgb/201605/t20160506_1827360.html。

（一）发挥生态资源优势，根植本地产业

相较于其他产业发展要素，丰富的天然生态资源优势是遂昌县开展电子商务扶贫工作最好的资源禀赋条件。因此遂昌县精准把握了对农产品绿色消费、健康消费的趋势，依托独特的自然资源，根植本地农业产业，发展农特产品，抓好农产品标准化工作、农产品安全追溯工作，并通过遂昌农产品品牌的整体营销和政府对淘宝遂昌馆所销售农产品质量的背书，赢得消费者对遂昌自然环境的认可，对遂昌网购农产品的信任，最终实现遂昌农产品电子商务的集群化发展，带动了当地人民脱贫致富。

（二）开放发展模式，共享发展资源

开放发展模式是遂昌县开展电子商务扶贫工作的另一成功经验。一方面，通过与外界取得多样联系，使遂昌模式的品牌效应在全国范围获得巨大的影响力，成功吸引了发展农村电子商务所需的行业信息、专业知识、专家人才等关键要素在遂昌汇聚，推动了遂昌农村电子商务快速发展。另一方面，通过与旅游等相关行业的开放融合，共享发展资源，实现了以农村电子商务带动旅游发展，以旅游发展带动农产品销售的正向循环，"电子商务＋民宿旅游＋农产品"模式成为新风尚，直接增加了当地人民的收入，提高了电子商务扶贫工作的成效。

（三）协同创新发展，构建健康电子商务生态环境

遂昌县开展电子商务扶贫工作最成功的经验就是构建了协调创新发展的电子商务生态系统，形成了一批共享发展的电商综合服务商。电商协会、网商、电子商务服务商、政府、高校智库等农村电子商务主体间相互促进增强、协同进化，推动了遂昌当地农村电子商务服务体系的发展：农村电商服务站深入乡村，技能培训、管理咨询、金融服务、平台建设有效跟进。健康的电子商务生态环境，推动了当地农户和农产品高效对接网络销售渠道，成功促进了当地农业和相关电子商务服务业的快速发展，实现了遂昌电子商务扶贫工作提质增效目标。

第三节　龙游模式

2012 年，为充分挖掘具有龙游本土特色的资源潜力，加快发展特色富民产业，着力提升龙游县农业现代化和新农村建设水平，帮助农民扶贫脱困，努力实现"物质富裕精神富有"的目标，龙游县委、县政府决定在全县推进、制订"一村一品"富民强村行动计划。区别于北山的"无中生有"，龙游电商扶贫的典型性在于扎根本地农特产品的生产，以"一村一品"特色农业为发展基础，以中国特色龙游馆为网络销售平台，通过农特产业嫁接互联网平台，拓宽电子商务运营和销售渠道，从而达到减贫扶贫目的，这无疑对有当地特色产品，却苦于无销售渠道的欠发达地区提供了有益的经验借鉴。

一 模式基础："一村一品"特色发展

所谓"一村一品"是指在一定区域范围内，以村为基本单位，按照国内外市场需求，充分发挥本地资源优势，通过大力推进规模化、标准化、品牌化和市场化建设，使一个村（或几个村）拥有一个（或几个）市场潜力大、区域特色明显、附加值高的主导产品和产业。[1]

"一村一品"主要针对农业生产规模小、布局散乱、效益低下的普遍瓶颈，通过特色化、规模化、标准化、品牌化和加工化等手段着力提升农业组织化水平、设施化水平和竞争能力，进而解决"三农问题"的实践探索与政策努力。它依托于"农"又跳出"农"。20世纪90年代浙江就开始了相关探索，2008年开展示范村镇建设，2011年农业部在全国推进了"一村一品示范村镇"建设。2011—2016年，因良好的发展基础，浙江共有69个村镇入选。2008年至2013年年中，全省已建成一村一品517个，主导产业人数35.03万人、主导产业总收入363.41亿元、专业村经济总收入658.07亿元、农民纯收入12494元；建成专业镇51个，主导产业人数89.33万人、主导产业总收入484.86亿元、专业村经济总收入2067.28亿元、农民纯收入13808元。[2] 实践表明，"一村一品"村镇建设是农民脱贫致富的有效途径。

---

[1] 《"一村一品"落地十年　看看我们都总结了哪些独家赚钱秘笈》，http://country.cnr.cn/gundong/20160420/t20160420_521927140.shtml。

[2] 《我省有15个村镇入选全国一村一品示范村镇建设》，http://www.zjdpc.gov.cn/art/2013/8/28/art_1267_573300.html。

早在20世纪,龙游发糕、龙游小辣椒等就蜚声省内外。在新的时代,龙游如何利用好和升级"一村一品"优势加速发展,成为该县的重大问题。2012年,龙游县重点推进"一村一品"富民强村行动计划,公布了首批16个产品品类(部分品类见表3-1)。2013年,启动"一村一品"电子商务示范县建设。2014年,龙游县所在的地级市衢州被省农办列为浙江省实施"一村一品"产业复兴计划促进农民增收试点市,"一村一品"建设得到了飞速的推进。

表3-1　　　　　　　龙游"一村一品"计划部分品类

专业村/合作社	主打产品	主打品牌	带动农户	核心村落	是否嵌入互联网+
富硒专业村	富硒系列农产品	"龙硒"牌	6000户	横山镇天池村等	是
小辣椒专业村	腌制龙游小辣椒	"铜鸟""龙洲"	200户	塔石镇泽随村等	是
乌猪合作社	肉猪及其优良种猪	"龙游乌"牌	50户	湖镇镇大坪村	是
龙茶专业村	名优绿茶、白茶	"翠竹""方山"	4000户	东华街道街路村等	是
农家乐专业村	农家乐乡村旅游	生态旅游养生休闲	100户	晓溪村、贺田村	否
竹笋专业村	优质竹材、竹笋	"溪口冬笋"等	10000户	溪口镇下徐村等	是
龙游发糕	龙游发糕系列产品	"金谷""铜鸟"	1000人	—	是
"大咯大"蛋鸡	绿色无公害鸡蛋	"大咯大"	20户	湖镇镇下田畈村	是

二　模式关键:特色中国·龙游馆领航带动

随着"一村一品"建设的推进,农产品产业链长,中间环节多、耗损大、信息不对称、农产品打造品牌难度大、质量安全体系难以建设等老问题日益突出,农特产品同质竞争白热化、广告与营销社群化、产品与服务消费品质化等新问题不断涌现。针对以上瓶颈问题,龙游县委、县政府经多方考察讨论,将电商发展作为"一号工程",在 2013 年出台了《龙游县人民政府关于促进电子商务产业发展若干政策的意见》(龙政发〔2013〕72 号)和《关于印发龙游县促进电子商务产业发展专项资金管理办法》(龙财企〔2015〕73 号),并最终与淘宝网签订战略合作协议,形成《龙游县"一村一品"电子商务示范县建设实施方案》,以"特色中国·龙游馆"为建设立足点,大力规划"一村一品"电子商务。2015 年,龙游多次对接阿里巴巴农村淘宝网,成立阿里巴巴农村电子商务县级服务中心,并配套建成 80 个村级服务中心(站)。

协议明确指出,"阿里巴巴集团淘宝网将龙游县列入浙江省首个'一村一品'电子商务示范县建设"。2013 年 8 月,"淘宝网特色中国·龙游馆"在淘宝网顺利上线开馆,这是淘宝网在全国打造的第 3 个、浙江省内第 2 个县级馆。同时,网商协会成员也牵头成立了龙游网创电子商务有限公司,作为淘宝网指定的本地 TP 商(第三方运营商),负责龙游馆具体运营工作。在这里,政府、运营商、淘宝网积极合作,各司其职,发挥着重要作用(见图 3-10)。

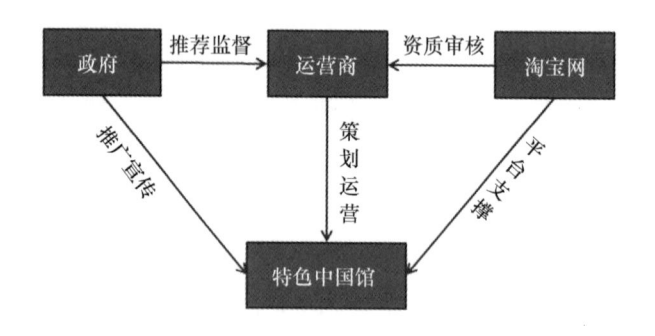

图 3-10 特色中国·龙游馆运营模式

(一)政府角色与作用

龙游在特色中国馆项目建设过程中充分发挥政府职能,起到高效整合资源、指挥、引导和规划的关键作用。第一,淘宝特色馆项目涉及内容十分丰富,包括淘宝基地建设、产品认证、物流中心及产品质量安全追溯体系建设、电商培训等,商务局、质量技术监督局、科技局、旅游局、农业局、农委等多个政府部门积极协力推进。第二，政府举荐并监督龙游网创电子商务有限公司作为龙游馆的运营服务商。第三，政府在食品安全上做好信誉背书，严控产品质量关。第四，对于入驻特色馆的商家要制定奖励及处罚措施。第五，为更好地指导农户经营生产，出台制定了农产品标准，比如绿色生态农业的标准。第六，优化干部队伍更好地服务于电商发展。县委组织部抽调在岗在编的年轻干部，选派到阿里巴巴农村淘宝等项目和部分电商企业进行3—6个月的全脱产跟班学习，以此提升年轻干部在电子商务工作方面的服务管理能力，有效解决政府部门电商人才缺乏的"短板"。

（二）运营服务商角色与作用

淘宝特色中国馆项目专业性很强，需要专业团队专门打理和运营，龙游网创电子商务有限公司作为政府举荐的专业运营商，全程跟踪负责"特色中国·龙游馆"的构建、经营和日常管理，以及制作"一村一品"农业基地线上数据包和开展信息维护工作，并安排电商实用技术培训和培养"一村一品"产品分销商，具体而言，包括确定特色馆运营目标、策划方案、推广计划及特色馆运营方案，为特色馆入驻的中小企业卖家开展店铺代运营、店铺托管、店铺设计装修、商品上下架、申报促销活动、日常运作管理等服务。

此外，龙游馆对非标准化的农产品网络销售前，运营商要负责统一采购、商品入库抽样检查、推广营销、审核资质和建立档案、收集保证金、实地认证等；售中，运营商要履行统一发货、仓储物流配送、限时送达、服务承诺等职能；售后，若有消费者商品投诉，运营商要进行投诉处理。

（三）淘宝网角色与作用

淘宝网在特色中国·龙游馆正式开馆前，做了大量前期准备工作，比如指导与考察当地实情、审核运营服务商资质、审查特色馆运营方案、考核特色馆试运营、培训电商人才等。正式开馆后，作为平台的淘宝网，肩负着食品安全的重担，因此其建立并完善网络食品安全追溯制度，严厉打击"三无"产品，绝不姑息问题食品。不仅如此，淘宝网与龙游馆还联合推出"网上+网下"追溯机制，对网络问题商品，由专门的质检部门第一时间追查问题来源，责令网商接受退货并罚以质保金，同时将问题快速反馈给线下实体店或家庭农场,针对性地对源头展开整顿排查;而对线下实体店的问题产品,要求商品立刻下架停止销售,追踪问题来源。总之,线上线下双管齐下,对整个生产、上架、销售全过程实行技术追溯,确保商品质量安全,并不断优化卖家平台,完善商品安全追溯机制。特色中国·龙游馆标识如图3-11所示:

图3-11 特色中国·龙游馆标识

（四）特色中国·龙游馆的运营成效

在政府、运营商和平台的"1+1+1"运营模式下,特色中国·龙游馆取得了良好的经济成效。仅2013、2014两年时间"龙游馆"上线产品就达300多个,入驻商家135家,分销商218家,网货供应商90家,合作物流快递10家,合作生态农场基地50家,单品销量较好的有酥饼、胡柚、发糕、莲子、鸽子蛋、小番薯等。2015年,龙游特色工艺品也成功上线"龙游馆",截至2015年年底,"龙游馆"实现了线上销售总额1.6亿元,带动一万多人就业,直接增加贫困群众收入。如果加上京东商城、1号店等电子商务交易平台创业的网店则有500余家,全县网络零售额14亿元。① 目前,龙游依托"龙游馆",对接安厨、1号店、19楼、京东等电商平台,打造线上"连锁馆",通过土特产实地O2O体验、农产品生产企业接入电商GDS分销系统（全球分销系统）。龙游县期望在全产业链电

---

① 《龙游县大力推进电子商务发展》, http://www.zj.gov.cn/art/2016/5/5/art_15775_2104058.html。

子商务大平台支撑下，做到上下游延伸，探索"自建平台+自控品质+分销分仓"的电子商务模式，形成完善的农村电子商务发展体系，真正实现转型升级。[①]

热卖的土鸡、土鸡蛋，爆款笋和莲，让农村电商成为低收入群众脱贫致富的利器。龙游在全省率先出台《龙游县电商扶贫实施意见》，每年安排不少于2000万元资金，以141个低收入农户集中村为重点区域，实施帮扶开网店、纳入产业链、能人帮带、平台扶持、物流支持、培训支撑和股份合作七大电商增收行动。其中，淘宝"龙游馆"主动结对龙洲街道渡贤头村40多户低收入农户，让农户种植50亩迷你小甘薯，已网售1.4万多公斤，农户亩均增收4000多元。[②] 目前，该县已培训农民1000人次，328名低收入农户开设网店。[③]

典型案例3.3　"龙晒"致富经[④]

龙游地理位置有天然的土壤优势，2005年，龙北地区杜山坞—大山沟—志棠—马鞍山一带被省地质调查院确认为富硒土质，总计共有46.4平方公里的一级富硒集中区块，是龙游富硒产业发展的核心区块。在2012《龙游县推进"一村一品"富民强村行动计划》的通知中，龙游政府明确主打"龙硒"牌系列农产品，核心村落包括横山镇天池村、志棠村、腰塘边村、河宗村、塔下叶村、上向徐村、白鹤桥村。

在横山镇天池村，连片的荷田莲花摇曳多姿，这里盛产富硒莲子，尽管价格比一般莲子高很多，但收购商依然抢着上门收购。某家土特产公司用富硒莲子酿酒，营养丰富，每公斤的批发价达到五六百元，仍然供不应求。龙游的"龙硒"牌富硒大米，畅销北京、上海等大型超市，根据品质不同，价格每斤10元至80元不等。

---

① 《激发电商新势能》，http://lynews.zjol.com.cn/lynews/system/2016/12/13/020932890.shtml。
② 蓝正伟：《龙游探路电商扶贫》，http://news.xinhuanet.com/local/2016-02/02/c_128692725.htm。
③ 《龙游县大力推进电子商务发展》，http://www.zj.gov.cn/art/2016/5/5/art_15775_2104058.html。
④ 根据《每天线上销售一千多个　合伙人网上吆喝龙游莲蓬》，http://zj.qq.com/a/20160828/011098.htm 改篇。

除了线下，龙游富硒莲子还在线上依托各电商平台打开销路，比如淘宝网、义乌购、19楼生活馆等。郑月是一名淘宝合伙人，2015年，因其在淘宝网出色的销售业绩，获得了阿里巴巴"明星合伙人""2015年全国十佳合伙人讲师"等耀眼荣誉。2016年3月，龙游乡甜电子商务公司在郑月和另两个淘宝合伙人的共同努力下成立。莲蓬是公司成立后的先头产品。2016年7月初，他们以低价打开网络销售，上线几天就赢得了很多回头客，销量达到每天1000个左右。

目前龙游县富硒莲子项目种植基地已由2012年的6000亩增至1.2万余亩，年产富硒莲子1200余吨；富硒大米种植基地由原来的3000亩增至1万余亩，复种面积达1.5万余亩，年产富硒大米7000余吨；著名的天池村荷花观赏园吸引众多摄影爱好者纷至沓来，游客络绎不绝，而由此衍生出来的农家乐产业，为当地农户带来了多达6亿多元的经济收入。

三 经验与启示

（一）立足特色挖掘"一"

"五里不同风，十里不同俗"，农产品的特殊性，比如地理、地势、气候、温度等的差异性造就了各地农产品的丰富多样化。"一村一品"并非限制一个村只能生产一个产品，其突出强调的是一个村至少要打造一种具有本土特色、具有本地烙印的产品，并围绕主导产品开展生产，形成突显特色的主导产业并带领相关产业。龙游县横山镇因其特殊地理环境，土壤富含人体必需微量元素"硒"，因此该镇充分利用天然要素禀赋，因势利导、因地制宜，大力发展富硒农产品，整合全镇核心村落的力量集中开发富硒产品，成为横山农业新的经济增长点，他们先后注册了"富硒地带""富硒之乡""龙硒"等知名商标，开发出富硒白莲、富硒大米，荷花蜂胶、富硒甘薯等系列产品。"一村一品"，要念好"一"与"多"的辩证法。既要立足于"一"又要跳出"一"，以"一"为引领、整合品类与区域的发展组合。

（二）完善体系助推"一"

电商扶贫致富的有效运转，离不开电商基础设施的配套支撑。龙游以"特色中国·龙游馆"建设为引领，以电商企业为先锋，以农村淘宝县级运营中心和电商产业园为平台,以农村淘宝服务站和农村淘宝合伙人为支点,不断完善县村两级服务网络体系,有效实现"工业品下乡"和"农产品进城"的双向流通功能,让农村更美好,让农民更富裕。截至 2016 年 7 月,整个龙游县已涌现 120 个农村淘宝服务站。该县首个"淘宝村"柳村村主营酥饼、冬笋、发糕、饰品等特色产品,发展了 140 多家电商企业,快递物流企业 7 家,吸纳了 500 多人从事电子商务运营、美工、客服、打包、快递等岗位。该村 2014 年电子商务年销售额 8000 多万,2015 年突破 1 亿元。①

(三)强化品牌引领"一"

各地都有自己的比较优势,如何把优势变为特色,利用特色成就品牌,用品牌占领市场,最终把比较优势转化为产业优势,把产业优势内化为经济优势,这些是打造"一村一品"富民强村的条件。有着 600 多年历史的龙游发糕因其细腻的口感赢得无数好评,但长久以来均难以打破发糕"销售不出浙江"的魔咒。善蒸坊有限责任公司以参与龙游馆为契机,改良传统工艺,并引进德国先进的包装技术,采用了"速冻+冰块+空运"的方法,逐步登陆包括天猫旗舰店在内的多个网络销售平台,将 60% 的鲜品龙

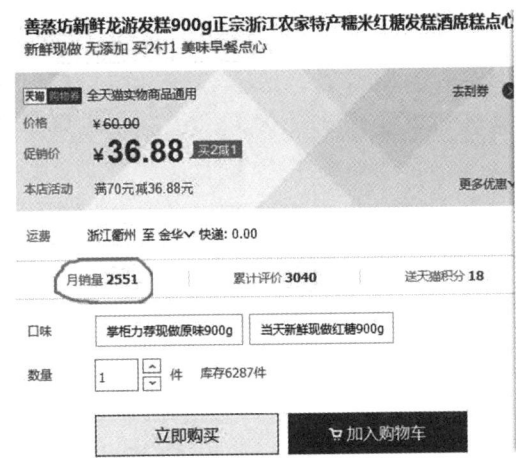

图 3-12 2016 年"善蒸坊"天猫网店双十一当月销量

---

① 《中国"淘宝村"授牌 柳村村成为龙游首家》,http://lynews.zjol.com.cn/lynews/system/2015/12/30/020062603.shtml。

游发糕卖到了上海、江苏、广东、山东、福建、安徽等地（见图3－12），并成功地摆上了杭州G20峰会的餐桌。品牌造就市场，"善蒸坊"大类的日消耗量从2015年的6000斤提升至2016年3000吨左右，① 极大带动了上下游产业链的相关人员。从上游农产品来看，带动种粮户、养猪户近百家，直接经济效益数百万元；从下游看，激发了广大青年回乡就业的热情，他们或从事天猫客服，或者从事市场策划等。

第四节 北山模式

相较于遂昌、龙游的立足于本地特色的挖掘，丽水市缙云县的北山模式则以"无中生有"和"两头在外"的方式，通过龙头企业的带动与整合，在北山村书写了依托电商脱贫致富的传奇。

一 模式概况

北山村位于浙江省南部山区，交通封闭阻塞，经济落后，村民多数只能靠做烧饼、编草席谋生，故这里又有"烧饼担子""草席摊子"之称。但就是这个人口仅有八百多、往昔贫苦落后的荒僻小山村，近年来却因发展农村电商而成绩卓著，从"烧饼村"华丽转身为"淘宝村"，其脱贫致富的"北山模式"为人称道。根据阿里研究院界定的淘宝村标准，北山村以其卓著的业绩当之无愧地成为了2013年全国20个淘宝村之一。2014年北山村电子商务销售总额达1.2亿元，2015年全村电子商务销售额达到1.5亿元的规模，到了2016年北山村全村电子商务经营户80多家，网店超过400家，销售规模继续扩大。②

所谓"北山模式"，是指以"农户＋网络＋企业＋政府"等为核心要素，以"北山狼户外用品有限公司为龙头企业，以个人、家庭以及小团队开设的分销网店为支点，以户外用品为主打产品，以北山狼产品为依

---

① 《速冻＋工业化助力，发糕米糕市场步步高》，http：//www.cnfood.cn/n/2016/0114/76774.html。

② 《吕振鸿：带领北山村"触电致富"的电商达人》，http：//www.ceh.com.cn/shpd/2016/05/919866.shtml。

托"的农村电商发展模式（见图3-13）。① 简单地说，就是由北山狼公司提供货源，政府提供资金支持，并以淘宝大学等机构为培训依托，村民接受培训后在网上销售北山狼产品。

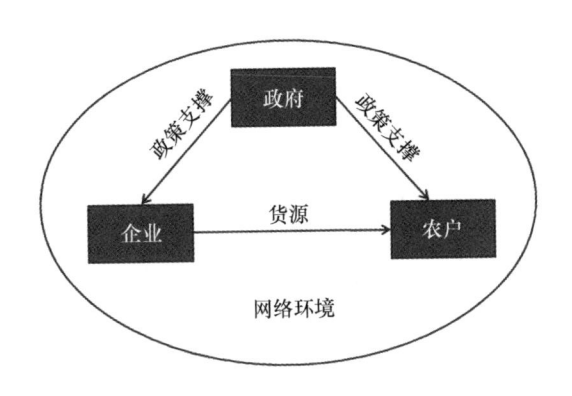

图3-13 北山模式

二 发展成效

2006年，村民吕振鸿以4000元的启动资金，加上一部数码相机和一台电脑，开启了淘宝创业之路，当年就斩获了80万元的销售额，取得了村民难以想象的收益。村民眼见吕振鸿脱贫致富，纷纷上门索求赚钱之道，而他也毫无保留地教导村民打字、注册店铺、牌照等技术。2008年，随着同质化竞争和价格战兴起，吕振鸿正式创立了"北山狼"户外用品有限公司，树立独立品牌意识，并采取"自主品牌＋生产外包＋网上分销"的模式，即以自身企业为龙头公司实施品牌战略，村民分销"北山狼"产品。目前，村里95%的电商都在做户外用品，90%是北山狼的分销商，仅有"狂野者""寻青户外""风途"等几家自有品牌店。

北山狼户外用品有限公司，专注于设计研发户外运动装备及户外休闲用品，年销售额突破6000万元，稳居淘宝同行业前三位（见图3-14）。其产品种类繁多，主要有帐篷、睡袋、防潮垫、登山包（杖）、充气垫、

---

① 马凤兴、郑功帅：《城乡统筹发展背景下的农村电子商务发展研究——丽水市缙云县"北山模式"的经验与启示》，《当代社科视野》2013年第Z1期，第57页。

户外背包等产品。其中，睡袋是其"镇店之宝"。据不完全统计，淘宝网上每销售四个户外睡袋就有一个是出自北山狼。在淘宝网输入"睡袋户外"关键字，其销量排行、搜索排行均位列第一，且远超于市场竞争对手同类产品。

图 3-14　北山狼天猫旗舰店

　　北山村如同诸多资源特色不鲜明的传统偏僻小村落一样，贫穷又无人问津。为谋生计，村民不得不外出打工。吕振鸿的创业实践，如同多数横空出世的浙江块状经济一样，在严实的发展屏障中撕开了缝、挤出了门、闯出了路。利用电子商务与数字经济的空前机遇，有效地完成了锄头向键盘的飞跃，实现了技术与经济意义上的双重跨越式发展，取得了非凡的就业绩效、收入绩效与社会效应。

　　宽就业创业路径。如何提高老弱病残等弱势群体的收入问题一直是困扰社会的难点。他们普遍缺乏技术，也没有体力，而电子商务以其易上手、低门槛、低成本的优势为他们的就业创业增收提供了空前的契机。北山村青年吕林有因患有肌肉萎缩症，残疾在家，无法从事正常工作，电商开启了他自强不息的创业之路。据悉，该村百分之八十的村民都创办了网店，有超过 500 人从事淘宝相关业务。

　　高经济与收入增长速度。农村电商带动多元化服务业的发展，实现了"离土不离乡""就业本地化"，农民创富增收，缩小了城乡差距，幸福指数大大提升。北山狼有限公司与北山村村民的共生共荣关系取得了巨大的发展实绩（见图 3-15）。北山村电商销售额由 2006 年的 80 万元，2010 年跃升为 2000 万元，2011 年淘宝店近 100 家，其中皇冠店级别达到 27

家、从业人员 100 多，销售额再翻一番达 4000 万元。2012 年销售额升上 7000 万元的台阶，2013 年突破 1 亿元，2014 年增至 1.2 亿元，2015 年全村电子商务销售额达到 1.5 亿元的规模。村民收入也水涨船高，全体村民人均纯收入 10 年增长了 4.8 倍，从 2006 年的 3311 元增长到 2015 年的人均近 16000 元，北山村堪称电商脱贫致富的典范。

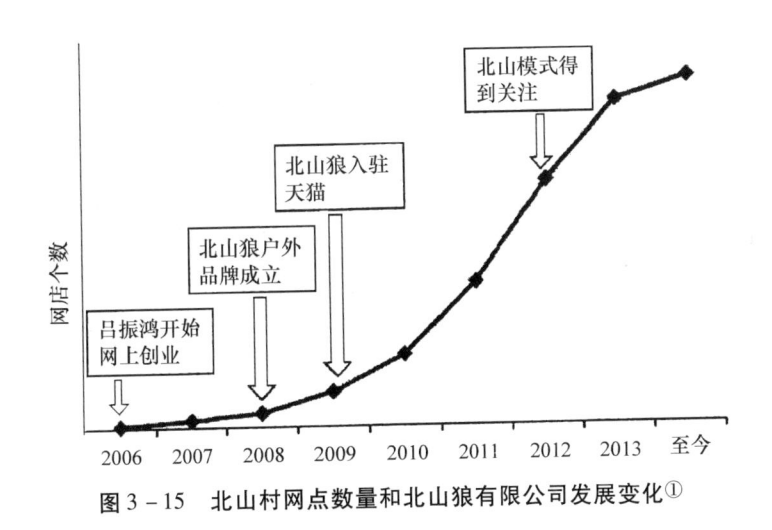

图 3-15 北山村网点数量和北山狼有限公司发展变化[①]

高社会效应与发展声誉。北山村以"无中生有"的方式开启了本地化三高式（高就业、高增长和高收入）发展，解决了"打工式"经济所遗留与诱发的留守儿童长期缺乏父母关爱导致身心成长问题、老人缺乏陪伴无人赡养问题、乡村治理缺乏主体问题甚至是乡村凋敝问题等一系列社会问题，引发了广泛的关注。

2013 年，北山村入选全国首批授牌的 20 个"淘宝村"行列（见图 3-16）。同年，从销售大户引领示范"以点带面"发展到村民抱团发展的"北山模式"四度被央视报道。2014 年，"北山模式"又从全国走向世界。北山村作为中国村级"淘宝故事"的典范，陆续被美国 CNBC 频道、意大利广播电视公司采访报道。悉尼大学、中国人民大学、新加坡国立大

---

① 张赛：《电子商务与区域发展的互动机制研究：以浙江丽水市为例》，硕士学位论文，华东师范大学，2015 年，第 37 页。

图 3-16　中国淘宝村——北山村

学等名校专家学者组建了 SPS 案例研究团队在北山村进行蹲点调研。2016年11月，阿里巴巴集团董事局副总裁黄明威携阿里巴巴"全球领导力学院"首批学员来到缙云北山村，参观学习"北山模式"。

三　经验启示

在电商经济时代，缙云县北山村没有走"做烧饼、编草席"的老路，也没有学其他村"搞带锯床、做缝纫机"的工业化道路，而是另辟蹊径走了一条以电商为依托、以公司为引领、以品牌运营和营销为重心的特色发展道路，不仅实现了自身的脱贫致富，也带领周边乡村和农户走上了电商脱贫致富的新路。

（一）思维变革至关重要

北山村所在的壶镇镇本是国内重要的带锯床、缝纫机生产地，但位居于此的北山村却没有将思维固定在"靠山吃山，靠水吃水"上，北山狼户外用品有限公司在没有任何户外用品的生产基础上，硬是靠网络和品牌运营闯出了名堂，它突破了"扬长避短""因地制宜"等惯性思维的约束，克服了诸如空间局限、资金短缺、人才匮乏等创业路上的必然困难，鼓起"从零开始""白手起家"的勇气，经过充分市场调研后选择户外用品来进行运作。它的产品来自浙江、福建和广东等地生产者，然后贴牌，形成了"生产外包+品牌运作+网上分销"的网络化组织形态（见图3-17）。

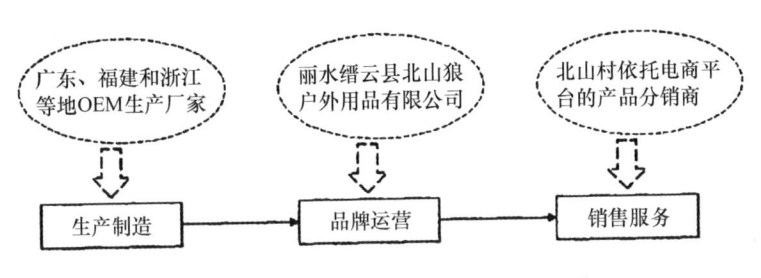

图3-17　北山村网络化产业空间组织[1]

（二）龙头企业整合是法宝

"沙集模式"以网络销售为龙头、义乌"青岩刘"以实体批发为龙头，与此不同的是，"北山模式"是以企业北山狼户外用品有限公司为龙头，其他村民开设的多家网店绝大部分都依附于该公司，是该公司的一级或二级分销商。该公司是带动整个模式形成和发展的核心和中坚力量，并整合全村资源，共同维护"北山狼"的品牌。如果当初没有"北山狼"这家龙头企业，那么也就没有如今的"北山模式"，或者更晚才会出现。

（三）品牌运营是关键

无论任何行业，到成熟阶段必然是品牌之争，没有强大的品牌支撑，企业很难赢得好口碑，也难以形成规模经济长久发展，农村电商的发展也不外如是。与"沙集模式"、义乌"青岩刘模式"商户分散经营、品牌意识弱不同的是，"北山模式"自诞生之初就竭力经营品牌，打造了自有品牌"北山狼"，一条坐着仰天长啸的狼的logo展示了"北山狼"的独特和与众不同，在与骆驼、探路者等知名品牌的激烈竞争中，达总销量排名前

---

[1] 张赛：《电子商务与区域发展的互动机制研究：以浙江丽水市为例》，硕士学位论文，华东师范大学，2015年，第42页。

十、睡袋第一的非凡业绩。

（四）发展配套是保障

2009 年北山村创建了丽水市第一家淘宝大学；2012 年壶镇镇组织成立了电商协会，并聘请阿里巴巴淘宝大学讲师为北山村村民授课，还每年拿出 100 万元用于电商扶持奖励；2013 年壶镇镇完成了宽带改光纤工程，网速得到全面提升。相关举措为北山模式抢抓发展新机遇奠定了人才基础和基础设施。2014 年后缙云县政府对电商加大政策扶持力度，如创设电商创业园、电商孵化园、创客学院、实施电商贷和农村电商财政补助项目，并全省开展电子商务进万村工程，全面构建"平台＋县级服务中心＋村级服务点"的网络体系，均有力地推动了北山模式的成长与发展。2016 年，以北山模式为引领的缙云县农村电子商务销售总额 18 亿元。

第五节　经验与启示

"打工东奔西跑，不如回家创业淘宝"。浙江省电商扶贫致富实践的成功，首先在于依托强大的电子商务发展环境，围绕各地特色产业发展带动就业、创业，实施因地制宜的精准扶贫致富；坚持多元共建，调动各类电商扶贫主体的主动性和积极性，建立起了健康完善的电商扶贫生态网络；最终形成了依托市场、赋能个体、政府与市场双轮驱动的电商扶贫致富之路。

一　发展经验

（一）扶贫致富模式多样化

浙江电商扶贫致富工作的成功推进，首先在于浙江各地因地制宜，根据本地产业环境特征，依托现有优势资源，开展多样化的扶贫工作。这些成功的电商模式进而推广，加快促成了更多贫困地区的效仿，扩大了溢出效应，使电商扶贫致富的成果更为广泛。因此，浙江各地电商扶贫的实践，既能看到许多相同的经验，又能看到更多具有深厚根植性的地方特色（见表 3-2）。

从相同点分析，"遂昌模式""北山模式"、龙游"一村一品"模式的电商扶贫致富实践，都得益于浙江省得天独厚的电子商务环境：农村电商集群与发达的物流服务体系聚集，推动浙江省农产品网络销售的蓬勃发展。此外，地方政府在当地农村电子商务市场培育和发展的过程中，做到了适度介入，即不缺位、不错位、不越位，实现了推动农村电商发展的政府与市场双轮驱动。最后，三地不约而同地对接淘宝中国特色馆，使农特产品商机通过电商平台得到有效挖掘，不仅使消费者享受到了优质农副产品的福利，还带动了三地农民的增收，脱贫致富的道路越走越广阔。

表3-2 "遂昌模式"、龙游"一村一品"模式、"北山模式"比较

遂昌模式	龙游"一村一品"	北山模式
相同点		
2015年，浙江省网络零售额7610.62亿元，同比增长49.9%，其中，县域网络零售占网络零售总额45%以上。农产品网络零售额达304亿元，比上年增长69%，居全国首位；共有各类农产品活跃网店近1.5万家。2016年，浙江实现网络零售额10306.7亿元，突破万亿大关，增长35.4%。2017年，浙江省实现网络零售额1.33万亿元，同比增长29.4%；拥有活跃的涉农网店近2万家，实现农产品网络零售506.2亿元，同比增长27.8%。		
引导不主导，扶持不干预，即不缺位、不越位、不错位		
遂昌馆	龙游馆	缙云馆
不同点		
电子商务综合服务商+网商+传统产业	政府+运营商+平台	农户+网络+领军企业+政府
赶街网+淘宝、天猫等	淘宝、天猫等	淘宝、天猫等
农户、赶街公司等多元化主体	农户、合作社、淘宝、运营商等多元主体	农户、淘宝平台等多元化主体
部分本土产品	本土产品	非本土产品
竹炭、菊米、遂昌烤薯等	富硒大米、莲子、发糕、冬笋等	帐篷、睡袋、背包等户外用品
部分标准化，如长粽、土猪等	部分标准化，如"大咯大"鸡蛋等	标准化
"遂昌模式"创始人（潘东明）	各村龙头企业、责任人	"北山模式"带动人（吕振鸿）
遂昌县农村电子商务学院	龙游网创电子商务有限公司	缙云壶镇镇淘宝大学
浙江赶街电子商务有限公司	浙江善蒸坊食品有限公司等	北山狼户外用品有限公司

从不同特点维度看，"遂昌模式""北山模式"、龙游"一村一品"模

式的电商扶贫实践，各具魅力。根植于不同的农村产业发展环境、资源禀赋，三地在电商模式、电商平台、市场主体、产业依托、产品种类、产品标准化、能人带动模式、人才培育模式各有独特性，涌现出一批带动农村电商发展的领军企业。

（二）参与主体多元化

扶贫致富参与主体的多元化是电商扶贫强大的引擎动力，是多方协作共赢的大方向。多元化下，农民有动力以土地、资金、产品、技术、市场为纽带，与多方开展各种形式的合作与联合，扩大农业生产、服务和产业规模，多路径提升经营水平，拓宽销售渠道，最终减贫脱困。

从参与主体看，平台方面，阿里巴巴、京东等龙头电商平台迅速抢滩农村电商的同时，省内也出现了遂昌赶街等电商企业参与竞争；服务商方面，出现了龙游网创电子商务公司等专业的服务商，他们有专业的团队、专业的技术，提供软件服务、营销服务、运营服务等；政府方面，三个案例的当地政府都在电商人才、就业支撑等方面给予了大力支持。2015年浙江省共开展农村电子商务培训超1500场，培训人数超过50万，职业经理人200余名，电商创业氛围浓厚热烈，逐步形成了以龙头企业为核心的金字塔形的电商主体结构，农村电子商务生态系统不断完善。在2015年评选的浙江农村电子商务示范单位和个人中，浙江兴合电子商务有限公司等20家企业被评为省农村电商龙头企业，20人被评为省农村电子商务创业带头人，40人被评为省农村电子商务创业示范青年。

（三）致富产业集群化

地理区位、资源禀赋、农业专业技术人才等，都是形成农村产业集群的基因；一个或多个基因发育成主导产品或主导产业又与电商强力融合时，就形成了农村电商集群的"核"；当这个核继续发展，淘宝村数量增加、联系加强，网络规模不断扩大，功能日趋完善，就会形成淘宝镇、淘宝村集群，并以自增长机制吸引更多的相邻的村、镇加入，进一步扩大集群效应。据悉，2016年全国72%的新增淘宝村源自38个淘宝村集群。

据阿里巴巴发布的"2015中国淘宝村名单"，浙江省共有280个"淘宝村"、20个"淘宝镇"（见图3-18），分别占全国总数的35.9%和28.2%，淘宝村数量居全国第一。其中，淘宝村总数超出第二名的广东省

123个；金华、温州56个，并列全国第一。据统计，280个"淘宝村"中，从事电商及相关行业达18.5万人，占所在村人口总数的近30%，共开设网店32969家，全年销售额达251.94亿元，村均网络销售额7200万元，店均销售额76万元。[①]

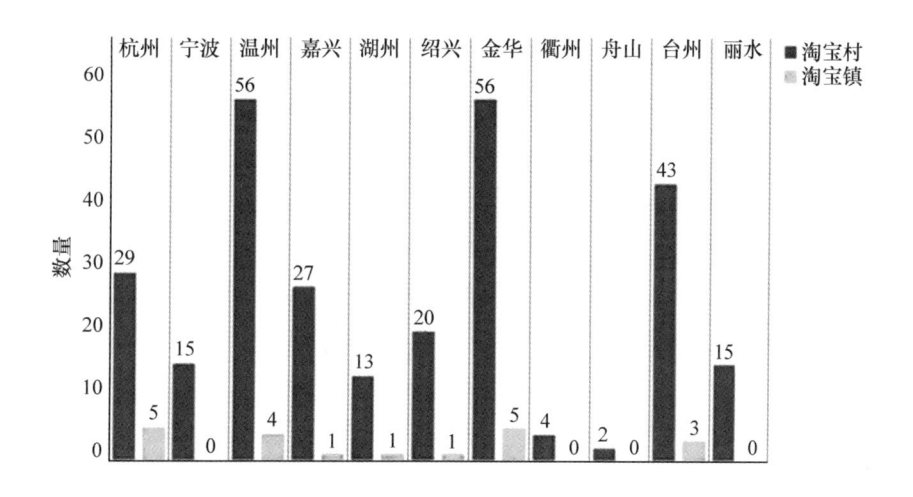

图3-18 2015年浙江省各地市淘宝镇淘宝村分布[②]

需要指出的是，丽水市虽然在淘宝村、镇的数量上排名靠后，但是当地市政府将"农村电商"作为农民脱贫致富的"新三宝"之一，并结合省级农村电子商务创新发展示范区建设，做出了丽水市连续七年取得全省农民收入增幅第一的成绩，这期间更涌现出了遂昌金竹电商助力精准扶贫、"北山模式"、县长公益众筹卖大米以及农家乐来料加工电子商务显神通等一系列典型案例。

（四）扶贫体系生态化

让电子商务发展红利落实到农村、落实到农民，是精准扶贫致富的内核。2014年10月，阿里巴巴发布农村战略，实施农村淘宝项目，带动金

---

① 浙江省商务厅政务网：《浙江省农村电子商务发展报告》，http://www.zcom.gov.cn/art/2016/8/4/art_1127_227302.html。

② 同上。

融、物流、健康等众多业务落地农村，奠定了阿里巴巴整个网络扶贫工作的基础。至 2016 年年底，通过农村淘宝项目，阿里巴巴已经在全国 29 个省 600 多个县 3 万多个村建立起电子商务服务体系，包括 161 个国家级贫困县和 129 个省级贫困县。① 探索建立阿里巴巴网络扶贫体系，包括电商扶贫、教育扶贫、就业扶贫、旅游扶贫、金融扶贫、健康扶贫等。《阿里巴巴脱贫工作报告（2018 年上半年）》显示，2018 年上半年，800 余个国家级贫困县在阿里巴巴平台网络销售额超过 260 亿元；"兴农扶贫"频道覆盖 8 个省 141 个县，包含 51 个贫困县；网商银行累计向贫困县（包括国家级和省级贫困县）100 余万用户提供贷款超过 380 亿元。

就浙江而言，2015 年年底浙江省电子商务公共服务平台共入驻各类企业 620 家。依托省级平台，浙江省新建县级公共服务中心 29 个，村级服务点 3688 个，分别同比增长 96.7% 和 82.1%。其中，在全省 280 个淘宝村里已建成 48 个农村电商公共仓储中心。2016 年，浙江省累计建成优质农村电商服务站（点）1.31 万个，新增农村电商服务点 4300 余个，全省通过各种途径，开展培训超 3000 场，培训人数超 35 万，② 101 个农村电商公共服务中心，形成比较完善的省、市、县三级联动的公共服务体系，为农村开展电子商务提供了完整完善的信息、交易、运输、结算覆盖全过程各方面的电商生态服务体系。③

二　发展启示

（一）拓展市场，构建良好的农村电商市场环境

浙江省在电商扶贫致富的过程中，特别重视依靠市场自发的力量激活内生动力带动农村电商产业的聚集，进而有效拉动地方经济发展，切实提升农民就业创业和收入水平。在孕育期，无论是根基于特色产品的遂昌模式、龙游模式，还是以"北山模式"为代表的无中生有类型，均源于自下

---

① 《阿里助力光山打造扶贫标杆　网络扶贫进入 2.0 新阶段》，http：//www.sohu.com/a/130275704_ 465343。
② 《2016 浙江省农村电子商务发展报告发布》，http：//www.sohu.com/a/152058638_ 327914。
③ 浙江省商务厅政务网：《浙江省农村电子商务发展报告》，http：//www.zcom.gov.cn/art/2016/8/4/art_ 1127_ 227302.html。

而上的市场创新。在成长阶段，电商扶贫致富机制依然依托于市场对高品质产品的追求，倒逼各电商产业集群主体做好农特产品的标准化工作、冷链建设工作和农特产品溯源工作，从而有效净化了各地电商发展的市场环境，提升了地域电商发展的品牌效应，有效拉动了市场需求，扩大了电商扶贫的就业效果。在成熟阶段，面对着激烈的市场竞争，市场机制助推各大农村电商从业主体借势"互联网+"销售渠道，全方位优化产品销售平台和服务，开辟出了一条产品热销—产业发展—经济提升—贫困人民致富的良性扶贫之路。

（二）赋能个体，提升内生发展动力

浙江省电商扶贫的另外一条成功经验是，在电商扶贫的过程中，不仅注重帮扶贫困者的经济"授人以鱼"，更注重通过电商赋能实现"授人以渔"，提高他们的"可行能力"。

第一，促进扶贫致富对象的观念变革。通常，在贫困农民的眼中，土货就是不值钱，收成好坏看天、价格高低决定于采购商的多寡和良心，一切都是运气。电子商务的发展，将全国性市场直接引入乡村，打破了对采购商的过度依赖；网民对"土货"的追捧打破了"土的就是便宜货"的观念，土货不仅可以卖钱，而且可以卖上大价钱；物流系统对山村毛细血管的渗透，打破了过高的流通成本，使收益尽可能地保留在农民手中；网民对照片、产品介绍、对品牌、对评价的关注，打破了农民种地的陈旧经验，好产品还要学会由里而外地讲好故事。

第二，促进扶贫致富对象个人技能的提升。从对电脑、电子商务一无所知，再到熟练打字、和客户沟通、装货打包，扶贫对象收获的是个人综合能力的提高。北山村残疾村民吕林有、龙游普通女孩郑月，从"菜鸟"到"能手"的华丽转变的起点，就是各种正规非正规的培训。以龙游为例，政府每年安排不少于2000万元资金，以141个低收入农户集中村为重点区域，实施帮扶开网店、纳入产业链、能人帮带、平台扶持、物流支持、培训支撑和股份合作七大电商增收行动。

（三）政府科学引导，政府与市场双轮驱动

浙江电商扶贫致富的强势崛起，还离不开各级政府的积极导引和支持，为农村电子商务市场培育和发展提供良好的基础设施建设和制度供给，实现了政府与市场的双轮驱动。

从制度建设方面看，遂昌县政府先后出台了《遂昌县加快电子商务发展实施意见》《遂昌县电子商务发展战略规划（2014—2020）》等政策，为农村电商培训做好了顶层设计，引导农产品与电商平台高效对接。龙游县出台了《龙游县加快电子商务发展的实施意见》《龙游县电子商务进万村工程实施方案》《农村淘宝项目三年行动方案》《龙游县工业电子商务特色产业带建设若干意见（试行）》《龙游县"一村一品"电子商务示范县建设实施方案》和《龙游县部门和乡镇（街道）电子商务考核办法》等系列文件，奖励扶持资金从每年 800 万元调整至 1000 万元，还专门成立了专职电商办。"北山模式"所在的缙云县研究制订农村电子商务三年行动计划，连续两年出台了《加快农村电子商务发展的若干意见》，安排财政专项扶持资金从 200 万元增加到 800 万元。

在具体举措方面，各地均积极构建农村电商发展扶持体系。如遂昌县先后建成农产品质量检测中心、遂昌馆配送中心、遂昌县电子商务物流中转仓库，成立网商协会和龙头企业遂网公司。龙游以跻身电子商务百强县为目标，在"龙游馆"的基础上，以"互联网+县域"重新谋划电商产业发展新格局，以农村淘宝、产业平台、在线行业带、规划编制、电商扶贫、互联网+城市服务六大项目为抓手，进一步搭建起了以 1 个电商城为中心，多个 O2O、B2B、B2C、垂直专业平台以及多个电子商务应用集聚点为支撑的"1+X"发展模式，实力推动电子商务跨越式发展。

遂昌模式和北山模式所在的丽水市，率先在全国成立农村电子商务领导小组，把农村电商作为提升农村经济发展新动力的工作思路，全面启动丽水农村电商建设工作，开展"互联网+青春的力量"青年创业行动、举办青年民宿创业大赛等活动 200 余场，建立青年创业见习基地 300 多家，并成立全国首家市级农村电商服务中心，该服务中心已累计开展培训 400 余期，培训网创青年 2 万余人。

三 发展展望

浙江省各地的电商扶贫致富实践，极大地带动了地方经济的快速发展和改善了低收入者的收入水平。但从动态发展的角度看，也面临诸多的挑战。例如，农村电商竞争压力加剧问题、土特农产品标准化与质量追溯工作的全覆盖问题、生鲜农副产品的冷链物流体系问题、部分电商以次充好冲击区域品牌问题、县域电商难以吸引与留住优秀电商人才问题等。如何在激烈的竞争中继续发挥先发优势提升竞争优势，已成为农村电商引领扶贫致富的关键所在，农户、电商企业、电商平台、地方政府均需做出新的探索。

(一) 创新业态，提升综合竞争力

首先，农村电商需加速向移动端转移。在这一方面，赶街公司做出了示范。该公司推出具有供应链管理的可追溯模式的一个微信公众号——赶街微购，设有好货拼团、精品推荐、产地直供和赶街众筹四大模块，以微商的方式销售遂昌冬笋、土猪肉、土鸡蛋等电商拳头产品。

其次，农业复合型业态将成为新常态。当前，集农业电商、高品质绿色食品原产地直供、体验式旅游于一体的现代农业产业模式产生了农村休闲旅游、体验、民宿、产品销售等复合型新业态。龙游大街乡贺田村就抓住了转型契机，积极发扬国家级生态乡的金字招牌对农家乐进行标准化的规范管理，形成了季季有特色的准田园综合体发展模式。

再者，重视农产品众筹新业态。农产品众筹，集预售与订单为一体，既是广告营销，又能试水和稳定销售。以赶街微购里的"仙桃众筹助农"项目为例，上线仅1个小时就成功筹得6845元，高于原定目标金额2000元 (见图3-19)。

最后，加强与内容电商、社交电商、新零售等新型商业模式的综合衔接。借助微博、视频直播、抖音等各种新模式助力贫困地区优质农产品走出大山，并以此形成以当地农民为主体的"蚂蚁雄兵"，为自家的优质农产品触网代言，拓宽农产品上行渠道。与此同时，借助新零售模式，积极搭建特色化创意农业体验场景，营造"人、货、场"融合发展的电商扶贫新业态。

(二) 管控品质，强化发展根基

实现农副产品从地头到餐桌的全程追溯，是国家在"互联网+农业"领域早已明确的重要指示。农村电子商务要坚持产管齐抓，以品质管控保障可持续发展。

图 3-19　赶街微购的"仙桃众筹助农"项目图

在生产上，各地要从根源抓起，推行农业标准化生产，倡导无公害农产品、绿色食品、有机食品、农产品地理标志"三品一标"的推行，鼓励农业生产经营主体积极参与进来，增强对标志使用的管理保护意识。参照最严谨的标准、最严格的监管、最严厉的处罚、最严肃的问责这"四个最严"要求，全力以赴加强农业标准体系构建。

在管理上，要落实电商农产品质量安全责任主体，突出生产经营者第一责任，实施最严格的农产品质量安全全程监管制度，严守农产品质量安全健康的底线。同时，不断完善电商农产品质量安全追溯体系，对可疑或问题种子、农药、化肥等重要生产资料信息追溯到底，真正实现各环节可查询信息、追溯来源、跟踪去向、追究责任。淘宝网和龙游馆联合推出的"网上+网下"追溯机制，对打击农产品质量安全问题起到了重拳作用，值得借鉴。

此外，浙江省应尽快推进市、县及知名品牌企业和阿里满天星的合作。阿里满天星计划，于 2014 年年底上线，采用目前国际最先进的二维码技术，为每个品牌商品赋予"单品单码"，即每个二维码相当于商品界的身份证。扫描这份独一无二的身份证，可以看到商品名、商品特征、出产地、种植者、生长周期，以及农产品生长期施肥数量、农药用量、采摘日期、上市日期等产品详细内容，甚至在田间地头安置摄像头，以此追本溯源保证农产品安全，实现"万物皆可联，品品可验真"。

（三）培育主体，夯实发展动力

培育新型农民主体。农民是农村创业创新的主体，是农村脱贫致富的核心目标。农业业态的升级，农村电商的蓬勃发展，需要让更多的农民拥有新的生产知识技能、新的经营管理知识技能、新的乡村治理知识技能。政府需要借助财政杠杆、项目帮扶等方式，为新型农民不断充电赋能。

优化市场经营主体。基于生态体系竞争的农村电商，集合了农业合作社、电商企业、电商协会、电商平台企业以及电商服务机构。组织数量的多寡、组织体系完善与否，直接决定了一个区域的农村电商的整体竞争力与可持续发展能力。政府需要以系统的观点，全面审视本地农村电商生态体系是否建成、体系是否完善，在扬长的同时，更要注重补短，进一步加大在人才建设、龙头企业培育、品质认证与管控、区域品牌推广等方面的投入。

（四）重视品牌，促进发展升级

品牌作为一种信号机制可以有效地区分市场杂音，帮助厂家和消费者大幅减少交易成本；好品牌作为一种消费分层机制，不仅意味着知名度和美誉度，更意味着消费忠诚度、高附加值与竞争力。在本章中，无论是北山狼品牌、"善蒸坊"品牌还是"龙晒"品牌，尽管建设时间短，但均成效显著。农村电商发展，需要培育品牌、提升品牌；在农村电商日趋火热之际，更是要将农村电商品牌建设放在优先位置。浙江农村电商发展，作用不只是"电商换市"，更要将其有机纳入"名企、名品、名家"的建设中，进一步加大品牌建设的扶持力度，进一步加大对以品牌为代表的电商知识产权的保护力度。

第四章 异地扶贫致富

通过异地扶贫，实现脱贫致富，是自然条件差和经济区位难以改善的地区特别是贫困山区实现发展的优先战略选择。浙江异地扶贫工作开展早、成效大。其中，武义下山脱贫案例早在2002年就入编了联合国可持续发展首脑峰会会议材料，相关经验引起了各界的广泛关注与学习推广。本章在探讨异地扶贫的内涵、阶段与总体成效的基础上，重点讨论下山脱贫、异地开发和工程移民三大经典类型，并提出了简要的总结与反思。

第一节 概念、历程与总体成效

一 概念与类型

浙江自古就有"七山一水两分田"的说法，山地面积占了全省面积的百分之七十。如同先发国家和地区的经验一样，山区地理条件首先是发展的障碍而非生态红利。在全省范围内，形成了发达的浙东北、沿海地带与浙西南山区的发展落差；在地级市范围内，城市所在的平原、盆地与山区的县、乡，亦形成了较为明显的发展鸿沟。城乡差距和区域差距，因地理条件而相互叠加，放大了山区发展和全省均衡协调发展的困境。沿海地区的经济优势又难以深入辐射，无法通过地方经济发展或者外界有限的帮助实现脱贫。山区县市的发展，特别是高山区乡村的脱贫致富，需要另辟蹊径，通过异地发展的方式从根本上改变其发展条件。异地扶贫开发，转输入资源为输出人口优化扶贫资源空间配置，从根本上改变了山区居民发展机会，为扶贫开发探索出了一条崭新的道路。

异地扶贫，又称易地扶贫，无论是"异"还是"易"，都有变化的含义在，即变更居住地。在这里，主要是指从环境恶劣、交通不便的山区迁到适宜居住的地方。在本书中，将统一使用异地扶贫这个概念。异地扶贫，主要是通过"异地搬迁"的脱贫模式，即将贫困地区的人们从"一方水土养不起一方人"的地方，通过下山搬迁、异地开发、扶贫项目等方式搬迁到适宜居住的地方，并在后期通过一系列的帮扶，如调整其经济结构、拓展移民的增收渠道等，从而使搬迁人口逐步摆脱贫困，走上致富之路。

浙江省开展异地扶贫的对象主要针对高山远山地区、偏远海岛、重点水库库区和地质灾害频发地区的居民，并形成了下山移民、异地开发和工程移民三种主要类型。

下山移民。主要指在政府的主导下，根据当地居民的意愿，遵循"下得来、稳得住、富得起"的指导精神，将贫困山区的农民从高山峻岭、崎岖山路的生存条件恶劣的环境中搬迁出来。通过"下山"方式，迁移到适合居住的地方（如中心村、中心镇、县城或市里），并通过开发和利用搬入地地区的资源发展经济，从而实现脱贫致富的扶贫方式。

异地开发。顾名思义就是在本地之外进行产业开发。主要是在贫困地区之外的地方建立扶贫开发区，主旨是在不破坏本地生态环境的基础上，促进本地经济的发展。异地开发作为一种扶贫开发模式，是"飞地经济"（Enclave Economy）的一种特殊类型。飞地经济，通常是指两个互相独立、有一定经济落差的行政地区，打破原有行政区划限制，通过跨空间的行政管理和经济开发，实现两地资源互补、经济协调发展的一种区域经济合作模式。

工程移民。主要指政府因为建设和发展的需要而采取的强制性搬迁方式。浙江省的工程移民以水库移民为主，为了更好地开发利用一些地区的水资源优势，并改善当地居民交通条件差、生存环境恶劣、经济发展水平低等情况，根据当地群众的意愿，组织群众下山出库搬迁，并通过一系列的帮扶实现居民脱贫致富。

其中，下山移民为浙江省异地扶贫的主要方式，工程移民也涉及下山搬迁的问题，所以浙江省的异地扶贫在一定程度上可以称之为下山搬迁扶贫。

二 发展历程

浙江省异地扶贫可以说由来已久。20世纪80年代，在浙江省的青田县山口镇，有一部分居住在高山处的居民，为摆脱贫困，自发下山去投靠亲友，这可以视为浙江省下山移民的开端。

青田县山口镇下山致富的现象，引起了政府和学界的高度关注。1993年，浙江省政府将武义作为浙江省异地扶贫的试点，开始摸索"下山脱贫拔穷根、异地致富奔小康"的崭新道路，相继出台了《武义县高山、深山农民迁移实行办法》《武义县下山脱贫若干问题的处理意见》及《补充处理意见》，取得了下山脱贫的重大成果。

武义试点成功之后，浙江相继推出了多项政策措施，全省的下山移民工作系统推进、进程加速。下山移民由居民自发的分散转移向有组织、政府主导下的集中迁移转变，迁入地的选择也由先前的就近转移逐步向较远的中心镇、中心村、工业区转移。

1999年，浙江省出台了《关于加快山区革命老区和贫困地区经济开发若干意见的通知》，省里专项安排和筹集资金推动下山移民工作。2000年，浙江省委、省政府实施"百乡扶贫攻坚计划"，并将下山移民作为本阶段的重点工作来抓。2003年，浙江省委、省政府出台了《关于实施"欠发达乡镇奔小康工程"的通知》（浙委办〔2003〕14号），进一步明确了下山脱贫工程实施的诸多举措。同年6月份，浙江省制定了《关于实施"五大百亿"工程的实施意见》《浙江省"五大百亿"工程实施计划》，将欠发达地区的下山脱贫基础设施建设作为"五大百亿"工程之一的"百亿帮扶致富工程"的重要内容。

2004年，浙江省将高山远山地区、地质灾害频发区、重点水库区作为搬迁的重点地区，并实施整体搬迁。2005年，浙江省提出了《关于推进欠发达地区加快发展的若干意见》，对下山移民脱贫提出更为系统的指示。2006年，浙江省下发了《关于全面推进社会主义新农村建设的决定》，提出要推动高山地区、重点库区和地质灾害频发区的下山移民工作，并发展山区海岛特色产业。2007年，浙江省委、省政府在《关于2007年社会主义新农村建设的若干意见》中强调要扎实推动下山移民脱贫工作。2008

年，浙江省扶贫办下发《浙江省下山搬迁项目管理办法》，明确了省重点扶持的范围与对象，确定了下山搬迁采取集中安置和分散安置两种方式，并规定了下山搬迁农户的搬迁扶持措施，下山搬迁项目的申报与立项等内容。2013 年 3 月，浙江省下发了《关于促进农民收入持续普遍较快增长的若干意见》，提出每年搬迁 6 万人以上，提高农民异地搬迁补助标准，采取差异化补助补偿办法。2014 年，在《浙江省人民政府办公厅关于印发低收入农户收入倍增计划（2013—2017 年）的通知》中，提出 2013—2017 年 29 县每年搬迁 6 万人以上的目标。（见表 4 - 1）

表 4 - 1　　　　　　　　浙江省下山移民工作进程

时间	移民进程
1984	青田县自发下山移民，成为开端
1994	武义县颁布县令探索下山移民道路
1996	省政府设立专项拨款
2000	百乡移民，移民工程成为扶贫重点
2001	拨专款建扶贫新村
2003	移民工作启动诸多专项规划
2004	加大扶持力度，实行整体搬迁
2005	提出系统下山脱贫工程
2006	扶持移民新村发展特色产业
2008	明确省重点扶持范围和对象
2013	提出每年搬迁 6 万人以上目标
2014	制订低收入农户收入倍增计划（2013—2017）
2015 至今	异地扶贫工作持续推进

三　总体成效

浙江省异地扶贫有力地促进了人口集聚、投资增长、农民增收，既保护了当地的生态环境，又实现了贫困山区的脱贫致富，推动了区域经济的可持续发展。

（一）改善了安置地的生产生活条件

一方面，浙江省各地区在搬迁安置点的选取上，向中心镇或发展较好的村靠拢，具有较好的交通设施和良好的发展环境；另一方面，加大安置地基础设施建设和社会公共服务的提供，很大程度上改善了安置地的生产生活条件，使搬迁的农民能够安居乐业。

（二）加快了搬迁农民脱贫致富的步伐

通过对搬迁的农民进行劳动技能培训，使其能够摆脱传统靠天吃饭的耕织生活，进入现代化工商业。并通过发展贫困地区的种植业和养殖业，提供大量的就业机会，引导搬迁群众走出单一的务农模式，鼓励农民外出务工，大大增加了搬迁农民的劳务收入，加快了脱贫致富的步伐。

（三）推动了生态保护与经济转型升级的新均衡

实施异地扶贫搬迁，使贫困群众摆脱了恶劣的生产生活环境，在不破坏山区生态环境的基础上实现经济发展，有效缓解了经济发展与生态环境保护的矛盾。同时，还为当下的乡村旅游、民宿经济发展奠定了生态基础与发展空间，实现经济与生态的共赢。

浙江省农办相关数据显示，2008—2013年间，29县和海岛市县累计异地搬迁12.78万户、43.41万人，完成投资超过200亿元，异地搬迁农户的收入明显高于当地低收入农户平均收入水平。仅2016年上半年，全省就完成农民异地搬迁2.6万人，实现有效投资18亿元，全省农家乐旅游村总数达到916个，从业人员13.8万人（其中低收入从业人员3.2万人）；全省低收入农户人均可支配收入5879元，同比增长16.5%，超过农民人均可支配收入增幅8.3个百分点。[①] 浙江省统计局研究报告表明，2013—2017年，浙江全省累计完成异地搬迁8.04万户、25.73万人，有效投资141.5亿元；扶贫重点村基础建设项目4100个，投入资金5.12亿元。[②]

第二节　下山移民

下山移民是异地脱贫致富最普遍亦是最典型的形态。自1993年浙江

[①]《浙江农村扶贫历程》，《浙江日报》2016年8月24日第3版。
[②] 潘东兴：《发挥城乡协调发展优势　推进城乡一体化——"八八战略"实施15周年系列分析之五》，http://tjj.zj.gov.cn/tjxx/tjjd/201805/t20180528_211736.html。

部分县市启动工作试点、并在 1994 年正式启动以来，下山移民已经历经了 20 余年，几乎覆盖所有的山区县，已固化为扶贫的年度任务与安排，对山区农民的脱贫致富和浙江全面建成小康起到了非常积极的作用。

一 下山移民致富"九字令"

下山移民内源于浙江乡镇企业的快速发展对山区农民的就业吸引，外源于浙西南山区和省政府对扶贫新机制的探索。[①] 模式成功与否，关键在于能否有序地实现"下得来、稳得住、富得快"的核心指针。针对这些关节点，省政府和各级地方政府做出了大量的努力。

（一）坚持"下得来"

"下得来"是下山移民工作的第一步，只有实现山区居民顺利下山，才能保障下山工作的持续开展。浙江省为鼓励山区居民下山，采取了多种举措。

第一，强化政策激励导引。早在 1999 年，浙江省政府就安排专项资金推动下山移民工作；并在 2003 年将下山移民工作列为省"百亿帮扶致富建设工程"的一个重要部分，将其作为改善贫困山区生产生活水平、促进区域经济协调发展、全面建设惠及全省人民的小康社会的重要举措。随后，又相继出台了《关于推进欠发达地区加快发展的若干意见》《关于进一步加快欠发达乡镇奔小康的若干意见》和《关于全面推进社会主义新农村建设的决定》等政策，对下山移民工程进行了明确部署。[②] 近年来，省扶贫办联合省财政厅、省国土资源厅每年都下达有关扶贫开发和异地搬迁计划任务的通知，对 11 市 26 县进行统一考核，并按实际搬迁人数和省级补助标准进行结算资助。

在地方政府层面，作为下乡移民起点的青田县从 1993 年起就制定了下山脱贫总体规划：第一步从 1993 年到 2000 年，规划 30 个行政村 210 个自然村 4 万人下山脱贫；第二步从 2001 年到 2010 年，把全县最贫困、自

[①] 张雅丽、林龙：《对浙江省"下山脱贫"工程的省思》，《中国人口科学》2006 年第 6 期，第 65 页。

[②] 陈安锋：《浙江下山移民工程研究》，硕士学位论文，上海交通大学，2009 年。

然条件最差的 150 个行政村 8056 户、29001 人分步搬迁下山。① 为鼓励下山移民，几乎所有的县市都对地方性规费进行了减免或减半收取，并在子女入托、入学、预防保健、就医看病等方面享受当地村民和居民的同等待遇。例如，遂昌县共有 21 项规费给予优惠或减免，人均减免达 6000 元左右；在丽水全市，各级财政对整村搬迁群众的直接补助总计不少于人均 1 万元。②

第二，推进多种方式搬迁。在搬迁方式的选择上，根据每个地区不同的情况，因地制宜地选择搬迁方式。如灵活采用整体搬迁、零星搬迁和特殊群众搬迁等方式，有序引导山区百姓向山下转移。同时，对于愿意搬迁的居民，政府给予补助，并根据实际情况提高补助额度和标准。一些地方对符合条件的下山搬迁对象给予货币补助，鼓励他们到城镇购买商品房或二手房进行分散安置。例如，针对老人的经济收入、故土情结，以及孤寡老人担心搬出去后老无可依的情况，龙泉市安仁镇上际村探索出了"搬养结合"的模式。该村采取了搬迁农户实施旧宅拆除并安置到中心镇、城区的安置小区（点）的措施，在搬迁村保留一幢交通便利、宽敞结实的房屋由村集体购买，改造为居家养老服务中心，产权归村集体所有，集中安置留守老人、孤寡老人和不愿意离开故地的老人，安排专人进行生活上的照顾。2008 年至 2011 年 8 月，丽水市共投入建设资金 30.1 亿元，建成农民异地转移安置小区（点）103 个，在建 132 个；实现农民异地转移搬迁 24909 户、86346 人，其中，完成整村搬迁 1045 个村（主要是自然村）、14981 户、50238 人。③

（二）坚持"稳得住"

第一，优化迁入地选址与布局。选址问题，既关系到既有村民或居民的承接问题，更关系到持续发展问题，是实现"稳得住"的先决条件所在。多数县市选择了公路沿线、城镇郊区、工业园区、发展较好的行政村

---

① 浙江省发改委课题调研组：《对浙江省下山移民的调查与思考》，http://www.docin.com/p-1115252602.html。
② 浙江省审计厅：《丽水低收入农户集中村下山搬迁工程成效突出》，http://www.iaudit.cn/News/ShowArticle.asp?ArticleID=109306。
③ 同上。

等适宜居民居住和发展的地方。例如，青田县在规划中就明确提出要从下山脱贫致富和强镇战略的角度出发，将扶贫小区建设于地理条件相对较好、辐射面广的沿江沿路地区。余姚市在 2001 年实施的整体移民集中安置试点中，就在城区选择了地价适中、基础设施配套良好和就业吸纳能力较强的两个区块。[①]

第二，做好利益协调工作。下山移民涉及迁入地居民利益协调问题、移民旧有集体与个人资产处理问题、新地点公共服务保障问题等复杂问题。针对迁入地居民利益协调问题，各级政府均做了大量工作。在县乡两级政府层面，一是将下山脱贫这项工作纳入部门、乡镇的年度考核中，并完善相应的奖惩机制，激发相关部门的工作动力。二是由县扶贫办带头，组织迁入地的主要领导和群众代表们到山区走访参观，使他们真正了解山区村民的疾苦，从而支持并欢迎山区居民的搬入。三是通过召开干部会议和村民会议的方式，对接纳村的干部和群众进行思想动员，赢得广泛的理解和支持。针对移民新旧利益协调问题，各级政府积极调整了迁出地和接纳地的行政管辖权、村级组织体系建设，居民的就业、户籍、土地和山林的权属问题。

(三) 立足"富得快"

下山移民扶贫，下山只是第一步，实现下山民众的脱贫致富才是最终目的。为此，各级政府逐步探索出了多元发展体系。一是资源资产化，将原有的森林资源和土地资源等资产化，推动整体流转、旅游开发。二是培训赋能，针对县内外工业化与城市化发展的实际需求，积极推动缝纫、数控车控、电脑技术、家政服务等培训，帮助农民拓宽非农就业机会。三是积极对接杭州、宁波、温州和义乌等地市场发展来料加工，为妇女、老人、残疾人等创造家门口的就业机会。四是积极发展高山蔬菜、香菇、药材和茶叶等特色农业产业。五是交通区位和资源条件较好的地方，通过发展农家乐、民宿经济、乡村旅游等实现增收致富。新近，浙江省还将光伏扶贫与电商扶贫作为下山移民致富的重要抓手加以推进。2016 年省扶贫办

---

① 浙江省发改委课题调研组：《对浙江省下山移民的调查与思考》，http://www.docin.com/p-1115252602.html。

和省财政厅联合下文实施"光伏小康工程",在 29 个县区共安排了 12.6 万千瓦的建设任务与相应激励举措。

二 典型实践：武义

武义县位于浙江省中部,多高山,山地面积达到全省面积的近 80%,是典型的革命老区县,也是少数民族畲族的聚居地。20 世纪 90 年代初仍有 8 万人居住在高山深山中,生活条件艰苦,面临着出门行路难、儿童上学难、青年婚姻难、有病求医难、用水用电难、邮电通信难、发展经济难"七大难",是全省 8 大贫困县之一。1993 年武义县作为浙江省首个摸索"下山脱贫"试点的地区,相继出台了居住迁移试行办法、高山农民脱贫办法及处理意见,发布了全国第一个专门鼓励下山脱贫的政策《武义县高山、深山农民居住迁移试行办法》,相关经验被联合国首脑会议加以推广,并被全球扶贫大会认为是"中国反贫困战略创新的最佳县域样本"。借助该县九龙村的经历,可以管窥武义县下山移民脱贫致富"山上几百年,下山三五年"的伟业。

案例 4.1：九龙山村书写下山移民脱贫致富样本[①]

武义县俞源乡九龙山村坐落在海拔 900 米的山岙里,在实施下山扶贫前,九龙山村只有 68 户人家、189 口人,种地面积也只有 98 亩,且都是靠天吃饭,受自然条件的影响很大。该村到俞源乡政府只有一条蜿蜒曲折的羊肠小道,交通十分不便,村民长期过着"砍砍柴火烧烧饭,砍砍木头烧烧炭"的贫困生活。到 1995 年时,该村人均年收入仅有 385 元,不及全县农民人均纯收入的五分之一。偏远与贫穷的组合,使九龙山村成为远近闻名的光棍村,全村有 42 个光混汉,7 年没有一户娶过亲,6 年没有生过一个小孩。山里的极端贫困与县里对下山脱贫的鼓励与支持,以推和拉的双重方式,使九龙山村走上了下山脱贫致富的光辉道路。借助县乡两级

[①] 本案例主要根据周轩《下山脱贫摘"穷帽" 依托公路奔小康》,《金华晚报》2016 年 8 月 9 日,《武义下山脱贫经验走进联合国》,http://zjnews.zjol.com.cn/05zjnews/system/2008/08/28/009884065.shtml 等改编。

政府的大力支持，在取得小后陶村、杨一村和杨二村的征用土地后，1996年11月11日，九龙山人就开始兴建新九龙山村，经过两年的艰苦努力，全村基本上完成了建房任务，并陆续搬进新房。

下山脱贫带来了立竿见影的多种机会与实惠。例如，下山仅两年时间，新九龙村就甩掉了光棍村的帽子，村里有13个大龄青年找到了对象。1999年2月9日，新九龙山村为6对新人举行了集体婚礼，结束了全村十年来没有娶亲生子的历史。为增加收入，新九龙山村积极探索致富新路。下山第一年，九龙山粮食就达到了60万斤，是山上年产量的2.3倍；向杨店村承包了合同期为20年的80亩荒山种植茶叶；发展大棚蔬菜，种植香菇、茭白等特色农产品；回收山上的责任山和耕地，并将原来的宅基地退宅还耕，整理出来的耕田用来发展经济林和有机茶。（见图4-1）

图4-1 九龙山旧村和新九龙山村的对比图

近年来，县域经济的发展也带动了九龙山脱贫的步伐，为村民提供了就业岗位，实现了脱贫工作的可持续发展。自2000年起，武义工业园区的快速发展，使新九龙山村村民获得了门前的非农就业机会，村民积极参加各种职业技能培训，进厂打工，有的在累积经验与资本后还办起了工厂。一些村民下山当起了保洁员，月收入也有近4000多元。借工业园扩展的机会，九龙山村逐步形成以医疗器械、文具制造为主的工业园区＋来料加工劳动密集型产业＋果蔬种植业"三业合一"经济发展新格局。截至2016年，新九龙山村的人均纯收入已超全县平均水平，成为新农村建设的典范。

可以发现，武义结合自身实际，在"下得来、稳得住、富得快"下山移民脱贫致富的关节点上做了大量的创新工作。以政府导引、村民主体的方式，积极优化政策与服务，努力将搬迁所需的成本降到最低限度，着力解决好下迁村行政设置、行政管辖权归属、村级组织体系建设、户口迁移、留守人员安置等问题，推进"下得来"；努力通过集中安置、扶贫资金统分结合的方式多元化地鼓励村民下山，实现"稳得住"；积极通过下山脱贫与推进工业化、城市化的结合，与农村劳动力培训就业工程的结合，与劳务输出的结合，与发展来料加工业的结合，以及与发展特色产业的结合，实现"富得快"。1993—2003年期间，该县累计投入下山脱贫扶持资金1亿多元，建设下山脱贫点（村）86个，累计有316个自然村、1.3万户、4万人实现了下山脱贫，占全县总人口的八分之一，占全县山区群众的三分之一，实施搬迁的自然村占自然村总数的五分之一。该县的下山移民，得到了上级政府部门的大力支持。同期，共有27个省级单位挂钩帮扶13个贫困乡镇、43个市级单位挂钩帮扶38个贫困村，援助帮扶资金达3500万元。① 截至2009年年底，全县已有381个自然村、16081户、48934人实现了下山脱贫致富。②

在新的时期，武义以打造华东地区养生福地为目标，积极推动乡村旅游发展，为下山移民脱贫致富开辟了新路径。西联乡牛头山30多个自然村村民下山脱贫，不仅腾出了一个国家级森林公园，山民留下的老屋则改

---

① 《十年"下山"脱贫》，http：//www.zj.xinhuanet.com/special/poor/news.htm。
② 《经过17年下山脱贫 武义山民拼出幸福生活》，http：//zjnews.zjol.com.cn/05zjnews/system/2010/03/10/016403283.shtml。

造成了星级宾馆水平的农家乐，成为金华乃至全省的新旅游热点，事例引起了中央电视台新闻联播的关注，以《脱贫致富与生态保护双赢的成功经验》为题进行了报道。柳城畲族镇江下村在 2010 年下山脱贫并进行旧村改造，将原来分散的 7 个自然村合并成三个自然村，拥有农户 201 户，591 人（少数民族人口 292 人）。2013 年，江下村借助交通便捷、周边风景优美的优势，深挖畲族特色，积极推进美丽乡村精品创建，发展农家乐经营户 18 家和 200 多床位，成功创建 AAA 级景区，并入选浙江省首批"省级休闲旅游示范村"。2016 年，农家乐收入保守估计超过 150 万元，人均增收超过 4000 元。（见图 4-2）

图 4-2　武义县江下村

三　成效与启示

下山移民脱贫致富彻底完成了"输血式"扶贫到"造血式"扶贫的转变，完成从开山造路进村扶贫到"山不转人转"的下山脱贫，使得山区贫困农民因此彻底摆脱贫困。早在 2004 年，浙江全省就实现了 56.6 万山民下山脱贫，并吸引了 200 多亿元民营资本进山开发生态农业和旅游等项目。年人均纯收入从几百元增至上万元。①

回顾历史,浙江下山移民脱贫实践在以下六个方面取得了非凡的成效:第一,改变了山民发展观念。山不转水转,树挪死人挪活,下山改变的不只是空间,更改变了观察世界的眼界,树立起发展的信心、有效拓宽了发展致富的机会与条件。第二,提升了山民发展能力。各地普遍重视对下山村民的技能培训,借助政府实施"农村劳动力素质培训工程"、职业教育"六项行动计划"和"欠发达地区农民创业百村示范行动"等措施,80%以上的移民在非农产业实现了就业。第三,增加了人均收入。就业渠道的拓宽与非农就业收入的增长,使山民普遍告别了贫穷状态。例如,江山市清湖镇花园岗村,通过积极发展白菇种植、竹木加工等产业,2012年人均收入达到12888元,是异地搬迁前人均收入的7倍多。第四,提升了城镇化和城乡一体化水平。下山移民尤其是通过集中安置的方式移民,有效地改变了山高村远、人口分散的约束,较好地优化了公共服务供给。武义西联乡政府驻地马口村人口为1130人,通过接纳下迁移民,人口增至3613人,成为南部山区一个新兴的小城镇。第五,保护并改善了生态。人退自然进,通过下山脱贫,武义县的森林覆盖率由68%提高到72%,75%的地面水达到II类水质标准,主要库区达到I类水质标准。第六,发展了新产业、新业态。下山移民腾出了发展空间优化了环境,为规模化特色种植、民宿经济和乡村旅游等创造了条件。2008年以来,庆元全县6万多的下山移民中有80%搬迁进了香菇小镇、百山祖避暑乐氧小镇、竹口铅笔小镇、屏都竹韵等"生态移民"安居小镇,移民收入大大高于全县农民平均水平。

下山移民脱贫致富涉及面广、工作难度大,有时甚至超过了"举全县之力"的范围。浙江的成功,至少有以下启示:

第一,政府重视是前提。政府重视、强化引导和支持是浙江下山移民成功运转的前提。无论是地方政府还是省政府,将下山移民作为富民工程、生态保护工程、城乡一体化工程、区域均衡发展工程等的统一体加以

---

① 《浙江实施"山民下山 民资上山"扶贫新策略见成效》,http://news.163.com/10/1020/17/6JF3CLVV00014JB5.html。

积极推进,均出台规划、年度计划与激励措施。县级政府层面,更是建立健全了农民异地搬迁组织领导机构或协调组织,要求形成部门合力。省、市、县、乡四级政府还通过优惠政策、对口支援、考核考评等形成联动,积极推进下山移民工作。

第二,稳步实施是关键。严格遵守和踩准"下得来""稳得住"和"富得起"的"三部曲"与"九字令"。针对下山移民过程中出现的各种问题,地方政府需创造性地开展相关工作,在协调好各方利益的基础上,创造条件加快发展,并使发展成果实现共享。政府需要将脱贫工作制度化、规范化和科学化,建立下山脱贫致富的长效运行机制。

第三,可持续发展是根本。共同富裕是根本目标,发展信心比黄金更重要。政府引导、鼓励和支持是撬动村民下山脱贫致富的杠杆支点、撬动人口与产业集聚发展的杠杆支点和撬动生态保护绿色发展的杠杆支点。下山发展的转换过程、生态发展的转型过程,均需要政府扶上马、送一程,以政府助力激活村民内生活力与民间资本投资活力,并形成强大的区域发展与社会治理自生能力。在过程中,浙江各级政府不断将教育扶贫、来料加工扶贫、电商扶贫、光能扶贫等与下山移民扶贫相结合,不断导引山区经济向绿色、生态、高效经济转型。

第三节 异地开发

一 开发缘起

有一种贫困叫作"源头现象"。大江大河的源头,一方面是由于山高地远、交通不便,丰富的生态旅游资源难以转化为经济优势;另一方面,受水源地保护的约束,源头地区的产业发展受到了严格的限制,难以像下游地区一样发展二、三产业促进本地的经济发展和就业水平。在浙江,欠发达的山区也往往是水源涵养区和保护区,源头现象同样显著。如何在保护与发展间求得最大的平衡,而不只是让源头地区感受到"牺牲"与"剥夺",需要通过积极创设生态补偿机制等,实现公平发展、共享成果。

异地扶贫开发作为一种特殊的生态补偿机制,逐渐进入人们的视野并进行了实践探索。1994年,省委、省政府出台政策,支持贫困县、贫困乡镇建立异地扶贫经济开发区。1995年，浙江省批准设立了金磐、景鄞两个异地扶贫开发区。期望通过在处于源头的贫困地区之外开发一块产业用地，通过用地、用人、税收等方面的优惠政策与共享式安排，一方面帮助贫困地区在外区域更便捷地获取发展资源加快发展，实现脱贫致富、生态保护及水源保护等的新平衡；另一方面，也实现开发区所在地区的人口集聚和产业集聚，推进工业化与城市水平，实现保护地与开发地的共建、共赢与共享。

异地扶贫开发区建设没有先例可循，在实践探索中金磐扶贫经济开发区脱颖而出，成为典范（见图4-3）。本节主要围绕该样本展开。

图4-3 金磐扶贫经济开发区街景

二 开发模式

磐安县位于浙江省中部，位于天台山、括苍山、会稽山、仙霞岭等山脉交汇的大盘山区，也是钱塘江、瓯江、灵江、曹娥江四大水系的发源地之一，素有"群山之祖，诸水之源"之称，是一个"九山半水半分田"的典型山区县。磐安于1939年设县，1958年并入东阳，1983年7月13日，经国务院批准，磐安县恢复县建制，成为浙江省最年轻的山区县。1992年，省政府批准的《浙江省水功能区划分方案》将该县98%以上地区列为一类水功能保护区，工业发展受到了严格的限制。如何推进生态保护与经济发展的平衡，摘掉全省五大贫困县之首的帽子，成为磐安县、金华市乃至于省政府的现实难题。经长时间的酝酿，金华市政府提出在金华经济开发区内成立金磐扶贫经济开发区，获得了省政府的首肯，并于1995年6月5日正式挂牌办公，从此开拓了异地扶贫开发的新路，并因其成效最为显著而在异地扶贫开发中创造出金磐模式，被评选为金华市改革开放30年十大创新范例。开发区规划总面积3.8平方公里，分两期进行，目前总开发建设面积为2.1平方公里。

（一）独特的管理体制

异地扶贫开发最大的特点就是异地，异地发展会带来一系列的问题，比如会出现异地开发区与属地的协调管理问题等。如何既防止"飞地"无人管理、又防范多头管理，实现地域间的共赢，切实推动贫困县保护与发展间的新平衡，是管理体制的核心所在。扶贫开发区在积极探索的基础上，形成了"三独立三接轨三融入"的独特管理体制。

"三独立"是指，作为磐安县人民政府的一个派出机构，金磐扶贫经济开发区管委会可以独立行使开发区内的县级经济管理权；开发区内生产的产值和税收归磐安；金磐扶贫经济开发区管委会自行组织实施开发区内的建设管理。

"三接轨"则是指，园区的总体规划要与金华市城市的总体规划接轨；经济政策如税收政策等要与金华市区接轨；土地征用由金华经济技术开发区管委会统一组织实施。

"三融入"，一是园区开发建设要融入金华市建设，与金华市发展保持配套协调；二是园区产业融入区域生态产业发展战略；三是园区企业融入国际化大循环。

"三独立三接轨三融入"的运行体制，就好比磐安县在金华市租了一个房子做生意，金华市在划定这个房子的活动范围和使用权限后，交给金磐扶贫经济开发区自主进行相关的活动，房子外的设施由金华市负责建设，房子内的配套设施则由金磐经济开发区负责实施，并设立一个组织——金磐扶贫开发区管委会，在金华市政府和磐安县政府的双重授权下，实施对房子的行政管理职能。它有效地推动了区内的开发主体、管理主体、责任主体和相关利益主体的统一，有利于促进园区开发管理融入当地,实现开发建设的城市化、园区管理的社区化、园区发展的现代化。①

(二)独特的开发体制

磐安县委县政府积极调整开发方略,将金磐扶贫经济开发区作为本县经济发展的重要产业平台和对外开放的窗口,高度重视开发区的运营和发展,对开发区集中资源优势,给予人力、物力和财力上的重点支持,如选派一些高素质、高能力的干部去开发区工作,为开发区提供人才支持;给予开发区用地指标上的支持,优先考虑开发区的用地需求;对于开发区的收益,不是急于扩充政府财库,而是以实现开发区的再发展为主,注重长远效益的获取。

(三)独特的省级政策优惠

为推进异地开发,1996年省委、省政府在《关于"九五"期间进一步加强扶贫工作的通知中》强调,异地开发扶贫是推动贫困地区脱贫的一条新途径,并决定给予异地开发地区政策上的优惠和支持。如:贫困地区想要在开发区办企业的,给予地价上的优惠;贫困地区在开发区内新办的企业,可以免征三年的税收;企业所得利润,除部分用于企业的再发展外,应返还给办企业的贫困地区;开发区企业劳动力的来源,除部分技术员工外,百分之七十应从贫困地区招取等。

三 成效与启示

金磐扶贫开发区是磐安县在金华市区创建的唯一一个异地省级开发区,已成为磐安县(见图4-7)引进人才的重要基地、经济发展的重要平台、对外开放的重要窗口、财政收入的重要支柱,实现了经济效益、生态效益和社会效益的统一。从更一般的意义上讲,这块异地开发的"试验田",已发展成为统筹区域发展、保护生态环境、实现经济欠发达地区全面协调可持续发展的"先行区",是国内异地开发的典范。

(一)主要成效

第一,培育了企业集群。2002年,开发区发展企业130家;2010年,

---

① 胡新民:《异地开发:山区转型发展的模式创新——以金华市金磐扶贫经济开发区为例》,《浙江经济》2012年第7期,第26—27页。

开发区拥有企业 388 家,其中规模以上企业 35 家,年销售收入超 5000 万元以上企业 9 家;2016 年,区内已有各类工商业企业 800 多家,其中产值超亿元企业 12 家,税收超 5000 万元以上企业 3 家,国家级高新技术企业 5 家。其中中国皇冠集团、浙江娅茜内衣、浙江和勤通信、浙江鹏孚隆科技、浙江威邦机电科技等公司、金华春光橡塑科技有限公司(见图 4-4)等,在业内享有盛誉。目前,优势企业占全县三分之一,高新技术企业占 80%。[①] 目前,开发区已形成了以五金工具、通信电子、塑料软管、服装加工和休闲用品、建筑安装等为主体的企业集群,成为磐安经济发展的引擎。

图 4-4　金华春光橡塑科技有限公司

第二,推动了财政增长。开发区是全县财政收入支柱,特别是自 2002 年二期区块建设以来,有效拉动了磐安县财政收入的增长。2002 年开发实现税收 4033 万元,纳税大户占全县的三分之一,占磐安全县税收的近四分之一。截至 2012 年,开发区累计上缴税收和其他非税收入 20 多亿元。2016 年国地税合计入库 3.23 亿元。当年,开发区内企业金华春光橡塑科技股份有限公司、浙江和勤通信工程有限公司和浙江威邦科技股份有限公

[①] 陈可礼:《异地开发财富"飞地"　山海协作异地扶贫的金磐样本》,2016 年 8 月 31 日,磐安新闻网。

司分别位列磐安县纳税百强企业第 1 名、第 3 名和第 4 名。2017 年 1—3 月，金磐开发区国地税合计入库 1.09 亿元，同比增长 17%。其中，数据显示，开发区对磐安的税收贡献都在 20% 以上。磐安县历年一般预算总收入如图 4-5 所示。

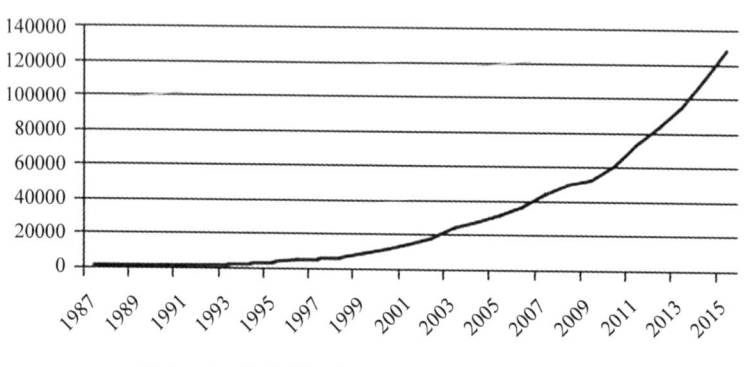

图 4-5　磐安县历年一般预算总收入（万元）

数据来源：金华市历年统计年鉴。

第三，实现了工业反哺农业。随着开发区工业的发展和企业发展的稳定，开发区的一些企业和企业家们开始为磐安县社会公共事业的发展、新农村建设提供资金支持。一些骨干企业也积极对磐安县的一些村进行结对帮扶，投入资金用来完善村庄的基础设施，如修路、建路灯、村庄绿化等。

第四，推动了就业增收。2002 年，开发区就为磐安贫困农民提供了 1000 人左右的就业机会；到 2016 年，来自磐安的就业者达到了 10000 人多，占开发区全部就业三分之一左右。有的职工在开发区学到技术后，回到磐安县发展自己的企业，也带动了磐安县本土企业的发展，进一步带动了当地农民的就业转型，有效增加了农民收入（见图 4-6）。

第五，转变了发展方式。通过异地开发园区的建设，使磐安县能以建设"国家生态示范区"为目标，实施"生态立县"战略，大步走生态保护和经济发展的双赢之路。2001 年，该县编制了全国第一个生态经济发展规划和全省第一个绿色农产品发展规划；2003 年又编制了金华市第一个生态县建设规划；2010年编制《磐安县生态文明建设规划纲要（2011—2020年）》和《磐安县生态文明建设规划（2011—2020年）》等，取得了"中国香菇之乡""中国药材之乡""中国生态龙井茶之乡""中国香榧之乡""国家级卫生县城""国家级生态示范区""国家生态县"和"浙江省美丽乡村创建先进县"等荣誉。

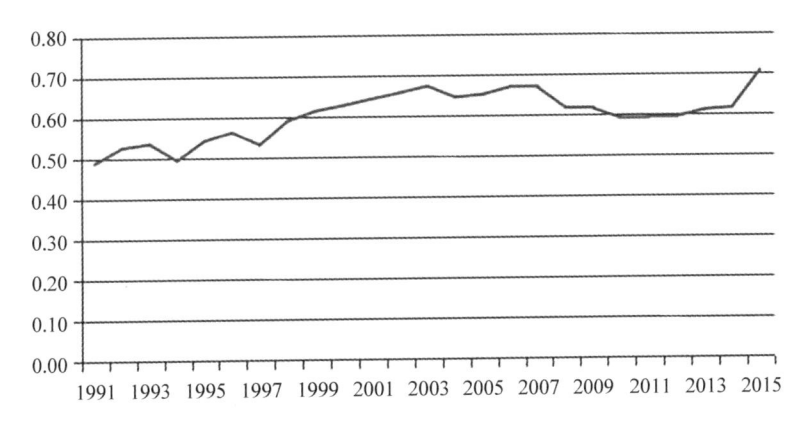

图4-6 磐安县历年农村住户家庭人均纯收入占全市的比重

数据来源：金华市历年统计年鉴。

图4-7 青山绿水怀抱中的磐安县城

（二）经验启示

金磐扶贫开发区作为异地开发的实验，不仅破解了生态保护与经济发展的矛盾，也为其他欠发达地区的扶贫工作的开展提供了一条可行的路径。2008年，丽水成功复制了金磐模式，建立了丽景民族工业园，并在短短四年多时间里，取得了巨大的开发成效。其成功，离不开以下三个方面的支撑：

第一，充分考察贫困区的具体情况，因地制宜地制订脱贫计划。磐安县之所以选择异地开发实现脱贫目标，是由磐安县的独特情况决定的。磐安县作为典型的山区县，与浙江省其他贫困山区县面临一样的情况，既要实现经济发展又要保护生态环境。但和其他贫困山区县不同的是，磐安县处于河流发源地的上游，掌管着下游各地区水资源的保护工作，所以磐安县拒绝重化工业等高污染产业的进入，这在很大程度上影响了磐安县的经济发展。为了实现生态保护和经济发展两不误，磐安县选择异地产业开发是明智的选择。

第二，在开发区的管理体制上，注重调节异地开发区和属地管理的关系。金磐扶贫开发区明白，作为一个异地开发的平台，只有赢得属地的支持，才能实现开发区的稳定发展。如金磐扶贫开发区经过一系列的研究和尝试，探索出了一个符合金磐开发区的科学管理体制——"三独立三接轨三融入"，既在就业、财政收入和GDP统计等方面对磐安形成支撑，又有效地推动金华市区的产业集聚与城市发展。对比同期创立的省内其他扶贫经济开发区，金磐人自认为"正是因为这一管理模式，它从体制和机制上保证了金磐开发区一路稳健地走向了成功"。

第三，坚持自力更生与各方支持的统一，有效利用外部支持和力量。金磐扶贫开发区的成功也离不开浙江省委、省政府和金华市委、市政府的大力支持。在金磐扶贫开发区建立的前期，浙江省委、省政府出台了一系列针对异地开发的优惠政策。2006年，金磐扶贫开发区又被省政府列为山海协作示范区，将金磐扶贫开发区作为省的重点项目给予大力支持，注重开发区的可持续发展，省政府扶贫办每年给予开发区200万元作为开发区基础设施建设专项扶持资金。

第四节 工程移民

一 发展背景

工程移民是因水利、电力、铁路、机场等工程建设需求而带来的外生驱动型大规模移民。在浙江，贫困山区人群的工程移民，主要因各大中型水库建设产生，较早的典型有千岛湖水库建设移民搬迁，较近的典型为丽水市滩坑水库建设移民搬迁。

由于库区移民的外生性、强制性，非自愿移民占有很大比重，导致水库移民工作的复杂性。早期的移民安置工作往往过于偏重水库工程的建设，对移民的补偿较低，农业安置多非农安置少，既不利于移民生计的可持续，也给移民接收地的后期工作、其他工程建设等带来一系列负面效应。在吸取相关经验教训，特别是认真检视工程移民为库区建设发挥的生态保护、水源保护等生态红利，为迁入地新增的人口红利与集聚红利，为全省小康社会建设带来的"补短板"效应等后，浙江省将库区移民视为水库建设的重要子系统，对水库移民的补偿标准与方式、安置方式、生产生活系统的重构等方面进行了一系列的探索和尝试，积极推进建设后扶项目，着力帮助移民实现脱贫致富，鼓励库区居民自愿移民。

二 库区移民致富"三部曲"

大致上讲，库区移民工作总体上可以分为三个阶段：前期的规划阶段、中期的实施阶段和后期检查验收与帮扶阶段。

（一）前期的规划阶段

在这一阶段，政府最主要的任务是制定水库移民的总体规划和方案。首先，要明确迁移的地区，划定迁移的范围；其次，制定水库移民的总体规划和实施方案；此外，对水库移民进行广泛的宣传和动员，争取库区移民的支持。如临海市方溪水库，为了更好地实施水库移民，临海市政府制定出台了《浙江省临海市方溪水库工程建设征地移民安置规划大纲》和《临海市方溪水库工程移民安置办法》，对水库移民的征地处理范围、安置标准、安置方式以及移民安置规划方案等内容进行了明确详细规定，为实现水库移民顺利搬迁提供了政策保障，也为后期工作的开展提供了政策依据。此外，临海市通过利用电视广播、宣传手册等方式进行宣传动员，向库区居民进行政策宣传和解释，解除库区移民的疑惑，使广大移民认识到方溪水库的重大意义，并了解移民政策和法律法规，从而获得移民的理解和支持。①

（二）中期的实施阶段

迁出地工作。首先，各县（市、区）要对移民进行筛选，对符合条件的移民进行身份确认和核定个人实物，并填写水库移民安置补偿登记卡，确定好移民名单后，提交给浙江省和县（市、区）的移民办进行审核、备案，并对部分要求自谋出路和选择投靠亲友的移民，要尊重他们的选择。其次，移民安置点的选取，采用县人民政府主导和争取移民认可的方式，再由移民户主与安置村签订安置协议。组织移民代表到迁入地进行考察，确定建房点，并由移民户与建筑施工单位签订建房协议。如果是跨县安置的移民，则由迁出县政府与迁入县（市、区）政府签订移民安置协议。最后，要对移民的资金进行核算，确定补偿金额后，将相关资料交给迁入地，由迁入地建立移民账户，专项用移民建房。

迁入地工作。迁入地的选择与利益平衡依然是工作的先决前提。近年来，浙江各地普遍选择了一些自然条件、基础设施和经济发展都相对较好的地方进行集中安置，并及时做好安置点"三通一平"（通电、通水、通电和宅基地平整），指导和管理移民的建房工作，并按进度发放补偿资金。一方面，积极落实对移民进行属地管理，保证移民的户籍变迁、社会福利、教育等与原住民的同等待遇。另一方面，要积极开展对移民的生产、生活方面的帮扶工作，使移民能够尽快适应迁入地的生产、生活环境，对移民进行培训，提高他们的劳动技能，鼓励移民自力更生、自主创业。

（三）后期的核查与帮扶工作

浙江省采用一系列措施帮扶移民致富，如实施产业帮扶，鼓励农村的龙头企业到扶贫重点村建立基地，发展农产品加工业，一方面可以提供就

---

① 《2016浙江水库移民工作第3期》，浙江省水库移民网，http：//www.zjsymb.com/WorkbriefingDetail.aspx？id=581。

业机会，带动当地居民的就业，另一方面也为农民提供了直接的销售农产品渠道。引导农民发展家庭手工业和农家乐休闲旅游业，迁入地优越的自然条件和便利的交通，为水库移民的脱贫提供了便利条件；实施科技帮扶，对移民进行劳动技能培训，实现移民的稳定就业。如泰顺县为进一步加大对珊溪水库移民帮扶力度，帮助移民进行生产开发，促进移民增收致富，制定出台了《泰顺县珊溪水库移民创业致富贷款小额贴息方案（试行）》，对移民在泰顺县内银行未还清本息的贷款进行部分贴息，充分运用金融机构的风险控制能力对创业致富项目进行审核。2015 年开始实施时，就收到创业致富贷款贴息申请 148 份，发放贴息 28 万元。

三 典型实践：丽水滩坑水电站建设移民

丽水市位于浙江西南部，全市耕地面积仅占 5.52%，88.42% 为山区，集山区、库区、革命老区和少数民族聚集区于一体，区域贫困人口比例和贫困程度较高（见图 4-9）。水库建设与移民是丽水市以移民工作推动脱贫致富的一项重要内容，先后经过了三个阶段：1960—1980 年以新安江水库移民和乌溪江水库移民为代表的第一阶段；1980—2000 年以紧水滩水库移民为代表的第二阶段；2000 年以来至今的以滩坑水库（见图 4-8）移民为代表的第三阶段。[1]

滩坑水库位于瓯江的支流——小溪流域沿岸，多以山地为主，交通闭塞，恶劣的自然条件制约了该市青田、景宁两县的发展。很多年来，由于受到自然条件的制约，青田、景宁的有志青年纷纷走出大山，去大都市寻找发展空间，现在一些大都市的超市，如上海、北京等，都会发现景宁人的身影。但是走出大山的毕竟是少数，很多留在大山里的居民仍然处于贫困状态，在这穷山恶水中求生存。据 2003 年的调查统计，滩坑水电站青田库区农民人均收入仅有 2800 元，而景宁库区的农民则更少，只有 2200 元，库区的居民大多都处于贫困状态。浙江省和丽水市将滩坑水电站的建设不仅视为一项基础设施工程，更视为民心工程和扶贫工程加以推进。

---

[1] 张祝平：《社会支持与社会融合：水库工程和谐移民实证研究——以浙江丽水市为例》，《南京人口管理干部学院学报》2013 年第 3 期，第 14—20 页。

图4-8 滩坑水电站鸟瞰图

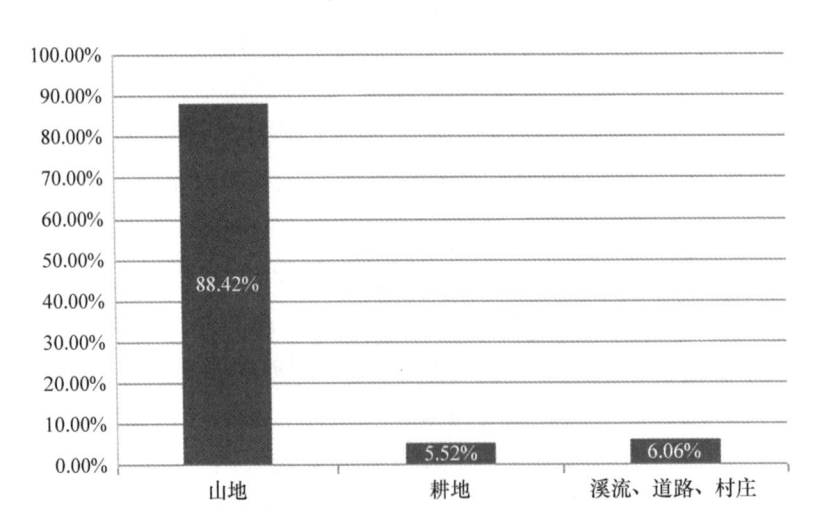

图4-9 丽水市土地资源特征

滩坑水电站建设从酝酿到正式建成，经历了较长的时间。1999年，浙江省政府第16次省长办公会议决定滩坑水电工程的前期工作正式进入实质性的阶段。2002年，浙江省政府第69次常务会议做出了建造滩坑水电站的决议，并把此工程作为对浙江欠发达地区最大的扶贫项目。2003年，滩坑水电站得到了国务院的批准,开始进入了正式的实施。2004年10月主体工程开工,2005年9月,滩坑水电站被国家发改委列入国家重点建设项目。2008年4月,滩坑水库下闸蓄水。

工程涉及景宁、青田两个县的10个乡镇,水电站水库动迁移民达5万人,其中丽水市内安置3.7万人,外迁安置1.3万人,涉及5个市33个县(市、区)的305个乡镇(见图4-10)。①

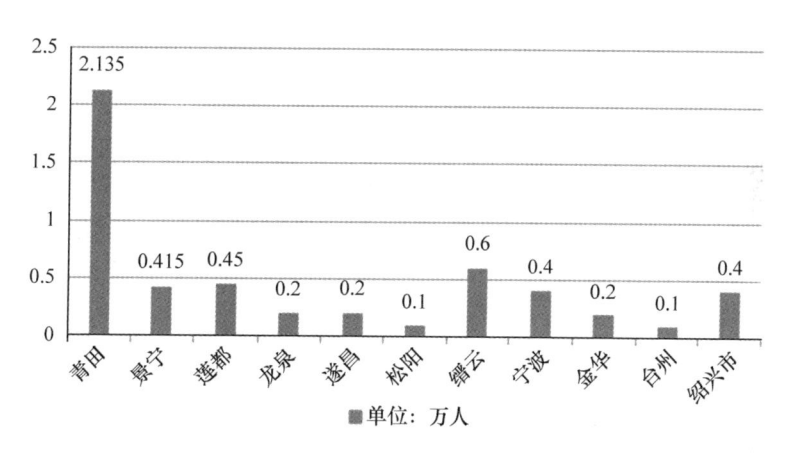

图4-10 滩坑水电站建设移民安置任务分解

因计划要在2008年3月底之前全部清空,移民工作分几个水平年进行。表4-2为2004年6月到2005年12月第一水平年完成的迁移搬迁工作,表4-3为第二水平年完成的搬迁工作。

表4-2　　　　滩坑水电站第一水平年市内移民建房进展情况表

单位:户、人、平方米

安置县区	计划安置任务	已对接		已复核		已签订建房协议		已在建房			
		户数	人数	户数	人数	户数	人数	户数	人数	总面积	人均面积
青田县	13848	3535	12649	3535	12649	3535	12649	3535	12649	1008950	80.0

---

① 蓝雪飞:《水库移民工作的实践和思考——以滩坑水电站为例》,硕士学位论文,浙江师范大学,2010年。

续表

安置县区	计划安置任务	已对接		已复核		已签订建房协议		已在建房			
		户数	人数	户数	人数	户数	人数	户数	人数	总面积	人均面积
莲都区	650	186	650	186	650	186	650	186	650	16780	25.8
龙泉市	2000	547	2020	547	2020	547	2020	547	2020	156000	77.2
松阳县	200	54	203	54	203	54	203	54	203	9319	45.9
遂昌县	500	143	531	143	531	143	531	143	531	15175	28.6
合计	17198	4465	16053	4465	16053	4465	16053	4465	16053	1206224	/

数据来源：丽水市移民办公室。

表4-3　　滩坑水电站第二水平年市内移民建房进展情况表

单位：户、人、平方米

安置县区	计划安置任务	已对接		已复核		已签订建房协议		已在建房			
		户数	人数	户数	人数	户数	人数	户数	人数	总面积	人均面积
青田县	6521	1893	6435	1893	6435	1893	6435	1813	6234	459606	73.7
莲都区	1800	540	1775	540	1775	539	1775	539	1775	156017	87.9
松阳县	1800	502	1698	502	1698	500	1697	500	1701	—	—
遂昌县	950	271	940	271	940	128	426	271	940	28045	29.8
景宁县	440	105	270	105	270	31	67	31	67	—	—
缙云县	200	63	213	63	213	63	213	63	213	5985	28.1
合计	11711	3374	11331	3374	11331	3154	10613	3217	10930	649653	59.4

数据来源：丽水市移民办公室。

丽水市在开展水库移民工作的同时，为实现水库移民的脱贫致富，制定了一些扶贫政策。如实施金融帮扶，通过贷款等方面的优惠，降低移民的创业成本，鼓励移民进行自主创业。近年来，丽水经过不断探索，尝试用信贷支持扶贫工作。实施项目帮扶，大力推进移民村建设，加大对移民安置村基础设施建设的投入，提高和丰富移民的生产生活水平，实现移民安居乐业；鼓励移民从事商业活动，鼓励和扶持移民到中心镇购买店面房产，实现移民村集体资产的保值增值，实现移民村集体经济的可持续发展。实施社会帮扶,对移民村进行调查,了解移民村贫困户的基本情况,对符合低保救助标准的,给予帮扶和救助,对一些因为疾病和灾害导致贫困的,要给予临时补助和救济,对于一些特殊困难的农户,要进行走访慰问。

2015年7月28日,丽水经济开发区出台《丽水经济开发区大中型水库移民劳动技能定制培训实施意见(试行)》,决定从2015年7月1日起到2016年6月30日期间,符合培训条件的移民(被列入到大中型水库后期扶持范围的农村直补适龄移民),可以根据自己的时间免费参加一次培训,培训的课程可以自由选择,主要分为农村实用人才和职业技能两大类。培训的机构也有丽水职业技术学院成教学院和丽水志翔培训有限公司两家。本次劳动技能培训计划投资30万元,培训250人次,[1] 以"培训券"为载体,采取集中培训、分散培训、插花培训等多种形式,努力为移民提供贴心的培训服务。(见图4-11)

图4-11 面点师资格培训

---

[1] 《丽水经济开发区出台培训新政助力移民劳动技能提升》,http://ymb.lishui.gov.cn/xsym/201508/t20150804_137873.htm。

四 成效与启示

(一) 主要成效

第一,带动了相关县(市、区)甚至全省经济的发展。水电站的建设,培育了县(市、区)新的经济增长点,优化了地区的投资环境,有效地缓解了电力对经济社会发展的制约,为相关地区经济的发展提供了有效支撑。此外,由于水电站优越的自然风光,可以发展水电站生态旅游业,带动绿色经济发展。如滩坑水库建成后,整个库区长 80 公里,面积达 70 多平方公里,可与附近的九龙湾地质公园、炉西峡等景点连成一片,形成景区集聚效应,助推丽水经济转型发展。

第二,创造了大量的就业、创业机会。浙江省通过购买培训服务的方式,充分发挥第三方培训机构的专业作用,并积极与市场需求相结合,实现培训和就业的有效衔接,提高移民的就业能力;对带动贫困人口就业的民营企业给予金融支持,提供贷款上的优惠,从而为移民就业提供更多的就业岗位。在创业方面,通过金融贷款等方面的优惠,降低移民的创业成本,鼓励移民进行自主创业。并通过提供服务助推移民进行创业,充分利用现有的移民创业园,培育移民创业示范基地、电商孵化园等,为移民群众创业创新提供服务平台。

第三,增加了收入改善了生活。以丽水市为例,虽然移民的人均收入仍低于全市农民,但自水库移民后,通过一系列的移民帮扶政策全市移民的人均收入呈逐年递增趋势,且在 2010 年的时候已经赶超全市农民人均收入的增长速度。丽水市全市农民的人均收入,2012 年和 2006 年相比,增幅达到 128.8%,而水库移民的增幅 133.1%,高于全市农民人均收入的增幅(见表4-4)。[1] 2015 年衢州市、丽水市移民人均可支配收入分别达到了 13400 元和 13200 元左右,宁波市农村移民人均可支配收入达到 24700 元;[2] 分别占三地农民人均可支配收入的 89.33%、77% 和 93.32%。

---

[1] 张祝平:《经济后发达地区水库移民城镇化问题探讨——以浙江丽水市为例》,《广西大学学报》(哲学社会科学版) 2014 年第 3 期,第 67 页。

[2] 《王忠志主任在全省水库移民工作会议上的讲话摘要》, http://ymb.zjtz.gov.cn/art/2017/4/17/art_ 5784_ 765425. html。

移民的实际生活条件得到了很大的改善,在住房上,移民都搬进了新住房,人均住房面积增加;在生活基础设施方面,建成的移民新村基础设施齐全,家家实现了通水、通电,交通便利。

表4-4　　　　水库移民与丽水全市农民人均收入比较　　　单位:元、%

年份	全市农民 人均收入	增长速度	水库移民 人均收入	增长速度
2006	3870	/	3365	/
2007	4373	13.0	3652	8.5
2008	5050	15.5	3987	9.2
2009	5703	12.9	4485	12.5
2010	6537	14.6	5340	19.1
2011	7809	19.5	6431	20.4
2012	8855	13.4	7845	22.0

(二) 经验启示

以滩坑水电站建设移民为代表的新一代浙江工程移民,实现了地方经济的发展和水库居民脱贫致富的双赢,其成功主要得益于以下几个方面:

第一,依据地方实际,因地制宜地选择安置方式和帮扶方式。滩坑水库居民由于人均耕地面积小,农业收入在居民的收入中所占的比重并不高,水库居民历来就有外出寻找发展机会的习惯。丽水市政府在充分考虑这一现实情况后,在移民安置方式上采用了无土安置方式,如鼓励多年从事非农经营活动、有固定职业和技术的移民,自愿申请自谋职业安置,不要生产用地,从事第二、三产业经营,自行解决生产安置。

第二,创新搬迁机制,坚持政府统一搬迁和移民自愿搬迁相结合。如丽水市改变了以往搬迁工作中,由政府大包大揽的做法,在水库移民搬迁中实行政府统一搬迁和移民自愿搬迁相结合的方式,鼓励移民自主搬迁,由政府通过制定相应的方案,在其中做好安全保卫和应急处理工作。在搬迁实施过程中,丽水市政府采用市场经济手段,设定运输服务方应该具有的资质条件,通过公开招标的方式,选择运输方,确定运输费用,再由政府与符合条件的运输服务方签订合同，使移民户享受到优质、安全的运输服务。

第三，充分进行编制规划，安置程序要体现民意。水库移民的目的不仅仅是为了保证水电站的有效建设，也要实现移民的脱贫致富。为了避免移民后造成的一系列的遗留问题，各县（市、区）政府在移民实施前进行了充分的编制规划，并严格按规划开展移民工作。例如，在安置点的选择上，并不是由政府全权决定的，在政府充分考察决定安置点后，安排组织移民代表到安置点进行考察，充分尊重移民的安置意愿，在移民代表同意的基础上进行移民对接。

第四，高度重视后期帮扶工作，积极推进收入趋同化。富民是稳住移民的根本，也是检验库区移民是否真正是扶贫工程的核心指标。21世纪以来，浙江日益强化水库移民后期帮扶工作，加以推进。根据全省移民人均可支配收入在10000—15000元之间的19个县主要集中在原26个欠发达县（市、区）这一区域事实，针对全省大中型水库相对贫困（或低收入）移民村2573个、相对贫困（或低收入）移民55377人，占浙江省移民总数的4%，相当于浙江省农村低保总人口10%的事实，全省积极开展水库移民精准扶持。2016年全省建设后扶项目6580个。全省共投入创业致富资金3.1亿元，安排创业致富项目1275个，新增百万元以上产业基地148个。

第五节　小结与思考

一　简要结论

异地脱贫致富，是精准扶贫、精准脱贫的一项重要选择。2016年9月，《全国"十三五"异地扶贫搬迁规划》出台，计划五年内对近1000万建档立卡贫困人口实施异地扶贫搬迁，着力解决居住在"一方水土养不起一方人"地区贫困人口的脱贫问题。在异地脱贫致富的道路上，浙江是先行者，创造了许多富有成效的工作经验甚至是发展模式，实现了脱贫致富、生态保护、均衡协调发展的有机统一。其中，下山移民引起了联合国的关注，相关经验多次在国际大会上交流；异地扶贫开发模式，拓展了

"飞地"发展与生态补偿相结合的新道路,并形成了可复制可推广的经验;以库区移民为代表的工程移民,浙江重点加强了后期帮扶工作,在较短的时间内让贫困的山民的收入水平逼近所在地平均水平。

总结浙江的成功经验,异地扶贫致富须注重以下四个关节点:

第一,科学规划是前提。异地发展尤其是集中安置型异地发展,具有系统性和阶段性特征,需要因地制宜、因时制宜地谋划发展方略、创新发展政策,充分发挥政府的引导作用与移民的主体作用,走好"搬得出""稳得住""富得快"的三部曲。"一方水土养不起一方人"的地区,需要完善建档立卡工作,科学编制实施异地扶贫搬迁规划,明确搬迁目标任务和建设时序,按规划、分年度、有计划组织实施,切实提高搬迁对象精准识别和动态管理水平。

第二,接入地点是关键。异地发展模式的最大特征,就是通过变更发展地点以谋求发展机会获得发展。异地发展能否成功,一个先决条件就是接入地是否有便捷的交通和足够的发展空间。在浙江,无论是主动性的下山移民、异地开发还是强制性的工程移民,均越来越强调移民工作与城镇化工作、开发区工作的对接。在异地扶贫开发区建设中,无论是金磐和丽景,均将开发区有机融入于市本级的经济开发区中。

第三,评估考核是手段。异地发展,政策性强、工作面广、利益协调难度大。为防止畏难情绪和工作惰性,防范运动式搬迁、数字式脱贫,确保脱贫得到群众认可、经得起检验。浙江省各级政府将群众满意度、搬迁后的生产生活条件、收入水平等纳入异地扶贫的考核指标中,并不断将之细化、可操作化。一些地方还进行了异地搬迁专项督查,每月通报,地方财政根据搬迁人数的工作量和完成比例进行考核兑现。

第四,激发活力是根本。获得新的发展空间,只是异地发展的相对较为容易的第一步,更大的挑战还在于怎么帮助移民学会利用市场信息、掌握发展技能以主动抓住各种发展机会而不是等待政府救助。浙江省各级政府在强化对口帮扶和社会保障的基础上,非常注重对移民的各类知识和技能培训,重视以来料加工、"一村一品""电商扶贫""光伏扶贫""金融扶贫"等多种方式来激活市场与移民信心。

二 发展思考

萨克斯①提出改变贫穷，就要改变一个地方的地理局限。在《贫穷的本质》一书中，加尔布雷斯把移民作为改变对贫困的接纳进而获得持续发展的一项关键手段。阿马蒂亚·森②认为拔掉穷根的根本，在于扩展发展的机会空间提升穷人的可行能力。塞德希尔·穆来纳森和埃尔德·沙菲尔③发现，要改变贫困就得改变穷人的稀缺心态。以这些观点来思考异地发展，可以发现：

第一，它重塑了发展理念与扶贫思路。异地扶贫发展以跳出空间求发展的方式，在根本上改变了"靠山吃山、靠水吃山"在地发展模式、"要致富先修路"的发展理念与帮扶观念，进而从根本上解决一方水土富不了一方人的老问题。对移民而言，告别了山区就意味着告别了信息与交通的孤岛，打开了阿马蒂亚·森意义上的发展机会，打破了加尔布雷斯所说的"接纳"和穆来纳森等的"稀缺心态"，为脱贫注入了强劲的动力。对政府而言，无论是移民还是异地扶贫开发区建设，不再是输入多产出少的负担而是发展资源的盘整与优化配置，扶贫也是生产力。

第二，它重构了扶贫机制。传统在地型扶贫机制首先以救济式和访贫问苦方式，而后以通电、通村、通广播、通电视等"村村通"的方式供应基础设施公共服务，最后以项目进村的方式进行。异地扶贫机制跳出就"贫困"抓住"扶贫"的传统机制，改输入资源为输出人口，以先赋权后赋能的方式从根本上拓宽了发展机会，优化了扶贫资源的空间配置。

第三，它优化了发展效益。异地发展与区域工业化和城市化进程有机融合，跳出就"三农"抓"三农"的传统框架，既实现了转移山民、减少山民、提高山民、富裕山民的目标，又为工业化、城市化注入了大量的

---

① ［美］杰弗里·萨克斯：《贫穷的终结：我们时代的经济可能》，邹光译，上海人民出版社2010年版，第93页。
② ［印度］阿马蒂亚·森：《以自由看待发展》，任赜、于真译，中国人民大学出版社2002年版。
③ ［美］塞德希尔·穆来纳森、［美］埃尔德·沙菲尔：《稀缺：我们是如何陷入贫穷与忙碌的》，魏薇、龙志勇译，浙江人民出版社2014年版，第164—180页。

人力、物力和消费能力，推进了两者间互促互动、共进共赢，有效压缩了城乡差距和区域差距。异地发展实现了区域经济转型升级和生态保护的有机融合，推动了发展与保护的动态平衡。它不仅完善了流域保护、守住并改善了绿水青山，乡村旅游、民宿经济和精品农业的异军突起还真正将绿水青山转化成了金山银山。

第五章　社会保障扶贫

以"造血"推动内生自主发展，是一个社会脱贫致富的根本。但鉴于经济社会发展的风险和不确定性，面向所有社会成员而不只是贫困人口的社会保障应运而生。在全球范围内，社会保障水平是衡量一国经济发展水平和包容性发展的重要标准；在我国，社会保障也已经成为体现人民中心思想、衡量获得感的重要指标，成为全面建成小康社会的重要保障。身处我国经济发展前沿同样亦是社会保障探索前沿的浙江，在社会保障扶贫中亦有诸多的创举。本章从浙江社会保障建设的背景、内涵等出发，重点讨论社会保险和社会救助的探索与成效，最后是本章的小结与思考。

第一节　概念、历程与成效

一　内涵、特征与分类

（一）内涵与特征

"社保是民生之需，救助解民生之难"，要让老百姓系上社会"保险绳"就要切实做好社会保障工作，构建大保障体系，并随着经济的发展稳步提高社会保险水平。[1] 社会保障扶贫，顾名思义就是通过一系列社会保障机制，保证无收入和低收入的公民能够维持生存，保障其年老、失业、

---

[1] 习近平：《干在实处　走在前列——推进浙江新发展的思考与实践》，中共中央党校出版社2013年版，第240—241页。

患病等基本生活不受影响。

社会保障扶贫作为一种依托规范的机制从而成熟运行的扶贫方式，具有以下三方面的特征：

第一，有章可循。社会保障扶贫在具体工作的开展过程中是按照现有的社会保障制度进行的（包括社会保险制度、社会福利制度、社会救济制度、社会优抚制度），为扶贫工作的开展提供了一定的法律制度保证。

第二，群体普惠。社会保障扶贫面向的是所有困难群体，按照最低生活保障标准，通过对贫困人口的建档立卡等方式全面覆盖受助面，从根本上保证了群体普惠。它对保障公民权利的公平实现、逐步增强全体社会成员的福利、保持社会安定、促进经济增长和社会进步等方面均具有积极作用。

第三，遇困救济。社会保障扶贫从根本上做到了社会保障制度和扶贫开发相结合，它将保障社会弱势群体的最低生活需求作为最主要的任务，就好像是社会安全网的网底，是社会安全稳定的最后一道防线。在促进资源合理配置的同时，加大对贫困地区的投入和支持力度，使得扶贫的效果更加显著。

（二）分类

浙江着力构建以统筹协调就业、社会保险和社会救助三个层次相互衔接、相互促进的大社保框架体系。由于本书关注的重点是扶贫和救助，所以本章着重从后两个层面开展。

社会保险扶贫就是通过社会保险的方式来救助困难群体，摆脱贫困。社会保险是社会保障体系中最重要的部分，社会保险的主要项目包括养老保险、医疗保险、失业保险、工伤保险、生育保险。浙江省在扶贫工作的开展中，大力强化社会保险的内容，完善社会保险的项目，并针对特殊的扶贫群体，确立了一系列的保险制度，给予相对的政策倾斜。如居民养老缴费困难群体救助、大病医保、困难群体企业稳岗补贴等。

社会救助扶贫是指由政府对生活贫困群体给予救助，具有雪中送炭性质。社会救助的主要项目有灾民救助、城市贫民救助、农村五保户救助、城乡特殊对象救助等。社会救助在扶贫事业中发挥着不可或缺的作用，是精准扶贫工作的重要组成部分，也是农村扶贫开发的新途径。具体来看，社会救助扶贫包括农村最低生活保障制度、医疗救助制度、特困人员救助供养制度、临时救助制度等。

二 简要历程

浙江省社会保障制度和社会保障体系的建设，经历了覆盖面不断扩大、保障水平不断提升、体系日趋完善的发展过程，创造了多项全国纪录，形成了社会政策发展的浙江经验。

早在1995年，浙江就开始探索城乡一体的最低生活保障制度。1999年，浙江省人大颁布了《浙江省职工基本养老保险条例》。进入21世纪以来，浙江省日益把社会政策视为改善居民生活状况、提升居民生活质量、推动社会和谐、化解社会矛盾的重要手段加以推进。2001年出台的《浙江省最低生活保障办法》，将最低生活保障全面推向城乡贫困人口，使浙江成为全国最早实施城乡一体化的最低生活保障制度的地区。[1]

2004年，浙江省做出了"平安浙江"建设的战略决策，出台了《浙江省统筹城乡发展推进城乡一体化纲要》《浙江省城镇廉租房保障办法》等政策文件，拉开了系统化推动社会建设的大幕。2005年，浙江出台了全国首个社会福利五年规划《浙江省社会福利发展规划（2006—2010）》。同年，浙江省提出要逐步建立起以社会保险为主体，覆盖城乡、保障水平多层次、保障方式多样化、资金来源多元化、保障制度法制化、管理服务社会化的社会保障体系；做出了加快建立统筹城乡的就业制度、加快建立覆盖城乡的新型社会救助体系和率先建立比较完善的城镇社会保险体系的决策。[2] 2007年，浙江公布了《浙江省"十一五"大社保体系建设规划》，要求建立健全多层次、全覆盖的社会保障体系。2008年，浙江启动全国第一个《基本公共服务均等化行动计划（2008—2012）》。2014年，浙江省人大通过《浙江省社会救助条例》，首次将低保边缘家庭纳入社会救助办法。

---

[1] 陈光金、杨建华主编：《中国梦与浙江实践·社会卷》，社会科学文献出版社2015年版，第167页。

[2] 《落实科学发展观 完善浙江社会保障体系建设》，http://www.chinajob.gov.cn/gb/insurance/2005-07/20/content_80125.htm。

通过多措并举，特别是社会保障的支撑，2015年年底浙江省完全消除了家庭人均收入4600元以下的绝对贫困现象，成为在全国率先完成脱贫攻坚任务的省份。"十三五"期间，针对"后扶贫时代"消减相对贫困的重点转向，优化社会保障更好地发挥好"兜底"作用的意义更加突出。有鉴于此，浙江省于2017年年初出台《低收入农户认定标准、认定机制及动态管理办法》，在全国首创低收入农户统一认定标准，并有效实现了"扶贫"与"救助"的界分与衔接。

三 总体成效

浙江省社会保障扶贫从实际出发，根据发展阶段进行动态调整，做到因地制宜，坚持扶贫和扶智并重，落实精准，使得贫困人员的生活水平得到了明显的改善，取得了良好的成效。

（一）以最低生活保障为基础的社会保障体系逐步健全

自从2001年浙江省颁布了全国首个《浙江省最低生活保障办法》的地方性政府规章以来，低保水平便成为浙江省民生保障的重要考量指标。由低保起步，目前，浙江省社会保障已经覆盖企业基本养老保险、城镇职工基本医疗保险、失业保险、工伤保险、生育保险、医疗救助、临时求助、集中供养等多个方面。2017年全年各项社会保险基金（含企业职工基本养老保险基金、机关事业单位基本养老保险基金、城乡居民基本养老保险基金、城镇职工基本医疗保险基金、城乡居民基本医疗保险基金、工伤保险基金、失业保险基金、生育保险基金）收入合计4675.45亿元，基金支出合计4021.56亿元。截至2017年底，全省社会保障卡持卡人数达到5251万人，持卡人数覆盖常住人口的92.82%。[①]

（二）基于精准扶贫理念的社会保障机制稳步巩固

近年来，浙江省加大落实精准扶贫精准脱贫的力度，强调精准导向、精准发力，从而也巩固了相对应的社会保障机制。近年来，基于社会保障

[①] 浙江省人力和社会保障厅：《2017年度浙江省人力资源和社会保障事业发展统计公报》，http://www.zjhrss.gov.cn/art/2018/4/3/art_1389530_17031724.html。

的社会转移支付已成为浙江居民尤其是低收入群体新增长点（详见第一章）。社会保障对浙江省提前实现"消除家庭人均年收入4600元以下贫困现象"任务功不可没。"'十二五'期间，浙江省财政每年向26个欠发达县市转移支付年均保持在300亿元以上，实现26个欠发达地区整体摘帽，消除绝对贫困现象。"[1] 2017年，全省城市平均月低保标准为739元，农村平均月低保标准为730元，分别增长9.0%和15.7%；同年浙江省共计支出医疗救助资金18.4亿元，比上年增长46%。[2] 针对低保、五保、"三无"对象这些迫切需要帮助的群体，加大供养率，切实发挥了低保制度对绝对贫困群体基本生活的兜底作用。

第二节　社会保险扶贫[3]

社会保险作为社会发展的稳定器，在很大程度上与扶贫的目的不谋而合。贫困人口中很大一部分是因为丧失劳动能力或患病，没有合理的保险体系，便不能通过就业发展来实现脱贫。通过强化社会保险，着力解决贫困人口失能或因病致贫的问题。因此，社会保险扶贫，既要提高养老保障水平；又要提高医疗保障水平，完善居民基本医疗保险和大病保险制度，真正让贫困人员老有所养、病有所医；还要从根本上保障贫困人口就业问题，提升相应的失业保险。

一　主要探索

（一）推进城乡居民养老保险制度，落实贫困群体的养老保险政策

以养老保险促进扶贫工作，最重要的就是统一标准，实现制度上的公平保证和资源上的和谐共享。通过推进城乡居民养老保险制度，保障城乡

---

[1] 浙江省人大农业与农村委员会：《关于我省扶贫发展情况的调研报告》，《浙江人大》（公报版）2016年第3期，第108—111页。

[2] 浙江省统计局：《2017年浙江省国民经济和社会发展统计公报》，http：//tjj.zj.gov.cn/tjgb/gmjjshfzgb/201802/t20180227_205759.html。

[3] 本章第二节、第三节年度数据，若无特殊原因，主要来源于2013—2017年《浙江省国民经济和社会发展统计公报》《浙江省人力资源和社会保障事业发展统计公报》。

居民特别是贫困群体的养老利益不受损、提高贫困群体的基础养老金。浙江省在落实贫困群体的养老保险制度上，强调对各类人员的全覆盖，同时做好相关的统计工作，对养老保险缴费困难的群体进行救助和帮扶，为困难群体代缴居民养老保险的费用。

第一，积极推进养老保险覆盖面。浙江省根据实际的情况，积极探索对城乡养老保险的全面覆盖，对持有《城乡居民最低生活保障证》《中华人民共和国残疾人证》《城乡低收入困难家庭援助证》等相关证件的特殊困难群体，均由政府设定相应的标准，并按此代缴城乡居民基本养老保险费，同时强调每月按时足额为贫困群体发放基本养老金。例如，2008 年浙江省就制订了"低收入群众增收行动计划"，强调统筹城乡发展，加快低收入农户致富的脚步，经过多年的发展，将符合条件的群众全部纳入低保，逐步提高相应的保障水平。至 2009 年全面建成城乡居民养老保险制度以来，参保率已达 95%，并且仍在不断提升。

第二，不断提升养老保障标准。浙江省积极调整既有的城乡居民基本养老保险制度，对于缴费档次、政府缴费补贴、待遇领取条件、个人账户继承等方面与国家政策进行了衔接。在缴费档次方面，统一调整为 100—1000 元内每增加 100 元为一档、1500 元、2000 元共 12 个档次，让困难群体有平等的自主选择权；同时在政府缴费补贴方面，针对各类的困难群体，出台了相对应的补贴额度。在待遇领取方面，推进城乡养老保险基础养老金标准改革，将相关标准由每人每月 80 元分步提升为每人每月 135 元，惠及多个困难群体（见表 5 - 1）。①

表 5 - 1　　　2012—2017 年浙江省养老保险基础养老金最低标准　　　单元：元

年份	2012	2013	2014	2015	2016	2017
基础养老金	80	80	100	120	120	135

---

① 杭州、宁波等地制定施行了各自的"城乡养老保险制度衔接暂行办法"。若无特殊注明，本章全省数据均源于浙江省统计局网站 2013—2016 年《浙江省统计年鉴》，2016 年数据来源于浙江省统计公报。

案例：嘉兴桐乡打造养老保险补贴惠民工程[①]

城乡居民养老保险的出发点在于统筹城乡，保障养老的公平性。致力于打造养老友好型城市的嘉兴桐乡市，在社会保险扶贫的工作中着力强调惠民、精准，积极出台针对困难群体的帮扶措施。

2009年桐乡市制定了《桐乡市被征地人员社会保障办法》，对被征地的困难群体实施了养老保险补贴，并按比例调整了养老金。2011年1月桐乡市政府发布《关于对困难群众参加城乡居民社会养老保险给予个人缴费补贴的通知》，切实解决困难群众的养老难题。2013年桐乡则将此项工作列入年度"惠民实事工程"，要求进一步加大困难群众社会养老保险补贴力度，提高低保家庭人员、重残人员、低收入家庭人员及其他残疾人员养老保险补贴力度。同年，桐乡市将1300多名困难群体纳入城乡居民养老保险的范畴，并详细制定了实施方案。截至2013年年底，500多名困难群众先后领到缴费补贴，涉及金额25万余元；586名低保户、226名残疾人作为第一批财政直补人员享受每人500元缴费补贴；17名超过60周岁无保障困难人员落实养老待遇，享受普惠制基础养老金。

针对不同性质的困难群体，桐乡市政府进一步规范补贴流程。其做法主要有：第一，扩大补贴范围。持有《城乡居民最低生活保障证》《中华人民共和国残疾人证》《城乡低收入困难家庭援助证》的困难群体均可享受补贴。第二，完善补贴标准。对持有《城乡居民最低生活保障证》并在享受期内的城乡居民和持有《中华人民共和国残疾人证》的残疾人员（残疾等级为一级、二级）在缴纳城乡居民社会养老保险期间的缴费补贴，由原来每人每年300元提高到每人每年500元；对持有《城乡低收入困难家庭援助证》并在享受期内的城乡居民和持有《中华人民共和国残疾人证》的残疾人员（残疾等级为三级、四级）在缴纳城乡居民社会养老保

---

① 案例根据《浙江桐乡市发放困难群众养老保险个人缴费补贴》，http://zj.people.com.cn/n/2015/1210/c186952-27286547.html、《我市三举措圆困难群众"老有所养"梦》，http://www.txlss.gov.cn/0501/2453.htm、《桐乡市加大困难群众社会养老保险补贴力度》，http://www.qzmzj.gov.cn/show-39-7730-1.html、《老有所养病有所依孤有所爱》，http://txnews.zjol.com.cn/txnews/system/2012/02/11/014731414.shtml、《桐乡多措并举促社会保障提档升级》，http://txnews.zjol.com.cn/txnews/system/2016/03/02/020229127.shtml等编著。

险期间的缴费补贴,分别由原来的每人每年150元、每人每年100元提高到每人每年300元、每人每年200元。第三,落实补贴经费。自2011年开始对低保和低收入人员参加城乡居民社会养老保险已缴费对象发放个人缴费补贴以来,涉及补贴人员3430人,为全市低保和低收入人员减轻了经济负担,减少了后顾之忧、提升了生活质量。

2016年,桐乡依据自身发展水平,对被征地人员的养老基本生活保障待遇进行了调整,由每人每月624元提高至654元。同年,桐乡的低保标准提升至每人每月664元,全年共发放低保金及生活补贴1884.5万元,针对困难家庭参加城乡居民社会养老保险的人员发放缴费补贴共计560人,42万元。

第三,探索养老保险方式与困难群体生活保障制度的衔接。在推进开展城乡居民养老保险制度的过程中,须充分考虑贫困人口的相关生活保障,根据致贫的原因考虑出台针对性的措施。浙江省为失地的农民出台了相关的养老保险政策,为其设置了与低保相当待遇的缴费标准、提高参保人员的待遇标准等,进一步保障该类困难群体的养老问题。同时,浙江省还主要针对低保、五保、"三无"对象这些迫切需要帮助的群体,加大供养率,在城市社区建立居家养老服务站和农村的"星光老年之家",在基层设立养老服务指导中心增设床位。据浙江省统计局的调查显示,2017年,浙江省新增机构养老床位2.13万张,新建了2150个居家养老服务照料中心。目前,居家养老服务照料中心已成为诸多城乡老人的社会生活中心。(见图5-1)

(二) 完善贫困群体医疗保险体系,加大贫困群体的医疗补贴力度

第一,保障困难群体的基本医疗待遇。2014年年底,浙江就在全省11个市区制定了统一的城乡居民基本医疗保险制度,使得城乡医疗保险体系更加公平合理。同时,浙江省也逐年提高居民参与基本医疗保险的政府补贴标准,对60周岁以上城乡老年居民医疗保险的缴费由政府给予每人相应的100元缴费补贴,特别是针对贫困群体如农村的五保户、低保户等,个人承担的部分也可由政府全额补贴,有效保障贫困群体的基本医疗待遇。2016年,浙江进一步提高了年度医疗保险筹资的标准,政

图 5-1　武义县安凤村居家养老服务照料中心

府补助也同步增加，城乡医保的报销封顶线从 24.9 万元提高到了 26.9 万元。①

第二，提升困难群体大病医保的报销比例。针对因病致贫、因病返贫等支出型贫困，浙江推出和完善了大病保险。浙江相继出台了《浙江省人民政府办公厅关于开展城乡居民大病保险工作的实施意见》（浙政办发〔2012〕150 号）《浙江省关于进一步完善大病保险制度的通知》（浙人社发〔2017〕135 号）和《浙江省人民政府办公厅关于加快建立和完善大病保险制度有关问题的通知》（浙政办发〔2014〕122 号）。目前已实现大病医保的全省覆盖，其范围从原来的城乡居民拓展到包括职工在内的全体基本医保参保人员。浙江省对于贫困人口在大病保险上给予一定的倾斜，大力提高贫困群体的报销比例，将贫困群体全部纳入重特大疾病救助范围，实施三次报销的制度，极大减轻了困难群体患者的医疗费用负担。2016年，浙江大病保险基金收入 18.8 亿元，支出 15.8 亿元，全省大病保险受

---

①　《2016 年度城乡居民医疗保险参保工作开始了》，http://cs.zjol.com.cn/system/2016/07/22/021238050.shtml。

益人数达28.5万人。①

第三，加强因病致贫的群体医疗服务机制，建立一站式服务。贫困群体在医疗保险报销的过程中往往会产生报销不及时、拖延等问题。有鉴于此，浙江省依托基层卫生服务网络，建立了"一站式"的服务机制：第一步，仔细核对困难群体中因病致贫、返贫的家庭及病员的具体情况；第二步，对需要治疗的患者根据不同的情况进行分类诊治；第三步，对于困难群体住院进行先诊疗后付费的方式，实现基本医疗保险、大病保险、疾病应急救助、医疗救助"一站式"信息交换和即时结算。②

第四，明确政府的职责定位，建立综合性的医疗保险体系。采用综合性的医疗保险体系能够有效地解决相关的贫困问题，全面地覆盖受助群体，保证社会保险扶贫的公正性。如海宁市推出的五位一体医疗保险扶贫体系，提出建立"基本医保+大病医保+民政救助+慈善救助+社会力量帮扶"五位一体的医疗保险扶贫体系，通过界定准确的帮扶对象、明确合理的诊疗项目、划定合理的医疗救助标准开展医疗保险扶贫。③

（三）提升贫困群体失业保险待遇，抵御失业贫困

失业保险制度在抵御失业贫困和维护社会稳定方面发挥了积极的作用。失业保险是通过立法执行的，向社会集中筹集资金，对原有就业中途失去生活来源的劳动者提供一定时期的基本生活保障并帮助其实现再就业的社会保障制度。但不少地方的失业保险待遇金从失业者及家庭的最低生活需求出发，因过分强调救助性，往往会加剧失业贫困，对原有的低保群体造成更严重的影响，存在救济有余而再就业激励不足的困境。④ 有鉴于此，浙江一方面积极提升失业保险待遇以充分发挥失业保险制度的社会救济功能，抵御失业贫困；另一方面，通过不断强化失业保险资金使用率、

---

① 《浙江省医保改革瞄准"三突破"》，http://www.gov.cn/xinwen/2017-05/10/content_5192341.htm。
② 《让贫困人口看得起病少生病》，人民网（http://politics.people.com.cn/n1/2016/0622/c1001-28467477.html）。
③ 《浙江海宁市创新大病医疗报销新机制，提高困难群体获得感》，http://www.3news.cn/news/2016/1122/169280.html。
④ 杨翠迎：《我国失业保险金功能异化及失业贫困问题分析——基于社会保障待遇梯度的比较视角》，《云南社会科学》2014年第1期，第156—161页。

提高失业保险的参保率和再就业促进工作等，发挥失业保险的再就业激励功能（见表5-2）。

表5-2　　　　2012—2017年浙江省失业保险参加人数　　　　单位：万人

年份	2012	2013	2014	2015	2016	2017
参加失业保险人数	1065.4	1144.3	1210.4	1260	1317	1382.85

二　帮扶成效

浙江省的社会保险扶贫，依托原有的保险体系，在原有的养老保险、医疗保险、失业保险等基础上，加大对贫困人口的政策倾斜，改善贫困群体的生活，取得了良好的成效。主要包括以下几点：

（一）社会保险扶贫的政策体系日益完善

浙江省积极利用社会保险的扶贫功能，针对残疾、"4050""征地农民""困难群众"等在养老、医疗、失业等方面出台了一系列的政策，积极加大帮扶力度（见表5-3）。如针对"4050"人员，2006年就出台了"4050就业困难人员养老保险补贴政策"和"4050就业困难人员医疗保险补贴政策"。针对"计划生育特殊困难家庭"，2013年浙江发出两份通知在养老保险和医疗保险领域给予专项支持。通过这些政策，浙江切实地完成了精准扶贫、精准脱贫的工作目标，为今后低收入群众帮扶工作奠定了扎实的制度基础。

表5-3　　　　浙江省在社会保险扶贫领域所出台的相关政策办法

扶贫领域	出台的政策
养老保险	关于城镇贫困残疾人个体户参加基本养老保险给予适当补贴有关问题的通知〔2005年〕
	"4050"就业困难人员养老保险补贴政策〔2006年〕
	困难群众参加城乡居民养老保险优惠补贴办法〔2011年〕
	关于进一步做好计划生育特殊困难家庭（指独生子女发生三级以上伤残或死亡、未再生育或收养子女的家庭）养老保障工作的通知〔2013年〕
	征地补偿和被征地农民基本生活保障办法〔2014年〕
	浙江各地被征地农民基本生活保障与相关养老保险制度的衔接办法〔2014年〕

续表

扶贫领域	出台的政策
医疗保险	"4050"就业困难人员医疗保险补贴政策〔2006年〕
	关于进一步做好资助困难群众参加基本医疗保险的通知〔2011年〕
	关于进一步做好计划生育特殊困难家庭（指独生子女发生三级以上伤残或死亡、未再生育或收养子女的家庭）医疗保障工作的通知〔2013年〕
	浙江省人民政府办公厅关于加快建立和完善大病保险制度有关问题的通知〔2014年〕
	全省医保实现同城互认的政策〔2016年〕
	推出职工基本医疗保险个人账户实现"家庭互济"〔2016年〕
	浙江省人社厅关于进一步完善大病保险制度的通知〔2017年〕
失业保险	出台企业吸纳就业困难社保补贴政策〔2009年〕
	扩大失业保险基金支出范围〔2012年〕
	浙江省出台阶段性降低失业保险费率的政策〔2015年〕
	出台完善扩大失业保险稳岗补贴政策〔2015年〕

（二）社会保险扶贫服务体系不断加强

浙江着眼于服务民生、扶贫济困的宗旨，不断落实提质扩面、应保尽保、优化服务，一方面出台多项针对贫困群体的养老保险政策，全面推行医疗保险发挥大病医保的意义，另一方面建立了城乡居民养老保险制度、城乡居民基本医疗保险制度，加大社会保险的覆盖面，提升帮扶和城乡统筹力度，积极推进整体的社会保险服务体系的建设，充分地发挥了维护社会稳定"安全网"和收入分配"调节器"的功能。2012—2017年，浙江的五项保险参保人数就从7600多万人扩展到9371多万人，增长了22.75%。其中，失业保险增长了29.85%，增长率列第一；生育保险增长28.50%，增长率位居第二（表5-4）。[①]

表5-4　　　2012—2017年浙江省各类社会保险参加人数　　　单位：万人

年份	2012	2013	2014	2015	2016	2017
企业基本养老保险	2083	2272	2442	2398	2323	2500.66

---

① 数据来源于2013—2017年《浙江省国民经济和社会发展统计公报》和《浙江省人力资源和社会保障事业发展统计公报》。

续表

年份	2012	2013	2014	2015	2016	2017
城镇职工基本医疗保险	1671	1790	1900	1993	2018	2117.44
失业保险	1065	1144	1210	1260	1317	1382.85
工伤保险	1731	1826	1899	1930	1881	1977.17
生育保险	1084	1173	1248	1285	1294	1392.97
累计	7634	8205	8699	8866	8833	9371.09

(三) 贫困群体社会保障水平逐步提高

通过社会保险扶贫，贫困群体的社会保障水平有了进一步的提升，着力解决了贫困人口在养老、医疗、就业等方面的问题。在养老保障方面，为保障贫困群体的养老利益不受损，浙江着力提升贫困群体的基础养老金，充分实现了养老保险全面统筹，扩大了基金调剂范围，增强了抗风险能力。此外，为保证流动贫困人口的社会保险利益，浙江推出了保险关系跨地区转移接续政策。特别是在医疗保障方面，浙江省在全国范围内率先实现了城乡居民基本医疗保险，3000多万居民实现一卡通。医保参保率高达95%，门诊费用报销比例提高到50%左右，住院费用报销由62%提高到75%，全民医保体系基本形成。[①] 在提升医保公平性和待遇水平的同时，加强了贫困群体的大病医保，防止因病返贫、因病致贫，减少灾难性支出。浙江省在大病保险实现了全省全覆盖，大病保险享受待遇人数近30万人，极大地减轻了大病患者的医疗费用负担。

(四) 政府的服务素质及其公信力逐步提升

在政府社会保险扶贫工作的开展过程中，始终秉持着以服务促大局的精神理念，努力保障困难群体的权益，为参保人员提供高效、优质的服务。目前浙江省的社会保险扶贫以信息化为基础全面提升了整体的保障管理能力，着力完善了贫困人口建档立卡、贫困人口退出机制，并与社会保障管理信息系统实现数据共享，做到信息的公开化、透明

[①] 《浙江城乡居民基本医保率先并轨 3200万居民实现一卡通》，http://biz.zjol.com.cn/system/2016/02/10/021019045.shtml。

化，保障社会保险扶贫的公正性。政府在扶贫工作中服务素质的提升不仅带动了自身工作效率，同时也增加了困难群众对于政府扶贫工作的信任度。

第三节 社会救助扶贫

社会救助制度是社会保障体系的最后一道防线，也是解决贫困问题和整个社会的安全网。浙江省以最低生活保障制度为基础，有针对性地开展了生活、医疗、教育、临时方面等的救助政策与服务体系。2014年，浙江省人大审议通过了《浙江省社会救助条例》，以地方法规的形式规定了各级政府的责任，推动了社会救助的系统性开展。

一 主要探索

(一) 完善最低生活保障制度，实现低保兜底扶贫

最低生活保障制度是整个社会保障体系中的最底层"安全网"，完善最低生活保障制度，全面实现低保兜底是社会救助的核心。通常，最低生活保障救助的对象重点集中于因病残、丧失劳动能力以及生存条件恶劣等原因造成生活常年困难的居民。

2001年，浙江省于全国率先颁布了"最低生活保障办法"的地方性规章制度，将最低生活保障水平列入社会保障的重要考核指标，并以标准不断提升的低保制度不断夯实反贫困的成果。2012年浙江省公布扶贫标准4600元时，浙江省城乡低保平均标准分别为每人每月476.78元和350.03元，城镇7.8万人已全部超过贫困线，近60万农村低保人员的低保收入也已达到贫困线的91%。至2015年浙江省全面消除家庭人均年收入4600元以下贫困户时，农村低保人员按每人每月570元的标准全年收入已超贫困线。城乡标准日渐统一，农村发放标准占城市标准的比重已由2005年的58%提升为2017年的98.78%，杭州、宁波、义乌与云和等实现了统一的城乡低保标准。浙江省明确提出在"十三五"期间，开展将"支出型贫困"纳入最低生活保障的工作探索，进一步扩大低保对

象的覆盖面。①

（二）强化特困人员生活救助，提高特困人员照护水平

特困人员主要是指那些无劳动能力、无生活来源的城乡老年人、残疾人以及未满 16 周岁的未成年人。2016 年国务院出台了关于健全特困人员救助供养制度的意见，强调保障特困人员基本生活是提升整个社会救助扶贫体系的重要措施。浙江省早在 2012 年在推进特困人员生活救助的工作方面，就制定了相关措施，特困人员的集中供养率保持在 90% 以上，切实保障了特困人员的基本生活。

第一，明确供养救助的内容和标准。针对不同的贫困群体，提供对应的救助方式，提升特困人员的救助力。例如，2012—2015 年间，持证重度残疾人的人均补助金额从 2987 元提升到了 7329 元，增长了 1.45 倍（见表 5-5）。第二，统筹救助制度。在开展特困人员救助供养的过程中，要加强其他制度如最低生活保障制度、医疗保险、养老保险等。第三，规范制度内容，提升服务质量。浙江省对五保对象、城镇"三无"人员等符合救助条件的群众进行了全面普查，并按照规定要求严格实行"一人一档"。

表 5-5　　2012—2015 年浙江省低收入家庭持证重度残疾人情况

单位：万人、亿元、元

年份	2012	2013	2014	2015
受补助人数	7.7	8.9	9.6	7.3
补助金额	2.3	4	4.8	5.35
人均补助金额	2987	4494	5000	7329

（三）健全医疗救助制度，减轻贫困群体的医疗负担

早在 2008 年浙江省就下发了加强和改进医疗救助的相关文件，要求在医疗救助扶贫工作中，加大医疗救助筹资力度，全面推行门诊和住院救助。此后，相关工作得到不断的改进与优化。浙江省的医疗救助推进，主要从

---

① 浙江省人大农业与农村委员会：《关于我省扶贫发展情况的调研报告》，《浙江人大》（公报版）2016 年第 3 期，第 111—112 页。

三个方面进行：第一，扩大医疗救助对象覆盖范围。全省多地将最低标准 150% 以内的困难户纳入救助的范围，同时提高救助的比例。第二，大力筹集医疗救助资金。《2017 年浙江省民政事业发展统计公报》披露，2017 年全省共安排医疗救助资金 15.2 亿元。其中，直接救助 320.9 万人次，支出 12.1 亿元。第三，提升医疗救助工作的效率。通过提高住院救助比例和封顶线。加大对特困供养、低保、低保边缘、因病致贫对象的救助比例。数据显示，2016 年分别达到 100%、70%、60%、50%；同时，提升年度救助封顶线至 8 万元；加大门诊救助力度，符合救助条件的特殊病种患者门诊救助比例参照住院标准执行，对其实行慢性病门诊最高 2000 元的救助。[1]

（四）开展贫困家庭子女教育救助，保障教育公平

扶贫必扶智。百年大计，教育为本。教育救助是保障公民依法享有平等的受教育的权利，优化资源的配置缩小城乡之间的教育差距、加强贫困地区人力资本投资、实现教育扶贫的重要举措。浙江省为保障贫困家庭子女接受教育，实施了一系列的教育救助措施。首先，落实"两免一补"政策，为城乡义务教育的学生免除学杂费，对生活困难的寄宿生给以生活费补助。其次，大力开展贫困学生的资助工作。为保障资助工作落到实处，浙江省整合各项帮扶资源从加强排查机制、实行"一人一档"信息动态管理、建立关爱机制三个方面对贫困家庭的子女进行教育救助，保障教育公平。

（五）全面推进临时救助，实现救急解难

临时救助是一项解救急难的社会救助制度，临时救助对于推行精准扶贫、缓解困难群体的生活压力具有重要的意义。浙江省于 2016 年制定了《浙江省临时救助办法》，强调细化救助标准、规范内部审核流程、建立救助转介和服务转介流程等。更要求加大资金筹集力度，严格落实财政资金使用规定，做到专款专用。省补资金与地方筹资的合计支出率须达到 90% 以上，不计省补资金，县（市、区）自筹的临时救助资金，要按常住人口人均 4 元筹集。[2]

---

[1]《全省扶贫办主任座谈会交流材料》，http：//www.zjfp.gov.cn/html/main/jyjlView/3136.html。
[2]《〈浙江农办简报〉（2016 年第一期）扶贫开发专刊》，http：//www.zjfp.gov.cn/html/main/gzjbView/3012.html。

例如，丽水市莲都区通过以下两个方面的创新有效扩大了救助覆盖面、提高了救助水平、优化了社会救助氛围，为促进当地社会和谐发展做出了贡献。第一，社会救助关口前移，及时发放救助资金。针对家庭灾难性支出意外变成贫困群体的受众前期未进行相关登记，申请临时补助比较困难的情况，将救助权利赋予乡镇街道。经过社会救助后，仍然有困难的群体，可以提出申请再次救助，民政部门依据对象困难程度，给予再次救助。第二，规范社会救助中的灾后救助。灾后救助虽然是事后救助，但是从另一个层面来看，灾后救助又是扶贫的事先救助。该区在第一时间保障灾民生活和灾区救援，做好社会爱心款物的接收、发放和公布，调动各方资源实现贫困群体受助的及时性和高效性。[1]

二　帮扶成效

（一）最低生活保障制度不断提升，精准扶贫得以落实

第一，扶贫范围不断扩大。浙江省作为全国率先推行城乡最低生活保障制度的省份，从开始就提出"统筹考虑城镇居民和农村居民基本生活的需要，实行城乡联动、整体推进"。[2] 2001年，浙江省政府正式颁布了《浙江省最低生活保障办法》，将20多万农民正式纳入社会保障范围，在推进最低生活保障城乡一体化进程中迈出了关键的一步。自《办法》实施后的几年，浙江省的扶贫范围不断扩大。浙江省统计局统计公报数据显示，2001年年末，全省共有最低生活保障对象达26.6万人。2017年年底，浙江省在册低保对象共计81.4万人。2001—2017年，纳入低保的城镇居民由3.4万人扩展到22.3万人，纳入低保的农村居民由23.2万人扩展到59.2万人。

第二，低保标准不断优化。2000年浙江的低保资金支出为1亿元，2001年净增4000万元至1.4亿元，到2005年增至5.6亿元，再到2017年达到了41.45亿元，低保资金支出增长了近42倍。仅2012—2017年五年期间，低保资金支出就增长了135.51%（表5-6）。

---

[1] 《丽水市莲都区社会救助工作呈现"四大亮点"》，http：//mzj.lishui.gov.cn/news_show.php?cid=96&id=9410&pid=94。

[2] 吴稼稷：《浙江省最低生活保障制度研究》，硕士学位论文，浙江大学，2008年，第3页。

表 5-6　　　2012—2017 年浙江省"低保"人数及资金支出[③]　　单位：万人、亿元

年份	2012	2013	2014	2015	2016	2017
低保人数	67.5	62.9	60.5	66.5	84.1	81.5
低保金支出	17.6	23.1	21.9	25.8	33	41.45

具体看，城乡低保标准分别由 2006 年的每人每月 146 元和 72 元提升到 2017 年的每人每月 739 元和 730 元，分别增长了 5.06 倍和 10.14 倍，城乡低保标准日趋并轨，由 2006 年 2.03 倍压缩为 2016 年 1.01 倍（表 5-7）。

表 5-7　　　2012—2017 年浙江省城乡低保月均补助标准　　　单位：元/人

年份	2006	2010	2011	2012	2013	2014	2015	2016	2017
城镇低保标准	146	376.7	441.2	476	515	587	653	678	739
农村低保标准	72	245.2	307.1	350	393	487	570	631	730
城乡比	2.03	1.54	1.44	1.36	1.31	1.21	1.15	1.07	1.01

第三，扶贫对象的权利逐步提升。社会保障扶贫工作中的核心问题便是扶贫资金的落实问题。扶贫资金的落实不仅能够保障扶贫工作顺利进行，同时也体现了贫困群体的权利得到保证。在 2001 年所颁布的《浙江省最低生活保障办法》，浙江就创新性地提出和明确了资金的分配以及扶贫对象如何申请诉讼等方式。《办法》将按一级级派发人头指标的旧有做法，改为贫困户口申请、审查通过、公示确认三步程序，并在过程中不断完善操作，在保证公平、公正和公开的前提下推进工作的便利化（见图 5-2）。通过相关改革，群众和扶贫对象的知情权得到了大幅度的提升，他们的申请行政复议和提起行政诉讼的权利也得到了保障。

（二）各类社会救助全面推进，基本民生得以保障

第一，住房救助力度不断加强。社会救助的全面覆盖还体现在住房救助上，加大农村住房救助力度，加强五保集中供养工作。2005 年，浙江省政府下发了《关于进一步完善新型社会救助体系的通知》，要求全省所有市县在 2006 年全面实施廉租房制度，人均住房建筑面积在 12 平方米以下

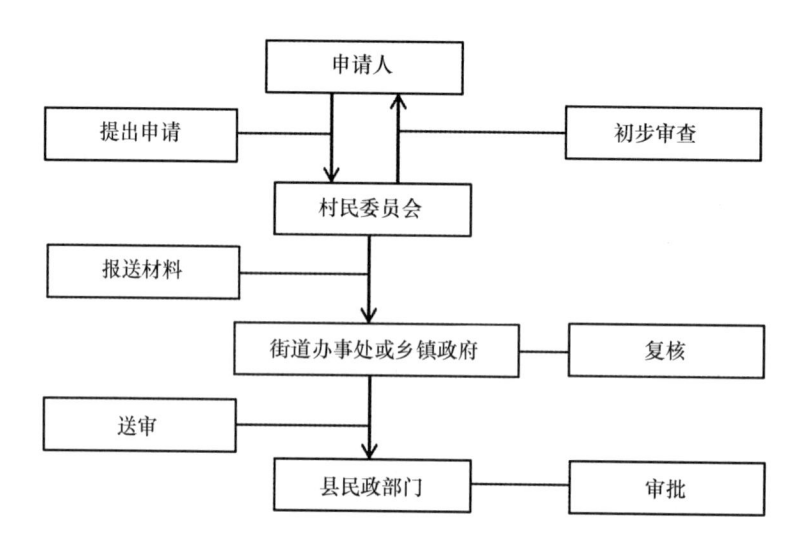

图 5-2　浙江省农村居民最低生活保障制度申领程序

的困难家庭必须获得住房救助。①

2007—2011 年，义乌市财政每年提供 100 万元专项扶持资金，用于农村困难群众住房救助。为进一步规范救助办法和方式，2012 年义乌市政府出台了《义乌市农村困难群众住房救助实施办法》，规定住房救助采取以修缮为主，以租用、新建、扩建和改建为补充的方式，并将修缮与新建、扩建、改建住房的最高补助金额分别提升为每户 2.4 万元和 4 万元。②2016 年，浙江把完成 2 万户农村困难家庭危房改造列入十方面民生实事。（见图 5-3）

第二，残疾人扶贫救助得以提升。残疾与贫困往往具有同源性，因此扶贫工作的开展往往离不开解决残疾人的贫困问题。浙江对全省户籍的持证残疾人实施基本生活保障工程、康复工程、就业培训工程等，努力让残疾人得到最大的帮助。

2008 年，浙江省政府发布了《浙江省残疾人基本生活保障工程实施

---

①　叶健、傅丕毅：《浙江困难家庭将获住房救助》，http：//news.sohu.com/20051224/n241112897.shtml。

②　贾振伟：《义乌农村困难群众住房救助：住房修缮最高补助 2.4 万》，http：//zjnews.zjol.com.cn/05zjnews/system/2012/05/09/018477114.shtml。

图 5-3　武义县上黄村政府援修建房

方案》和《关于实施残疾人共享小康工程的意见》。2009 年，浙江省人大通过《浙江省福利企业资格认定办法》和《浙江省残疾人保障条例》。"十一五"期间，共扶持 10 万名残疾人实现脱贫，帮助 21130 户农村贫困残疾人家庭改善居住条件。①

在 2009 年"0 至 6 岁贫困残疾儿童抢救性康复"等五大专项助残行动的基础上，2011 年，浙江将免费得到政府的康复资助的优惠政策扩大到所有残疾儿童。2016 年，浙江省相继发布了《关于加快推进残疾人全面小康进程的实施意见》《浙江省困难残疾人生活补贴实施办法》和《浙江省重度残疾人护理补贴实施办法》，推行困难残疾人生活补贴、重度残疾人护理补贴、康复补贴和社会保险补贴，符合条件的残疾人，可同时申领以上四类残疾人福利补贴，且四类补贴不计入城乡低保和低保边缘家庭的收入。

第三，临时救助实现救急解难。2011 年《浙江省城乡居民临时救助办法（试行）》要求对由于突发性、临时性等原因导致基本生活暂时出现特别困难的家庭进行救助，由各级政府合理安排临时救助所需资金，并纳

---

①《浙江 5 年帮扶 10 万残疾人脱贫》，http：//mzt.zj.gov.cn/il.htm? a = si&id = 4028e48132aebf0b0132ebcab7f70160&key = main/16。

入当地财政预算。2015年,在结合《浙江省社会救助条例》的基础上,浙江省修订推出了《浙江省城乡居民临时救助办法(试行)》。办法要求从2016年起,加大资金筹集力度,严格落实资金的使用,省补资金与地方筹资的合计支出率须达到90%以上。

第四,医疗救助缓解群众忧虑。社会救助扶贫还体现在医疗救助方面,完善医疗救助制度,实现因病致贫因病返贫群体的"保障性"脱贫。浙江省针对特定的群体(城乡低保对象、特困供养人员、建档立卡贫困户),取消医疗救助病种限制,提高了救助水平。加大专项医疗救助资金的投入力度,实行对低收入农户健康体检的全覆盖。实施了医疗救助的"一站式"结算服务,2016年全年支出医疗救助资金将近10亿元。

第五,教育救助实现社会公平。浙江省在教育扶贫救助方面主要体现在:首先是信息的完善,通过借助信息化的技术和手段了解各类困难家庭的致贫原因,对不同的情况进行分类建立完善贫困家庭学生的档案;其次是信息的共享,建立贫困家庭学生信息与社会救助信息系统之间的对接,实现各自平台数据的共通共享;最后是教育帮扶,对人均年收入低于4600元的家庭子女、五保供养的未成年人、残疾幼儿等贫困群体予以重点关注,开展精准的教育帮扶,实现社会公平。

(三)社会救助信息化加快,扶贫信息确保公开

社会保障机制的细化提升还体现在社会救助的信息化加快上,社会救助得以精准进行。社会救助信息化建设主要体现在两个方面,一方面是对家庭经济状况核对信息平台建设,通过完善各级核对机制(要求各级详细核对平台完成与省级核对平台的联网工作,实现数据的共享),从而真正做到社会救助对象识别的精准性;另一方面是对社会救助信息管理系统建设,通过完善低保数据医疗救助、临时救助、教育救助、住房救助等数据的录入和管理,从而实现社会救助信息系统与其他信息系统的相互链接,使困难对象的数据信息得以共享,为实施日后的具体的救助扶贫如教育救助、住房救助等打下扎实的基础。浙江省专门成立了扶贫信息网(见图5-4)。实时公开相关的扶贫资讯、扶贫政策,详细地介绍具体的扶贫工程和扶贫行动,着力打造阳光扶贫。公开显示救助帮扶的具体情况及其救助的进程成效,让公众对于社会救助扶贫行动的开展更有信心。

图 5-4 浙江省扶贫信息网

第四节 小结与思考

2015 年国务院出台的《关于打赢脱贫攻坚战的决定》,明确指出"十三五"期间要"将精准扶贫、精准脱贫作为脱贫攻坚的基本方略。要实现贫困人口如期脱贫,贫困县全部摘帽,必须着力于精准,改革现行扶贫思路和方式"。[①] 在具体的实行过程中,通过发展生产脱贫一批、易地扶贫搬迁脱贫一批、生态补偿脱贫一批、发展教育脱贫一批、社会保障兜底一批的"五个一批"政策,逐步形成脱贫攻坚的整体性,以政府主导、社会合力的实行方式,落实精准扶贫、精准脱贫的目标,确保所有贫困地区和贫困人口一起迈入小康。"社会保障兜底一批"强调政府应承担"兜底"的责任,为困难群体实施低保政策,保证他们的基本生活。浙江之所以能领先全国的速度与标准率先脱贫,除借助市场化力量以产业化大力发展之外,社会保障体系建设与完善起了关键的作用。

---

① 《中共中央关于打赢脱贫攻坚战的决定》,人民网,http://politics.people.com.cn/n/2015/1208/c1001-27898134.html。

一 简要结论

（一）社会保障建设以系统性兜底帮扶贫困人群

社会保障的目标在于"解决所有需要帮扶群体的最基本生存需要，把分享社会发展成果作为发展中的更高层次，让他们重新回归社会，减少社会排斥，防止贫困的再度恶化，促进经济社会持续和谐发展"[①]。因此，社会保障体系不仅仅是一种福利保障，更是一种政治道德的承诺和责任的体系。浙江省在建设社会保障制度的过程中一直秉承这一点，在完善原有五险一金的社会保险体系的基础上，不断根据实际需求细分类型并及时加大社会救助的帮扶力度，提升整体的社会保障体系的功能。例如，在社会保险领域，浙江就划分为养老保险、医疗保险、失业保险、工伤保险和生育保险五个类型，并将养老保险再细分为企业职工基本养老保险基金、机关事业单位基本养老保险基金、城乡居民基本养老保险基金三个子类型。在传统低保、残疾、职工的划分的基础上，将失地农民和农民工纳入保障体系。例如，2016 年，全省 507.09 万被征地农民参保人中，有 324.11 万人参加了职工基本养老保险，182.98 万人参加了基本生活保障。[②]

为推进大社保体系，浙江省不仅出台了《浙江省职工基本养老保险条例》《浙江省社会救助条例》等地方性法规，制定了《浙江省统筹城乡发展推进城乡一体化纲要》《浙江省社会福利发展规划（2006—2010）》《浙江省"十一五"大社保体系建设规划》等规划，实施了《浙江省人民政府办公厅关于开展城乡居民大病保险工作的实施意见》《浙江省困难残疾人生活补贴实施办法》和《低收入农户认定标准、认定机制及动态管理办法》等一系列政策，还鼓励各市县出台相应的政策与标准，积极形成一个覆盖全体、重点突出、多主体参与的大系统。

（二）社会保障建设以城乡一体帮扶贫困人群

城乡一体，一直是浙江经济发展的目标，社会保障建设也不例外。早

[①] 周苑：《中国城市贫困群体的社会保障政策与措施研究》，硕士学位论文，武汉科技大学，2008 年，第 50 页。

[②] 浙江省人力和社会保障厅：《2016 年度浙江省人力资源和社会保障事业发展统计公报》，http://www.zjhrss.gov.cn/art/2017/05/31/art_ 1985037_ 2369796.html。

在 20 世纪 90 年代中期，浙江就开启了推进城乡一体的社会保障建设。2001 年出台的《浙江省最低生活保障办法》和 2004 年颁发的《浙江省统筹城乡发展推进城乡一体化纲要》，从制度上对以社保等推进城乡一体化做了规定，有效地促进了贫困帮扶工作的城乡一体化。以低保为例，城市低保标准和乡村低保标准的比值由 2006 年的 2.03 倍持续地降为 2017 年的 1.01 倍。从绝对数量看，2006—2011 年，城乡低保标准分别增长了 296 元和 235 元；从 2012 年开始，农村低保标准增加额度开始反超，当年城镇增加 35 元、农村增加 43 年；2012—2017 年，城乡低保标准分别提高了 263 元和 380 元（见表 5-7、图 5-5）。[①]

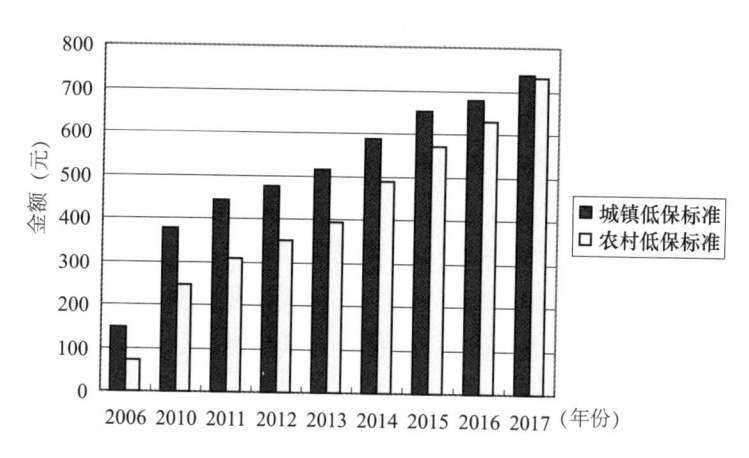

图 5-5 浙江省城乡低保月均标准变化

（三）社会保障建设以标准提升帮扶贫困人群转型

社会保障根源于社会化大生产发展的需要。"社会上不能劳动的人分为两类：一类是还不能劳动的成员，另一类是已经不能劳动的成员。在自然经济时期，这些不能劳动的人的生活保障是由某个个体或家庭承担，不存在、也不需要社会保障。但是社会化大生产，对社会保障提出了客观需要，社会化程度越高，对社会保障的要求也越高。"[②] 无论是低保标准、贫

[①] 数据均根据浙江省统计局网站 2001—2016 年《浙江省统计年鉴》计算所得。
[②] 金兴华：《论政府的社会保障功能定位及完善》，《学术交流》2013 年第 10 期，第 32—35 页。

困线、住房救助、临时救助，还是大病救助、城乡居民基本养老金发放，浙江均随时间而不断提升（表5-7、图5-5）。早在2006年，浙江就基本形成了低保资金自然增长机制、低保标准调整和物价上涨补贴机制。2006—2016年，低保标准占当年城乡居民收入的比重分别由9.59%提升至17.22%、11.83%提升为33.11%。按贫困线标准算，2007年浙江贫困线为2300元，当年城乡低保标准年收入分别相当于86.54%和50.32%；2016年则分别提升至新标准的191.61%和178.33%。① 浙江的社保建设，有效地促进了反贫困工作从对绝对贫困的脱贫攻坚转移到了对相对贫困的帮扶。

二 发展思考

社会保障不仅是为个体提供保障的社会安全网络，由于经济发展和民众对社会公平需求的正相关性，社会保障以托底的方式能较好地化解因贫富分化所带来的社会冲突，它还构成了为社会整体提供安全的社会安全网络。在现代社会，对社会保障体系的重视，再怎么强调都不过分。社会保障体系的调整与完善，已构成了发达社会的国内政策重心之一。浙江社会保障体系的建设、发展与完善，以社会保障不断巩固和提升反贫困的成果，已成为"浙江经验"的重要内容。

习近平总书记多次强调："做好经济社会发展工作，民生是'指南针'"，"必须坚持发展为了人民、发展依靠人民、发展成果由人民共享，作出更有效的制度安排，使全体人民在共建共享发展中有更多获得感"。以民生为指南针做好经济社会发展工作，就是要强调社会政策的重要性，突出发展的人民性、公正性和普惠性，积极推进社会发展与经济发展的同步、社会政策与经济政策的同步。② 且人均收入水平越高，就越须重视和发挥社会政策的积极作用。20世纪90年代中期以来，浙江就有意识地发布社会政策推动社会建设，2004年更是以"平安浙江"系统化地推进社

---

① 数据均根据浙江省统计局网站2001—2016年《浙江省统计年鉴》计算所得。
② 陈光金、杨建华主编：《中国梦与浙江实践·社会卷》，社会科学文献出版社2015年版，第270—277页。

会建设，不断扩展社会安全观念，着力构筑社会安全网络，以开放、负责、可持续的姿态将越来越多的人纳入体系，有效地促进了城乡均衡和区域均衡发展，保障弱势群体的生活。进入"后扶贫时代"的浙江社会保障建设，应进一步加大城乡统筹与区域统筹的力度，积极借鉴发达国家的经验，推动贫困线与低保标准的融合，并按一定的人均收入比例确定相关标准，完成帮扶相对贫困群体的新使命。

第六章 社会组织扶贫

国内外的历史均表明，社会组织一直是扶贫领域的关键力量。在传统社会中，扶贫济困一贯是社会组织的核心使命与主要形象。通常，社会组织在包含扶贫在内的公益慈善领域有着比政府服务更快速、比市场服务更价廉的比较优势与竞争优势。在欧美发达国家，社会组织与政府已就公益慈善结成了伙伴关系，政府通过免税、资助与公共服务采购的方式积极支持社会组织参与并做好扶贫工作。在我国，社会组织以其特性所塑造的低成本优势和"接地气"优势、以其长期努力所形成的专业化优势等，已成为大扶贫体系中不可或缺的重要主体，在农村扶贫、社区救助中日益凸显其作用。始于20世纪90年代的浙江社会组织扶贫，不仅在慈善救助领域发挥着关键作用，在扶贫开发领域也扮演着重要的角色。本章从探析组织扶贫的概念与历程入手，着力分析浙江社会组织扶贫的类型与作用，最后是本章的小结。

第一节 概念、历程与总体成效

一 概念与特征

（一）社会组织

社会组织系我国官方名词，国际上一般将其称为非政府组织、非营利组织。基于不同的侧重，有公益组织、慈善组织、志愿者组织（义工组织）、草根组织、公民社会组织、第三部门组织等不同的分类与称呼。在我国，社会组织主要分为社会团体、社会服务机构（原民办非企业单位）

和基金会三大类别。

社会组织自 20 世纪 70 年代以来在全球范围内均出现了爆炸性的增长，在教育、扶贫、社区服务、环境保护、权益保护、全球治理等领域作用显著。社会组织的类型与活动领域是如此的广泛并层出不穷，以至于国际学术界与实践层不得不用非政府组织与非营利组织等否定性的特征对概念加以把握。根据"组织性、私人性、非营利性、自治性和非强制性"五个特征，莱斯特·M. 萨拉蒙对一个组织是不是社会组织进行识别，并开展了全球范围内的比较研究。2005 年 41 国的数据显示，受薪者与志愿者人数达到 5400 万人，就业数量位居制造业和农业之后居全部行业第三；平均而言，该部分吸纳的就业占了全部经济活动人口的 5.6%。[①]

（二）社会组织扶贫

社会组织扶贫，是指社会组织针对贫困者和社会弱势群体所提供的各种救助、开发以及社会服务活动，通常包括助医、助学、助教、助困和扶贫开发等。"非政府组织不以营利为目的，专心致力于社会公益事业的发展特性，使它能够在扶贫事业中相对于市场机制中的企业组织和政府机制中的政府组织具有更大的作用。"[②] 相较于政府与企业，社会组织的扶贫具有以下特征：

第一，沟通贴地化。社会组织尤其是草根组织，起源于社会需求、服务于社会需求、立身于社会需求，以更接地气的方式与各类民众进行沟通、直接了解贫困群体的利益诉求，能获得更为丰富而准确的信息，并获得利益相关者的支持。

第二，操作精准化。一般情况下，社会组织所开展的扶贫项目因其专业性知识与技能累积，可操作性相比政府更强。同时，社会组织扶贫大多采取赋权方式积极鼓励贫困群体参与，让贫困人群得到决策能力与发展能力的锻炼，提升脱贫工作的内生能力与可持续性。

第三，服务低成本化。受经济预算和道德要求的双重约束，社会组织

---

① 王浦劬、[美]莱斯特·M. 萨拉蒙：《政府向社会组织购买公共服务研究：中国与全球经验分析》，北京大学出版社 2010 年版，第 201—203 页。

② 李勇：《社会组织在我国扶贫开发中的作用》，《内蒙古农业大学学报》2011 年第 3 期，第 252—255 页。

参与扶贫要求更加精打细算。同时，社会组织大量地通过志愿服务的方式进行，亦有效地降低了成本。2010年，中国扶贫基金会就以管理费用不超过善款3%、差错率不超过1%的优异成绩，完成了曹德旺要求在半年内将2亿元善款发放到近10万农户手中的委托。

第四，运行透明化。无论是社会组织的特性还是法律规制，社会组织在资金筹措、使用、管理等方面均要求公开透明、接受社会监督，达到主要利益相关者的目标。相关项目开展，要求及时进行监测与评估。

第五，创新引领化。社会组织由于规模小、组织层级少，可以更有效地根据社会需求进行创新，形成创新的示范效应进行复制与推广，引领扶贫理念和公共政策的变革。成立于2011年4月的"免费午餐"项目就在短期内产生了非常强的政策倡导效应。当年10月国务院启动并实施了农村义务教育学生营养改善计划。中央每年拨款160多亿元，680个县市的2600万在校学生受惠。①

二 发展历程

浙江省社会组织扶贫，可以追溯到20世纪90年代初浙江省青少年基金会和浙江省扶贫基金会等的成立。浙江省青少年基金会以希望工程为起点有力地推动了欠发达地区的教育事业；浙江省扶贫基金会则依托省财政厅和社会捐款开始运行，通过发放低息贷款、聘请农业专家为农民培训技术等方式帮助贫困县发展经济，取得了良好的成效。1994年全国第一个市级慈善会——嘉兴市慈善总会成立。当年12月，浙江省慈善总会成立，并就此拉开了慈善会系统主导社会慈善救助并参与扶贫开发的大幕。

进入21世纪后，浙江步入了以制度建设推进慈善事业发展与社会组织扶贫的力度与成效的新轨道，社会组织数量、类型、参与方式与成效，均有了显著的改变。2000年，浙江省人民政府第121号令发布了《浙江省社会团体管理办法》。2003年，浙江省民政厅连续下发了《浙江省民政厅关于进一步加强慈善组织规范化建设的意见》（浙民慈〔2003〕166号）

---

① 《免费午餐：从民间慈善到国家行动》，http：//news.ifeng.com/opinion/gundong/detaill_2011_11/02/10347898_0.shtml。

和《浙江省民政厅关于规范慈善会管理有关问题的通知》（浙民民〔2003〕167号）两个规范性文件，对慈善组织提出了以规范促发展的要求。2004年浙江省第十届人民代表大会常务委员会第十四次会议通过了《浙江省农民专业合作社条例》，在地方层面的法律上启动了以税收优惠推动农民组织化市场化运作并撬动"三农"问题的内生解决。2005年省民政厅印发的《浙江省慈善超市建设管理办法（试行）》（浙民救〔2005〕149号），指出慈善超市救助的对象是包括城乡低保户、高于低保标准的边缘户和因突发事件造成生活困难的其他居民等在内的社会困难群众，并要求慈善超市逐步覆盖到各个乡镇（街道）。

2006年12月，首届浙江慈善大会在杭州举行（见图6-1）。会议期间，省委、省政府办公厅下发了《关于加快发展慈善事业的通知》，省民政厅下发了《浙江省慈善事业发展指导纲要（2006—2010年）》。①

图6-1 首届浙江省慈善大会

---

① 《浙江慈善大会在杭州召开》，http://www.zjmz.gov.cn/il.htm?a=si&id=4028e4812d5a7aae012e5b33e9da0a76。

其中,《通知》明确要求各级政府把慈善事业列入国民经济和社会发展的总体规划,积极探索慈善事业与社会保险、社会救助、社会福利体系相衔接的运行机制,提高慈善事业的整体效益,促进慈善事业与经济社会同步发展;《纲要》则指出经过十余年的努力,覆盖城乡的慈善组织及其工作网络基本形成,累计筹款 25 亿元,援助困难群众 100 多万人次,"十一五"期间要通过"慈善文化建设、普及慈善理念""发展慈善组织、培育慈善家队伍""规范慈善捐助、打造'项目'品牌""健全工作体系、推动志愿服务""建立衔接机制、构建救助平台"和"完善法律法规、强化自律机制"六个方面的工作,切实提高慈善事业的整体水平,使之成为新型社会救助体系和新型社会福利体系的重要补充,促进社会主义和谐社会和"平安浙江"建设。

为提升社会组织的专业化能力、规范化运作与公信力,更好地发挥社会组织在慈善等社会建设领域中的作用,2009 年省民政厅相继印发《浙江省民政厅关于规范异地商会登记管理工作的通知》(浙民民〔2009〕75号)和《全省性社会组织评估实施办法》(浙民民〔2009〕183 号)两份文件。

2011 年,提升社会组织自身造血能力、项目管理能力和推动社会组织由"输血型"救助向"造血型"开发转型,《浙江省民政厅关于加强慈善事业促进工作的通知》(浙民福(2011)30 号)提出要"大力扶持培育慈善公益组织,探索建立慈善项目扶持制度"。同年,全省慈善"造血型"救助现场会暨第五次项目会议在嘉兴市召开。

党的十八以来,根据党中央国务院对社会组织发展的顶层设计,浙江结合自身实际做出了调整,积极向基本成熟定型的社会组织体制与慈善制度迈进。2013 年,浙江在全省范围内开展行业协会商会类、科技类、公益慈善类、城乡社区服务类四类社会组织直接登记工作,并将之列为当年全省体制改革的要点。同年,《浙江省人民政府关于加快推进慈善事业发展的实施意见》(浙政发〔2015〕34 号)发布。《意见》提出要在 2020 年基本形成现代慈善事业发展格局,实现县(市、区)、乡镇(街道)、村(社区)慈善组织全覆盖,并把"重点开展扶贫济困慈善救助活动"作为"鼓励和支持开展慈善活动"的第一条,明确提出,要"以各类社会救助对象为重点,鼓励各类社会主体通过成立慈善组织、设立冠名基金和项目、参与捐款捐物、提供公益慈善服务等多种形式为困难群众献爱心。加大慈善资源向农村、贫困地区和城乡低收入群体的倾斜力度,重点解决好特困供养对象、优抚对象、城乡低保对象、孤困儿童、贫困老年人、残疾人等特殊困难群体的实际生活困难"。

2016年,浙江省民政厅在宣传贯彻《中华人民共和国慈善法》媒体通气会上提出,凡是提供扶贫、济困、扶老、救孤、恤病、助残、救灾、助医、助学服务的公益慈善类组织,均可申请直接登记,进一步放宽了登记的门槛。同年,《浙江省民政事业发展"十三五"规划》发布,提出到2020年要形成与全省经济社会发展相协调,与高水平全面建成小康社会相适应的民政事业体系;要全面构建现代大民政发展新格局健全激发社会组织活力的体制机制,着力构建与我省经济社会发展水平相适应的社会组织体系;要构建组织化、专业化、多元化的现代慈善事业发展格局;要创新社会救助服务管理方式,加大政府购买服务力度,积极引导社会力量参与社会救助工作,探索物质保障、生活照料、精神慰藉、心理疏导、能力提升和社会融入相结合的综合援助模式。

2018年,浙江省民政厅发布的《关于进一步规范提升社会组织参与社会治理工作的实施意见》,提出要按照共建共治共享要求,进一步规范提升社会组织参与社会治理的社会化、法治化、智能化、专业化水平,为完善党委领导、政府负责、社会协同、公众参与、法治保障的社会治理体制。到2020年,城乡社区服务类组织快速发展,登记和备案的社区社会组织达到15万个,平均每个城市社区15个以上、农村社区5个以上;全省50%以上的加快发展县(市、区)建设慈善精准帮扶基地,其它县(市、区)建立慈善基地;志愿服务信息系统注册登记的志愿服务组织占居民人口的比例达万分之五以上,注册的志愿者占居民人口的比例达到13%以上。

三 总体成效

浙江社会组织以多元的方式扶贫，不仅有效地实现了让贫困户脱贫致富融入社会的核心目标，提升了组织能力与激活慈善资源的基础目标，还构建了新型的政社合作关系，带动政府—市场—社会关系的优化，不断推进扶贫事业、慈善事业与社会建设事业。

（一）脱贫目标日趋逼近与优化

输血型扶贫主要通过提供资金、物资等资源，以强制性投入的方式缓解贫困，而造血型扶贫通过开展项目将有用的信息技术传授给受助者，激发他们的责任心积极性，帮助他们实现自助发展。这两种扶贫方式都让浙江省内大多数贫困户的生活条件得到了明显的改善，贫困户的自我发展能力得到进一步的提升，收入也不断增加。以慈善会系统为例，截至2015年年底，该会已累计援助困难群众1450万人次。其中，"十二五"期间，援助困难群众就达989万人。①

（二）组织基础不断巩固与提升

社会组织的扶贫效果，一方面取决于社会组织的能力，另一方面受制于社会组织体系。通过积极进入慈善领域，不仅有效加强了自身能力建设，提高了适应市场经济的应变能力和专业水平，也促进中国非营利部门的形成和发展。如浙江省扶贫基金会曾被民政部评为"全国先进社会组织"，多个社会组织与项目入选中华慈善奖与浙江慈善奖。截至2015年年底，全省共有慈善组织5629个。② 截至2017年8月25日，全省依法登记的社会组织中认定为慈善组织的91家，登记为慈善组织的20家，总计111家，其中，获得公开募捐资格的31家，总量位居全国第5。③ 在慈善会系统，目前，全省已建成了覆盖乡镇街道的慈善网络（表6-1）。

---

① 吴桂英：《敢为人先　开拓创新：在全省第九次慈善工作经验交流会上的讲话》，《浙江慈善》2016年第6期，第5页。
② 《慈善事业的浙江印记》，http://news.xinhuanet.com/local/2016-03/31/c_128849921.htm。
③ 《2016—2017浙江慈善事业发展状况评估与分析报告》，http://www.wzcsh.org.cn/system/2017/09/04/012874957.shtml。

表 6-1　　　　2006—2013 年浙江省基层慈善组织发展情况①　　　单位：个

年份	2006	2007	2008	2009	2010	2011	2012	2013
街道、乡镇	411	409	761	690	837	923	852	1217
社区、村	340	292	408	780	1311	1504	3678	4412
企业分会	0	0	0	140	277	244	261	619

值得注意的是，社会组织扶贫并非是慈善组织的专利，全省 4 万多个其他类型的社会组织也以各种形式加入到扶贫慈善领域，构筑了扶贫的社会组织网络与体系。2000—2017 年，浙江的社会团体数由 9803 个增长到 23592 个、社会服务机构（民办非企业单位）由 1388 个跃升至 27183 个、社会组织总数由 11191 个上升为 47536 个，分别增长了 2.41 倍、19.58 倍和 4.59 倍，每万人拥有的社会组织数量也由 2.49 个提升为 8.9 个（表 6-2）。而同期，全国每万人拥有的社会组织数量则仅由 1.21 个提升为 5.48 个。

表 6-2　　　　　　2000—2017 年浙江社会组织发展情况　　　　　单位：个

年份	社团	民非	基金会	总数
2000	9803	1388		11191
2001	9738	6681		16419
2002	10173	8192		18365
2003	10549	9279		19828
2004	10862	9760	95	20717
2005	11555	10189	109	21853
2006	12470	10810	125	23405
2007	12915	11290	140	24345
2008	13743	12383	151	26277
2009	14352	13061	167	27580
2010	14870	13878	189	28937

---

① 李刚：《用开拓创新推动持续发展：在全省第八次慈善工作经验交流会上的讲话》，http://zfxxgk.zj.gov.cn/xxgk/jcms_files/jcms1/web55/site/art/2015/10/12/art_9024_188006.html。

续表

年份	社团	民非	基金会	总数
2011	15456	13770	222	29448
2012	16452	15163	265	31880
2013	18108	17992	326	36426
2014	19430	20033	381	39844
2015	20745	22603	436	43784
2016	22266	24759	511	47536
2017	23592	27183	593	51368

数据来源：浙江省民政厅2009年与2017年《浙江省社会事业发展统计公报》。

2017年，从细分类别看，教育类14215个位居第一，社会服务类7283个列第二，文化类4141个列第三，工商业服务类4077个列第四，体育类3578个列第五，以后相继是科技研究类2669个，农业及农村发展类2471个，职业及从业组织类2193个，卫生类1561个，生态环境类547个，宗教类366个，法律类287个，国际及涉外组织类122个，其他7265个。[1] 可以说，较高密度、类型多样、遍布全省各地与城乡的社会组织，不仅成为吸纳就业的成长性领域，[2] 而且还成为社会慈善文化的传播者，社会慈善资源的动员者、组织者和分配者，公益慈善项目的实施者，公益慈善服务的提供者，政策倡导者，以及政府公共服务的合作者，为浙江扶贫工作的有效开展注入了丰富的资源、组织、技术与帮扶模式。

（三）项目运营持续创新与拓展

社会组织结合自身发展优势，依托各项社会资源，在多个医疗扶贫、教育扶贫、养老扶贫、产业扶贫等领域探索扶贫项目，打造组织品牌或项目品牌，有力地推动了输血型扶贫与造血型扶贫的协同发展（见表6-3）。同时，受大数据和大慈善的驱动，社会组织已成为扶贫创新的主力军。例如，成立于2007年的金华施乐会就利用网络建构起了透明化网络爱心互助平台、打破了原有熟人圈爱心支援模式，开创了慈善捐赠众筹模

---

[1] 浙江省民政厅：《2017年浙江省社会事业发展统计公报》，http://www.zjmz.gov.cn/。
[2] 2016年吸纳社会各类人员就业40.45万人，约占第三产业总就业人数的2.82%。

式的先河,并启动"有偿社工"的方式主动寻找与确认帮扶对象。目前,浙江多数慈善组织与项目,均进入互联网筹款的时代。

表6-3　　浙江省社会组织在相关领域开展的部分扶贫项目

扶贫领域	扶贫项目
医疗	"母婴平安"项目(浙江省红十字会)
	困难农民大病重病救助工程(台州市路桥区慈善总会)
教育	"彩虹盒子"助学项目(杭州滴水公益服务中心)
	爱在后备厢——圆梦项目(浙江省阳光教育基金会)
	"关心桥计划"(浙江省关心桥教育公益基金会)
	"F+young计划"(浙江馥莉慈善基金会)
养老	老友助老志愿服务项目(宁波市镇海区招宝山街道慈善义工大队)
	慈善资助农村居家养老服务站项目(富阳市慈善总会)
产业	慈善"造血型"扶贫基地项目(浙江省慈善总会)
	万村慈善帮扶基金工程(浙江省慈善总会)
	鄞州慈善扶贫产业基地(宁波市鄞州区慈善总会)

(四)资源基础日益扩展与充实

经过发展,浙江慈善扶贫的氛围日益深厚,已初步完成了精英慈善向大众慈善的转化。慈善捐赠不断攀升,志愿者队伍也持续扩大。以浙江慈善会系统为例,2002年前,累计捐赠仅为4.7亿元,到2010年累计突破了100亿元,截至2015年,累计达到了223.3亿元。"十二五"期间,全省各类慈善组织募集善款超过170亿元。[①]

从注册志愿者情况看,全省慈善会系统从2006年的3.87万人提升到2013年的252.3万人(见表6-4)。[②] 浙江省团省委"志愿汇"数据显示,2016年浙江全省注册志愿者突破755万人,注册志愿者组织超过3万

---

① 《浙江省民政事业发展"十三五"规划》,http://www.zjmz.gov.cn/il.htm?a=si&id=8aaf801555c888d30156727aa41b0a02。
② 李刚:《用开拓创新推动持续发展:在全省第八次慈善工作经验交流会上的讲话》,http://zfxxgk.zj.gov.cn/xxgk/jcms_files/jcms1/web55/site/art/2015/10/12/art_9024_188006.html。

个，开展志愿服务活动 56087 次，科学化记录志愿服务时间 664.1 万小时。① 截至 2018 年 5 月，浙江省通过"志愿中国""志愿汇"实名注册志愿者人数超过 1260 万人，名列全国第一，注册志愿服务组织超过 6 万个。2017 年度累计开展志愿服务活动 13.4 万个，累计提供志愿服务近 8000 万小时。②

表 6-4　　　　　　2006—2013 年浙江省义工人数增长情况　　　　单位：万人、%

年份	2006	2007	2008	2009	2010	2011	2012	2013
注册义工	3.87	6.10	8.51	85.78	103.67	145.09	213.07	252.30
增长率	—	57.62	39.51	907.99	20.86	39.95	46.85	18.41

（五）扶贫大网络不断夯实与优化

社会组织是连接政府、市场与社会的桥梁与纽带。在扶贫与更大范围的公益慈善领域，支持型社会组织与运作型社会组织通过资源与业务合作，构成了资源支持—能力孵化培育—专业技术支持—服务输出—评估倡导的公益慈善链条，并在区域内构成了协作网络。

同时，社会组织在前端牵手困难群众，在后端联结政府与企业，形成了多主体参与、多形式治理、多服务导入的大扶贫体系，实现了多赢式发展。企业通过战略性慈善合作更好地实现了社会责任，提升了知名度与美誉度。社会组织获得了更为充分的资源和能力提供，更好地实现了组织使命，提升了组织公信力。政府借助合作更好地供给了公共服务，减轻了政府压力，提升了财政效率。贫困群众的困难得到了治标又治本的解决，以更体面而又有尊严的方式融入社会，成为经济社会发展的新主体。对普通群众而言，社会氛围更加合意，安全和谐更有保障。

---

① 《团省委发布智慧志愿 2016 大数据报告　我省注册志愿者突破 755 万》，http：//hznews.hangzhou.com.cn/chengshi/content/2017-01/23/content_ 6450727.htm。

② 李牡娇、李佳、方祺：《浙江省志愿服务全国第一 实名注册超过 1260 万人》，http：//www.wenming.cn/dfcz/zj/201805/t20180529_ 4702181.shtml。

第二节 扶贫类型与政社合作

社会组织扶贫的类型亦可分为输血型和造血型两种。输血型扶贫也就是通常所说的物质扶贫，其主要内涵是指参与扶贫的社会组织通过物质帮扶、资金供应的方式，来帮助特定的困难群体摆脱贫困。如同其他输血型扶贫一样，它不能有效帮助困难群体发展自身能力，依然属于救济性质。造血型扶贫主要是指社会组织机构采取赋权的方式，通过教育培训、技术支持和产业开发等着力提升贫困群众的自我发展能力。在不断的探索中，浙江的社会组织与政府还通过公益创投、公共服务采购等方式，构筑了新型的政社合作关系，不断推动贫困问题的解决。

一 输血型扶贫

输血型扶贫是社会组织的历史传统，在当代浙江社会组织扶贫中，依然处于主导地位。经过 20 多年的探索，浙江成功打造了一群具有广泛影响力的慈善组织与慈善扶贫项目，形成了一批具有广泛影响力的慈善品牌。总体看，浙江社会组织在资源动员、服务输出、模式创新和规范运作等方面为更为高效的输血型扶贫奠定了基础。

（一）高效动员慈善资源

社会组织输血型扶贫之所以比政府输血型有更高的资源使用率和扶贫效果，一方面在于社会组织更多地依靠市场机制推动项目展开，另一方面以资金募集为基础凝聚了全社会的慈善力量，从而将很多政府无法动员的社会资源引进扶贫工作中。例如，浙江省扶贫基金会 2015 年募集资金达 1700 多万元；成立于 1994 年的浙江省慈善总会工作网络遍及各县市并覆盖基层，全省共建有 1217 个乡（街道）分会，4412 个村（社区）慈善组织，5672 个义工队伍，注册义工 25 万多人，覆盖全省城乡的大慈善格局日趋完善，全省累计筹款达 175 亿元。[①]

[①]《浙江省慈善总会简介》，http://www.zcf.org.cn/Intro/ZongHuiJianJie.aspx。

案例6.1 绍兴以冠名基金激活慈善市场[①]

2005年,党的十六届五中全会上通过《中共中央关于制定"十一五"规划的建议》,首次将慈善纳入社会保障体系。同年,11月20日,首届中华慈善大会在北京召开。受此影响,绍兴市慈善总会向绍兴市委市政府打报告申请召开绍兴慈善大会,报告得到迅速回应,绍兴市委、市政府在12月15日召开了首届绍兴慈善大会,发起了企业冠名慈善基金的动议。该动议得到了企业家们的热烈回应,到2016年1月23日,冠名基金的总额达到了10.8亿元,仅绍兴县就认捐了3.8亿元。2007年绍兴开展了第二轮慈善冠名基金筹资活动,2008年绍兴市慈善冠名基金累计已达25.03亿元。2012年绍兴市第三轮大额慈善冠名基金募集,共建立起11.35亿元慈善冠名基金,年实际捐赠额达3405万元。

2013年,该市慈善总会推出了可由个人、家庭、单位或小团体冠名的小额慈善冠名基金,拉开了平民慈善的大门,进一步夯实了人人慈善、全民慈善的基础。该冠名基金,认捐起点设定个人、家庭和小团体为1万元起,单位为5万元起,认捐资金可以一次性捐,也可以分期捐。为推进该项工作,市慈善总会明确承诺履行:向捐赠者开具专用捐款收据;向捐赠者颁发捐赠证书;根据捐赠者的意愿和要求,组织救助活动;定期向捐赠者通报资金使用情况接受监督4项义务。活动仅1月,就有7家单位、11位个人或小团体设立了18只基金,协议基金总额达145万元,到位基金已达63.29万元。截至2016年11月,该市有22家单位、29个社会团体和41名个人共设立基金92个,协议捐赠金额达951.6万元,到位资金755.9万元,共实施项目324个,项目涵盖助学、助医、助困、助残、助

---

① 案例根据《绍兴老板掏出十亿元认捐冠名基金》,http://news.sohu.com/20060210/n241755945.shtml、余涛《绍兴市慈善冠名基金超25亿元》,http://www.zjmz.gov.cn/il.htm?a=si&id=2c9146c62190385d0121903c1e7914be&key=main/zlk/sxdd、郑立国《绍兴慈善三常态实现募捐和救助有机结合》,http://www.zjmz.gov.cn/il.htm?a=si&id=8aaf80155ac08472015bf669a9d4159a、《绍兴首推个人小额慈善冠名基金》,http://www.zjmz.gov.cn/il.htm?a=si&id=4028e48142150bc50142312cfc3601c5、《绍兴市慈善总会小额慈善冠名基金"晒"年度账单了》,http://mp.weixin.qq.com/s?__biz=MjM5NTg2NDQ2Mw%3D%3D&idx=4&mid=2650630796&sn=cb1e6f274db2efbd8316c9ffc60a2f9a、《草根慈善:绍兴一个月成立18只小额慈善冠名基金》,http://www.wenming.cn/zyfw_298/yw_zyfw/201312/t20131205_1621337.shtml和《小额慈善冠名基金迎来了第一百位捐赠者》,http://www.sx.gov.cn/art/2017/6/9/art_2506_1131523.html等编制。

老、赈灾及社会公益事业等多个方面，使用金额384.4万元，受益人数6664人次。2017年6月，该市小额慈善冠名基金引来了第100位捐赠者，基金总规模达1015.9万元，到位善款达883.8万元。

（二）高效实施扶贫服务

浙江省社会组织在助医、助残、助老、临时困难救助等方面对困难群众进行了积极的帮扶工作，减贫效果显著。

第一，慈善助医。慈善组织与企业单位合作，设立专项医疗救助基金项目。如"母婴平安"项目就是中天发展控股集团有限公司捐资1300万元设立并由浙江省红十字会负责组织实施的项目，成立2年内该项目就帮助困难家庭的孕妇近2000人，人均受助金额1490元。[1] 在浙江省慈善总会，有"浙江医药慈善基金"助医项目、"绿城慈善基金"儿童先天性心脏病医疗救助项目、"微笑列车"唇腭裂修复手术项目、杭州市第二人民医院"心希望慈善基金"心脏病医疗救助项目等，2015年共支出428.1万元。[2]

在温州，温州市慈善总会、世界温州人大会等结合医院特长开展了"危重病""先天性心脏病""新生儿""贫困孕产妇""眼疾病""精神疾病""贫困血友病""干细胞移植""唇腭裂""慈善启明""净血护肾""老年性健康促进"12个"爱心温州"慈善助医系列品牌项目。其中，针对"唇腭裂"的"微笑联盟"、针对"眼疾病"和"慈善启明"的"明眸工程"享誉国内。"明眸工程"先后走向贵州、云南等13个省市，结对各省市级医院17家，培训医务人员100多名，筹措经费2300多万元，免费手术5000多例。[3]

浙江省扶贫基金会则通过派驻专家团队、重点托管等方式，积极支持

---

[1]《浙江省红十字会"母婴平安"项目2年救助1592名孕产妇》，http：//news.zj.com/detail/2014/06/03/1522486.html。

[2] 本节涉及2015年浙江省慈善总会的数据，均源于《浙江省慈善总会2015年度资金收支情况和2016年度资金预算安排的报告》，http：//www.zcf.org.cn/infoshow/content_103。

[3]《温州倾力打造"爱心温州·善行天下"慈善品牌》，http：//www.zjmz.gov.cn/il.htm？a=si&id=4028e48147db0bc10147e728c83e004f&key=main/zlk/sxdd。

欠发达地区的医疗事业。自浙江省扶贫日活动启动起来，扶贫基金会累计向欠发达地区派出医师人数达 5500 人次，义诊人数达 10 万多人次，投入经费 2000 多万元。①

第二，慈善助学。② 慈善助教是社会组织扶贫的另一大重头戏，各层级各类型的社会组织均有一定程度的参与。例如，浙江省爱心基金会在 2007 年与浙江 ZTV6 电视频道合作开展了"彩虹计划"，实施九年以来共计收到善款 2107.82 万元、累计支出善款 1841.54 万元；总共资助省内外贫困学子 68117 人次。③ 2015 年，浙江省慈善总会共在结对的爱心助孤项目、"万向慈善基金"中学生和大学生助学、胜华慈善基金"助学助教、"中天慈善基金"关爱教师助教和浙师大设立助学基金等助学项目支出 3153 万元，占年度支出总额的 53.61%。长期从事希望工程的浙江省青少年发展基金会，截至 2017 年年末已累计获得 45522 万元捐款，建立学校 584 个，资助学生 18.27 万名。④

成立于 2006 年的草根组织"爱在兰溪助学中心"（见图 6-2），已发展起志愿者 500 多人，累计走访 2000 多名贫困学生家庭，帮助 500 多名贫困生进行长期结对，发放助学款 180 多万元。为更有效地筹集资源帮扶贫困学生，该中心还在淘宝公益设立了同名商铺。⑤

第三，慈善助老。助老是社会组织的传统项目之一。有的组织专门把助老作为组织宗旨。如成立于 2013 年的浙江省幸福助老基金会，在开展直接助老服务的同时，还联合杭州爱源家政服务有限公司，开展培训和管理养老服务员、家政管理员及心理咨询师等基础工作。近年来，各地新成立的义工协会等草根组织与社区社会组织，有很多将助老服务作为自己的核心业务。有的组织将助老作为基本服务项目，如浙江省慈善

---

① 《浙江启动"扶贫日"活动助农户青少年数万人受益》，http://www.chinanews.com/sh/2014/10-15/6683087.shtml。
② 助学着眼于能力培育，在实质上应归类为造血型。但鉴于对中小学的助学效果需要长时间才能显现，同时在日常实践中助学与助医、助老等结伴出现，本书按惯例将之放在输血型扶贫中。
③ 浙江省爱心事业基金会：《"彩虹计划"先进实施机构及个人暨优秀阳光义工表彰大会在杭举行》，http://axcs.cn/xinwen/show.asp?i=682。
④ 浙江省青少年发展基金会官网，http://hope.zj.com/。
⑤ 爱在兰溪助学中心：《机构介绍》，http://www.azlxzx.com/content/about.html。

图 6-2　草根助学组织"爱在兰溪助学中心"

总会助老项目 2015 年支出 143 万元,其中,"兴业慈善基金"定向援助慈溪市敬老院建设、"银润慈善基金"对省内欠发达县(区)村级帮扶援助、"圣奥慈善基金"开展老年之家项目。浙江省和平慈善基金会的"和平食物银行"项目,以帮扶山区贫困孤寡、被弃养老人、低保边缘户和特殊群体为目标,按两个月一次的频率进行走访关怀和食物包发放。衢州市"三助"爱心协会,以救助困难老人、残疾人困难家庭老人、有老年人的困难家庭子女就学为重点,创设"爱心连孝心"助学奖、"孝敬基金"等对孝老敬老人员进行资助,针对山区贫困老人开展名医义诊助老志愿服务。[①]

第四,慈善助残。成立于 1985 年的浙江省残疾人福利基金会,是社会组织慈善助残的中坚力量。2014 年该基金会启动"助残扶贫　圆梦之江"公益活动品牌活动,计划在三年的时间内开展"四个 1000 助残工程",即每年帮助 1000 名贫困残疾人得到康复资助、每年帮助 1000 名贫困残疾人得到医疗救助、每年帮助 1000 名贫困智力残疾人得到生活自理能力培训、每年帮助 1000 名贫困残疾学生得到助学机会。在地方层面,慈善助残也得到了越来越多的组织与社会资源支持,构筑起了集助残社会组织、助残项目、助残志愿者、助残企业为一体的社会化支持体系。如 2016 年宁波市助残日"爱心宁波,助残有我"电视颁奖晚会上,各评选出 10 家(个)"最具爱心助残服务机构""最具爱心助残志愿组织""最具社会

[①] 《衢州市民政局全力打造"阳光慈善"》,http://www.zjmz.gov.cn/il.htm?a = si&id = 8aaf80155741c2db015750teacedf0108&key = main/01/sxdt。

责任助残企业"和"最具影响力助残项目"。①

第五，慈善助困。在生活救助方面，社会组织借助自身优势依托基层的救助平台帮助农村城市困难家庭和弱势群体改善生活条件。如浙江省爱心事业基金会发起的"爱心进社区，和谐在身边"的活动，该项活动扶贫捐助367.9万多元，帮助了一大批困难群众。② 在结对帮扶方面，据统计目前浙江省低收入农户家庭人均年收入仍不到全省农户年收入的45%，在这部分群体中多数家庭因病致贫占到三分之一，依旧有5000个左右的扶贫重点村。③ 浙江省各类社会组织通过结对帮扶的方式，每年的帮扶资金达数亿元。浙江省慈善总会2015年用于节日期间对省内特困家庭的走访慰问支出达到了119.8万元，对云南鲁甸地震赈灾援建项目、四川雅安分期援助项目和省内"灿鸿"台风赈灾项目等共支出596.6万元。

（三）高效透明规范运转

公开透明是社会组织生存发展的生命线，是社会组织公信力建设的基石。只有公开透明才能有效保证社会组织完成"把好事做好"的约束与目标。浙江省高度重视社会组织的公开透明与公信力建设。2003年浙江就发布了对慈善组织的两个规范性文件，2009年开展了社会组织评估工作，2013年建立了阳光慈善网。各大慈善基金会、具有影响力的慈善协会与服务机构，纷纷建设了独立网站，积极参与评估工作，并积极邀请外部机构开展审计工作，定期公布相关报告。

通过公开透明度建设，社会组织一方面更有效地规范自己的项目与组织运营，提升资源使用效率，更充分地保障受助者利益；另一方面，也通过确保公众与捐赠者的知情权，从而更好地动员和组织起新的社会资源。根据基金会中心网的最新数据，浙江基金会数量在全国列第四位，2015年年末净资产列全国第五位，但透明度指数高居全国第二位（见图6-3）。④

---

① 《2016年市先进社会助残组织 和自强之星评选结果揭晓》，http：//www.sohu.com/a/75506408_162758。
② 《浙江爱心事业基金会扶贫助弱获好评》，http：//www.axcs.cn/xinwen/show.asp?i=507。
③ 《扶贫济困奉献爱心，共济共享你我同行》，浙江日报网（http：//zjrb.zjol.com.cn/html/2016-10/17/content_3011077.htm?div=-1）。
④ 《数据榜单》，基金会中心网，http：//data.foundationcenter.org.cn/data/DataList.aspx。

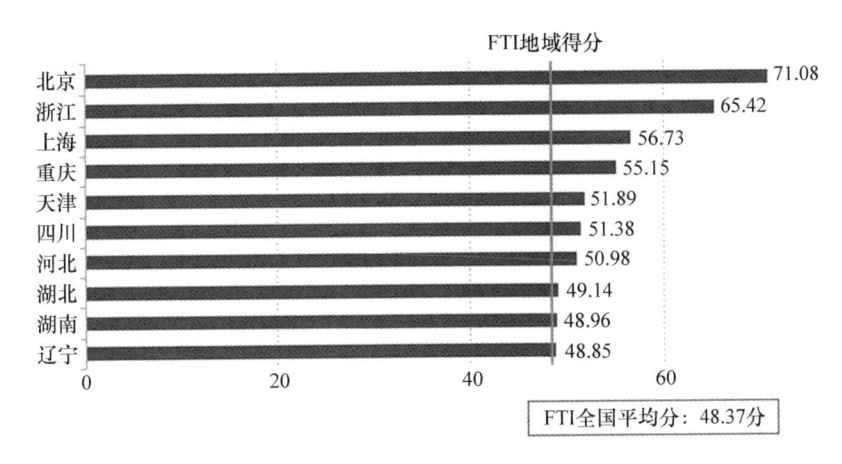

```
FTI地域得分
北京        71.08
浙江        65.42
上海        56.73
重庆        55.15
天津        51.89
四川        51.38
河北        50.98
湖北        49.14
湖南        48.96
辽宁        48.85
     0    20    40    60
          FTI全国平均分：48.37分
```

图 6-3 基金会透明度区域指数

二 造血型扶贫

"授人以鱼不如授人以渔"，救急更要救穷。现代慈善与社会组织发展的理念已由权宜之计跃升到系统性解决的标本兼治，从"输血"型扶贫主导向为增强贫困地区与个人自身发展能力的"造血"型转向，实现"助人自助"。2005 年以来，浙江社会组织通过建设产业基地和帮扶工程等加快了向造血型扶贫的转型。

（一）创新扶贫救助模式

造血型扶贫是对输血型扶贫模式的一种颠覆，它不再是单一的社会救济与心理抚慰，而是走向了技术培训、产业发展、市场运营和社会支持的市场化方向，需要全新设计项目的实施流程与监测评估，需要与地方政府、市场组织及其他社会主体结成更好的伙伴关系，在有效帮扶的同时形成示范效应，扩展扶贫开发的效果。国际小母牛组织在全球范围内通过地方化战略实施造血帮扶，收到了良好的效果，在我国中西部省份广受欢迎。2005 年，中国扶贫办和江西山江湖可持续发展委员会等，通过社会组织项目竞投的方式在江西实施重点贫困村扶贫工作，在国内开创了政社合作扶贫并向造血型转化的先河。

在浙江省，社会组织特别是扶贫基金会、慈善总会和红十字会，以及各地的义工协会等草根组织也在传统的扶贫模式之外，积极探索新的可能，并获得了政府的积极助推。在区域层面，嘉兴市慈善机构较早地开始了造血扶贫的探索。2007—2011 年间,该市慈善机构投入 565.7 万元,选择并依托 23 个扶贫基地,扶持了 1430 个家庭,使 80% 的扶持户掌握了一定的生产技能,走上了依赖生活救助为生产自救的新路。① 2011 年,省民政厅在嘉兴召开了造血型扶贫现场会。2012 年,浙江省慈善总会依托浙江农信慈善基金项目在全省建立了首批 18 个以特色种养殖为主导的扶贫基地。同年,义乌义工之家创造了爱心农场模式助教帮扶贫困学子家庭。他们选择了 3 户贫困家庭作为试点,把受助者家的土地分成若干块,以淘宝拍卖的形式,拍卖学生家长的农作物管理时间获得稳定的收入。为推进模式的持续发展,他们还专门成立了爱心农场实体店"艺禾果蔬店"。② 这一模式在永康、松阳等地得到了推广应用。

案例 6.2　浙江农信慈善基金产业扶贫基地建设③

浙江农信慈善基金,由浙江省农村信用社联合社向省慈善总会捐资人民币 1 亿元于 2011 年设立。基金积极探索"项目扶贫、智力扶贫、科技扶贫、救灾扶贫"相结合的扶贫开发特色新思路、新途径,相继开展村慈善帮扶基金工程竞赛项目、造血型扶贫基地等项目。

2012 年,省慈善总会依托"浙江农信慈善基金",启动了首轮造血扶贫基地项目建设,建立了涵盖养殖业、种植业、林果业等种类的 18 个扶贫基地。2014 年省慈善总会在南浔区召开"浙江农信慈善基金"造血型扶贫第三次会议,各慈善会共投入专项救助资金 1320 万元,累计带动 963 户贫困家庭进入"造血型"脱贫行列。其中,南浔区湖羊扶贫基地采取"帮扶部门+基地+困难户"的模式,为 232 户困难户提供了帮助。2016

---

① 《23 个慈善扶贫基地扶持了 1430 个家庭》,http://jx.zjol.com.cn/05jx/system/2011/09/28/017879980.shtml。

② 吕玥:《义乌爱心农场创新公益帮扶模式:受助者更有尊严》,http://zjnews.zjol.com.cn/05zjnews/system/2012/08/30/018773279.shtml。

③ 案例根据《浙江农信慈善基金》,http://www.zcf.org.cn/fund/content_all_49、李攀《扶贫基地"造血"助千家万户脱贫》,http://news.sina.com.cn/o/2014-12-16/052031289150.shtml、朱军《全省农信慈善造血型扶贫基地建设现场会在虞召开》,http://www.qzmzj.gov.cn/show-39-24373-1.html 和《第五届浙江慈善项目奖　慈善"造血型"扶贫基地项目》,http://zj.qq.com/a/20160929/023683.htm 等编制。

年，该基金启动了第二轮扶贫基地建设，并在上虞区百味园慈善扶贫基地召开了全省农信慈善"造血型"扶贫基地建设现场会。据统计，到2016年止，该慈善扶贫基地已与62户困难家庭结对扶贫，并有15户用户摘掉了低保帽子。

在省慈善总会与浙江农信慈善基金的带动下，上虞区实施了两轮扶贫基地建设。第一轮（2012—2015年）的6家慈善扶贫基地，已为360户贫困户累计增加收入达243.9万元。第二轮（2016—2018年）实施半年来7家基地结对帮扶282户贫困户增加收入达83万元，户均增收达2943元。2012—2015年，全省共建立各类"造血型"扶贫基地171个，有5000个贫困户受到扶持。慈善"造血型"扶贫基地项目获浙江省第五届慈善项目奖、浙江省农信社第七届中华慈善奖。

（二）打造造血扶贫样本

试验试点，是形成可推广可复制经验的前提；典型示范，是激发贫困者信心和动力的强心针。在开展扶贫基地建设等造血型扶贫的过程中，浙江各地与各社会组织均积极注重打造典型基地样本、典型人物样本与典型区域样本。

在典型基地样本打造方面，宁波市慈善总会采取"基地—项目—农户"的模式开展项目，在提供种苗种畜、技术培训、产品保收、价格保底等方面切实帮助贫困户搞好生产经营，实施"造血型"救助。其中，作为宁波首批慈善扶贫基地鄞州庄圆粮食专业合作社，帮扶贫困户36户占全部社员的59%，该社统一育秧、插秧、机耕、机收等服务，并统一品牌统一销售，有效地促进了贫困户的发展。[1] 再如，2012年安吉县慈善总会在刘家塘村硒源竹笋专业合作社建立了全县首个"慈善造血型扶贫基地"，将当地32户困难户以林权入股的方式吸收进合作社，安排18户困难家庭成员就业，免费为特困家庭提供鸡苗，向部分低劳动能力者免费提供桃树苗、枣树苗，以及种羊，积极发挥基地救助、安置、辐射功能，到2015

---

[1] 《我市"造血型"慈善救助走在全国前列》，宁波日报网，http://daily.cnnb.com.cn/nbrb/html/2015-10/27/content_905677.htm?div=-1。

年项目验收时每户纯收入达到了 0.8 万元左右。①

在典型区域样本打造方面，嘉兴市秀洲区走在了前列，成为嘉兴市乃至全省造血扶贫的开路先锋与帮扶典范。该区有低保家庭 2530 户和低收入家庭 906 户，29% 的家庭有全劳动力、37% 的家庭有半劳动力。针对这一现状，该区于 2008 年率先出台了《秀洲区慈善"造血型"扶贫实施意见》，依托梅里扶贫种植基地、众源畜禽养殖基地、圣威羊毛衫加工慈善扶贫基地、巾帼果蔬专业合作社等 7 个生产基地实施"造血型"生产扶贫项目。到 2011 年 9 月全省造血型扶贫现场会召开时，已投入生产扶贫资金 232.5 万元并产出利润 960 万元，有效扶持了 249 户具有一定劳动能力的贫困户，占相应家庭总数的 11%。②

（三）规范运行拓展平台

在扶贫基地的建设中，各地均加强了基地的标准化、规范化要求，对基地建设进行考核、评估与验收等工作。前文所提的秀洲区、安吉和宁波，均要求各基地提供生产、供应、销售一条龙服务，并及时进行绩效评估。桐乡规定基地建设时，充分考量贫困户的家庭经济、人员劳动力和基础设施条件等情况，详细地进行了扶贫方式的分类，帮助困难户开展实施养殖湖羊、种植果树、茶叶等工作。③

经过多年的探索，浙江社会组织造血型扶贫的平台已从最初的产业基地模式扩展到了多元体系：（1）"互联网+扶贫"的平台，它主要依托互联网平台实现数据共享资源同步，打造实时性的造血扶贫平台，它既涵盖社会组织的电商扶贫模式，也包括探索"互联网+政府+乡村+项目+公众参与"的精准扶贫模式的"温州扶贫互联网平台"等类型。（2）科学教育平台，通过培训班和专门的扶贫技术协会等，让困难群体学会专业的技能，依靠自身技能摆脱贫困的状态。（3）青年困难群体就业创业平台，社会组织与爱心企业协作，为青年困难群体提供一个良好的就业创业

---

① 童思源：《我县首个"慈善造血型扶贫基地项目"通过验收》，http://ajnews.zjol.com.cn/ajnews/system/2015/10/15/019822055.shtml。

② 《23 个慈善扶贫基地扶持了 1430 个家庭》，http://jx.zjol.com.cn/05jx/system/2011/09/28/017879980.shtml。

③ 《造血型扶贫的桐乡样本》，http://jx.zjol.com.cn/system/2013/12/20/019769754.shtml。

平台。

(四) 完善造血扶贫体系

造血型扶贫不仅要求经济上脱贫还要求心态上脱贫,帮助贫困群体以独立自主的身份融入社会。这一目标的实施,需要社会组织产业帮扶之外,在教育、就业、科技等方面积极跟进,与政府、企业等主体一起完善造血扶贫体系。

科技培训促发展。如浙江省扶贫基金会连续帮助衢州市常山县实施多个科技扶贫项目,聘请浙江省农科院的相关专家实地上课指导,提供多种形式的技术服务。农民增收 1000 多万元,辐射带动面积 75000 亩,增收两个多亿。

教育培训促就业。针对各地的产业优势积极开展生产经营管理技能培训,进一步提升低收入农户的素质,为促进就业创造良好条件。

扩展机会助残脱贫。针对残疾但有劳动能力的特殊困难群体,社会组织通过成立专业化机构或搭建平台,解决就业与创收等问题。如宁波喜憨儿阳光工坊,成立实体店与淘宝店,不仅开展针对劳动就业技能提升的职前教育和职业训练,还让残疾人参与产品生产、加工、销售或物流配送等职业活动,到 2013 年 7 月,就累计帮助 30 多名残疾人就业实现"自食其力"。[①] 再如浙江省残疾人基金会与浙江省摄影家协会等多家机构共同发起的"阳光、微笑伴我行"的活动,这些活动不仅通过公开的方式向社会募集善款向贫困的残疾人捐赠轮椅,而且以摄影展的方式展示并拍卖残疾人的摄影作品。

三 政社合作扶贫

(一) 政社合作扶贫的必要性与关系演变

贫困问题的广泛性与复杂性,决定反贫困必须集合全社会的力量,甚至是外部力量。无论是输血型扶贫还是造血型扶贫,资源的稀缺性和贫困的动态性均要求形成政府—市场—社会的合力,以更有效的方式开展立体

---

① 《有爱,就有一切(喜憨儿阳光工坊简介)》,http://blog.sina.com.cn/s/blog_bd412e040101fdly.html。

化的扶贫与脱贫。

我国政府与社会组织在扶贫领域的合作，从政府助推社会组织发展开始，而后逐步走向了平等合作共同扶贫的发展道路。

早在 2001 年，《中国农村扶贫开发纲要（2001—2010 年）》就提出了广泛动员社会各界参与扶贫。2005 年中国扶贫办与社会组织合作对江西重点贫困村展开扶贫工作，更是掀开了政社合作扶贫新的篇章，政府扶贫与社会组织扶贫不再是并行的轨道而是合作伙伴。2008 年汶川大地震的救援与灾后重建，进一步夯实了该领域的政社合作关系。

2012 年 3 月 19 日第十三次全国民政会议提出适合通过市场和社会提供的公共服务，可以以适当的方式交给社会组织、中介机构、社区等基层组织承担，以公共服务采购的方式在扶贫领域建构了新型的政社合作关系。党的十八大报告、《国务院机构改革与职能转变方案》和《中共中央关于全面深化改革若干重大问题的决定》等均进一步强化新型政社关系的建构与完善。2013 年 9 月，《国务院办公厅关于政府向社会力量购买服务的指导意见》发布，同年，中央财政安排 2 亿元专项资金支持社会组织参与社会服务。2014 年《国务院关于促进慈善事业健康发展的指导意见》（国发〔2014〕61 号）出台，2016 年《慈善法》通过并实施，政社合作扶贫关系的建构更加明晰。

总体看，政府与社会组织通过资源交换、互补，来有效完成扶贫这一系统性公共事务，[1] 可以取得整合稀缺资源提升扶贫效率、建立合作关系、扩散扶贫经验和建立良性互动拓宽各自影响等 "1＋1＞2" 的成效，不仅更有效地推进了扶贫事业，也使社会组织的能力得到了提升，并让政府的公共服务与公信力得到了改善。

（二）政社扶贫合作类型

在长期扶贫实践中，浙江政社扶贫合作主要生成了信息交流模式、业务倡导模式、平行合作模式和公共服务采购模式。

第一，信息交流模式。该模式为最广泛但亦是最为浅层的合作，政府

---

[1] 蔡科云：《政府与社会组织合作扶贫——从限权控权到交往合作》，《中国行政管理》2014 年第 9 期，第 45—49 页。

与社会组织围绕扶贫工作,进行经验交流与分享,以进一步促进扶贫项目优化与扶贫事业发展。从具体类型看,有政府主办主导的会议模式,如浙江省慈善大会、慈善发展论坛等;也有社会组织主办政府支持参与的模式,如浙江省慈善总会造血型扶贫基地建设现场会;亦有地方政府与社会组织的日常交流拜访。

第二,业务倡导模式。社会组织通常是更为积极的社会问题解决方案的创新者与倡导者,通过各种活动,推动政府做出政策创新。例如,浙江省扶贫基金会一方面通过依托农信机构开展的小额信贷扶贫项目,积极对接地方涉农部门制订专门的信贷计划、构建扶贫贷款绿色通道、加大贷款贴息补助等方式助力低收入农户脱贫;另一方面,又不断根据实践需求联合其他机构向政府提出建议,推动了《浙江省扶贫小额信贷管理办法》出台。据统计,至2016年金华、衢州、台州、丽水四地累计发放扶贫小额贷款62.9亿元,帮助9.6万余户低收入农户实现基本脱贫,扶贫成功率51.3%。[1]

第三,合作推进模式。围绕特定扶贫目标政府与社会组织开展较为平等的合作,是这一模式的特征。这一模式,有的是从政府主导模式转型而来。筹资方面,绍兴的企业冠名慈善基金,第一轮和第二轮均由政府主导,第三轮及小额度冠名慈善基金则由慈善会主导。困难群众帮扶方面,杭州的"春风行动"从杭州市委市政府主导扩展为社会各界参与,帮扶救助对象从在职特困职工扩大到了城乡低保家庭、残疾人家庭、边缘困难家庭、低收入农户和外来务工人员,共向28.66万户(次)困难家庭发放助困、助医、助学、反哺、应急等各类救助慰问金6.76亿元,帮助就业困难人员实现就业再就业50多万人次。[2] 产业帮扶方面,衢州富平志愿者协会与衢州市农办等多个部门合作发起了"社会支持农业"扶贫志愿行动,所实施的"岭里绿色大米"项目让60多户农民种植绿色大米增收10万元,"雷进家鸡"项目让尿毒症青年农民走上创业致富路;"陈地泉生态

---

[1] 《浙江扶贫小额信贷业务显成效 扶贫成功率达五成》,http://zj.zjol.com.cn/news?id=333903。

[2] 杭州春风行动网:《杭州春风行动概况》,http://www.hzcfxd.org/news2001.htm。

羊"项目让吃了10多年低保的63岁农户盖起了新房。①

第四，公共服务采购模式。该模式在政府与社会组织间构建了一种委托—代理关系，核心是政府以竞争性招标等方式委托社会组织提供公共服务并开展合约管理。在扶贫领域，它"指各级政府的扶贫办为了履行减少社会贫困的职能，依照法定的程序和公平的原则，根据投标的组织能力、以往开展扶贫项目的效果等指标，将财政扶贫资金交由中标者，由其开展各种扶贫项目，也就是通过政府财政向中标者直接购买扶贫项目，政府则从扶贫服务的直接提供者转变为扶贫资源的协调者和监管者"②。政府、社会组织与扶贫对象的关系，可以用图6-4概括。

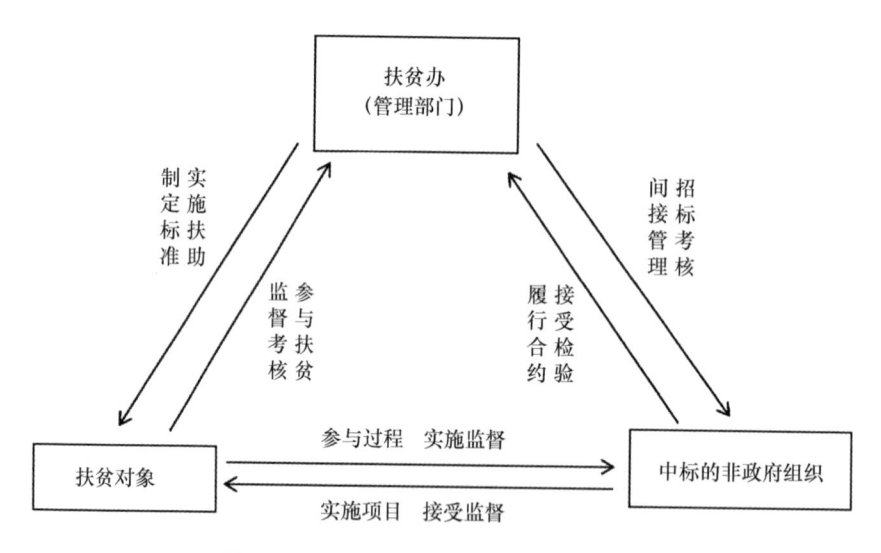

图6-4 政府采购扶贫服务各主体关系图

在浙江，政府采购社会组织扶贫服务，最早主要出现在对困难群众的养老服务方面。2005年杭州市上城区就开始养老服务社会化工作，为困

---

① 巫燕飞、周世红：《浙江衢州："社会支持农业"扶贫志愿者行动的实践与思考》，http://www.cnfpzz.com//column/lanmu4/zhuanjiaguandian/2017/0327/10665.html?bsh_bid=1656743404&from=groupmessage&isappinstalled=0。

② 邢婷婷：《政府采购NGO扶贫项目研究》，硕士学位论文，湖南大学，2009年，第19页。

难、低收入老人购买居家养老服务。① 2008 年发布的《浙江省人民政府关于加快推进养老服务体系建设的意见》在省级政府层面明确了养老服务的社会化、市场化改革。2015 年，浙江省财政厅、省发改委和省民政厅联合出台了《关于加快推进政府购买养老服务的意见》（浙财社〔2015〕193号），指出为"三无"老人、低收入老人、经济困难的失能半失能老人向社会组织等购买机构供养与护理服务。

2014 年，根据中央的相关文件精神，省政府出台了《浙江省人民政府办公厅关于政府向社会力量购买服务的实施意见》（浙政办发〔2014〕72号），并由省财政厅发布了《浙江省政府购买服务采购管理暂行办法》《浙江省政府向社会力量购买服务指导目录》等配套文件，在更多公共服务领域内推动以政府购买建构起新型政社合作扶贫关系。

各地在直接购买之余，还积极通过公益创投的方式开展创新型服务购买。例如在杭州市首届公益创投大赛上，共有 108 个项目成功入选，获得960 余万元政府扶持资助。其中，杭州市生态文化协会的"旧衣重生"项目、杭州下城区新市民子女快乐驿站的"快乐小候鸟新市民子女关爱"项目、杭州上城区艺途无障碍公益服务中心的"发现杭州的梵高——WABC脑部残疾群体艺术引导课程"项目均与扶贫有关。②

第三节　小结与思考

一　简要结论

社会组织参与扶贫，意味着摆脱贫困不仅是政府的责任与贡献，也是社会组织的责任与贡献。从组织与制度建设的角度回顾浙江社会组织扶贫发展的历程，大体经历了 20 世纪 90 年代由省政府主推自上而下的扶贫基金会、慈善会建设的第一阶段，为社会组织扶贫初步奠定组织基础；2000—2005 年扩展组织类型、规范慈善组织发展的初步制度化推进阶段；

---

① 《杭州上城区推进养老服务社会化再上新台阶》，http：//shfl. mca. gov. cn/article/xjjy/200904/20090400029939. shtml。
② 《政府资源牵手社会公益 108 创投项目获 960 余万元资助》，浙江在线—浙江新闻网，http：//zjnews. zjol. com. cn/system/2014/10/23/020318194. shtml。

2006年召开的首届慈善大会与发布的两个文件，标志着推动社会组织建设和发展慈善事业纳入了政府责任，构成了国家治理能力与治理体系的有机一环，政府与社会组织的互动日趋优化，并在2011年将双重"造血"引入相关建设；党的十八大以来，中央以顶层设计的方式推动浙江社会组织扶贫与公益慈善体系发展和制度建设的成熟与定型，不断巩固和提升社会组织扶贫的效果与影响。

（一）政社合作是社会组织扶贫有效性的前提与动力

作为转型社会，浙江社会组织发展及其扶贫与全国一样，首先建立在政府职能转变与放权改革的基础上。改革开放以来浙江社会组织介入扶贫工作的历史起点，就是政府助推了青少年基金会、扶贫基金会和慈善会的发展。浙江社会组织的大规模发展与大规模进入扶贫领域，不仅来自于经济社会发展平台的抬升，还在于政府在法令、政策和规划等方面的积极助推。浙江社会组织大规模从输血型扶贫转向造血型扶贫，亦离不开各级民政部门的积极助推。党的十八以来，各级政府更是通过孵化基地建设、社会组织发展基金建设、公益创投大赛、公共服务采购等方式，大力培育和提升社会组织能力，积极发挥社会组织在包括扶贫在内的公益慈善领域的关键性作用。

（二）创新发展是社会组织扶贫有效性的根本

社会组织之所以比政府快速、比企业廉价，就在于社会组织精耕于社会领域解决社会问题的专业化优势。在探索贫困问题的解决方案时，浙江社会组织勇于探索、积极创新，不断开创了困难群众帮扶的新手段、新方式与新模式。浙江省慈善总会"浙江农信基金"开创的产业基地扶贫模式具有示范意义，金华施乐会引领了互联网公益，义乌义工之家开启了"爱心农场"模式，衢州富平志愿者协会不仅探索了区域内生的产业扶贫模式，而且从"扶贫"到"富平"的转变也突破了传统的心智模式与"贫困框架"。

（三）基因培育是社会组织扶贫有效性的核心

慈善扶贫的工作最需要激发社会大众的慈善基因。研究认为，提高大众的慈善意识，培育慈善基因，最终形成有利于社会组织扶贫发展的社会氛围，这是社会组织扶贫事业必不可少的社会基础，也是整个社会组织扶贫工作的核心。① 浙江从精英慈善向全民慈善的转变，正是这一要求的生动体现。无论是各地的慈善一日捐、绍兴的小额冠名基金、杭州的"春风行动"，还是慈善大会、志愿者表彰、公益集市，其核心均在于激活社会慈善资源、夯实慈善氛围，最终形成有效的慈善资源动员能力与扶贫行动能力。

（四）主体激活是社会组织扶贫有效性的关键

扶贫先扶志。"助人自助"让贫困户真正成为慈善扶贫和脱贫致富的主体，而非让贫困者陷入因"等、靠、要"等精神塌陷现象导致的"帮扶陷阱"，是社会组织扶贫的出发点与核心目标。这既是对造血型扶贫的要求，也是对输血型扶贫的要求。前者要求帮助贫困者成为生产与生活的主体创造物质财富，后者要求失去劳动力的贫困者成为生活尤其是精神上的主体创造社会价值。着眼于系统性解决贫困问题的浙江社会组织，越来越多地开展部门合作与跨部门组织合作，协同解决物质贫困与精神贫困、个体贫困与区域分区等问题。

二　发展思考

社会组织因社会问题而存在，因社会资源支持而发展。浙江社会组织同所有的发展主体一样，面临资源稀缺与能力局限的约束。因此，浙江社会组织要在扶贫领域发挥更大的贡献，就要在更好地利用好移动互联网技术的同时，着力做好以下两个方面的工作：

（一）进一步加强造血型扶贫，优化扶贫方式

一是立足贫困的多维特征和贫困者的主体地位，优化输血型扶贫方式与效果。二是提升造血型扶贫的比重与成效。过去的10年，浙江社会组织造血型扶贫虽然经历了从无到有、从小到大的过程，但仍然存在巨大的提升与发展空间。例如，现有社会组织扶贫基地数量不够多、规模不够大、标准不够高致使整体帮扶带动能力有限，部分地区爱心农场仅能帮扶少数几个贫困户，部分社会组织甚至收缩了扶贫基地的建设与投入。从空间分布看，还普遍存在发达地区基地多而26个欠发达县市基地少或没有

---

① 李青青：《社会组织在农村扶贫中的功能发挥》，《理论学习》2011年第8期，第61—64页。

的空间错配现象。着眼于贫困主体能力发展的社会组织扶贫，应逐步优化扶贫项目设计、扶贫资源结构和组织能力结构，提升造血式扶贫帮扶占整个帮扶支出与项目数量的比重。在扶贫基地建设方面，应进一步坚持重点扶持、典型示范、稳步推进的方针，在各县选择基础条件相对较好、带动能力较强的产业与区域，明确帮扶的指标与考核要求，做到精准帮扶、精准建设、精准考核、精准脱贫、动态调整。

（二）进一步加强组织间合作，完善扶贫网络建设

从源头上系统性解决社会问题是现代慈善的特征，它要求社会组织在发挥自身核心能力的基础上广泛地开展跨专业、跨地区、跨部门的合作。例如，高效的农业产业扶贫包括品种选育、农业技术、品质控制、产品认证、贮藏运输、产品推广、市场销售等多个方面，需要政府机构、市场组织与社会组织的有效协同。目前，该类合作多有实践，但合作的深度与广度，均需有效拓展。尤其是草根组织，要提升组织能力和帮扶效果，就需要突破传统认知与模式，更有效地借助其他组织的资源、平台获得发展。政府在对社会组织的税收优惠、培育孵化、公益创投和公共服务采购等方面，也需要加大支持力度，完善对社会组织的普惠体系。加强组织间的合作，还意味着社会组织跳出地域空间的限制，特别是欠发达县市的社会组织，在资源获取、技术支持、模式创新等方面获得发达地区社会组织、企业和政府的支持。

附录　金东区困难群众帮扶机制建设研究[*]

贫困问题是人类的共同难题，反贫困是人类矢志不渝的共同事业。习近平总书记在考察扶贫工作时指出："消除贫困、改善民生、实现共同富裕，是社会主义的本质要求。对困难群众，我们要格外关注、格外关爱、格外关心，千方百计帮助他们排忧解难，把群众的安危冷暖时刻放在心上，把党和政府的温暖送到千家万户。"习近平总书记还强调指出：领导干部不仅要懂得"富人经济学"，更要懂得"穷人经济学"。从完成"两个一百年"目标、实现中华民族伟大复兴"中国梦"的战略高度审视，实施扶贫攻坚战略，帮助贫困群众尽早脱贫致富，提高改革发展成果的获得感，不仅是政府的道义，更是党委政府的责任；不只是事业，也是一种产业；不只是暖心工程，也是固基工程；不是负担，而是新的发展空间。同时，也是践行党的群众路线的生动实践。

多年来，金东区委区政府高度重视困难群众的脱贫致富和冷暖安危，在2015年春节上班头一天，就安排区委办、人大办、政协办、组织部、宣传部、民政局、教育局、妇联、团委、新闻传媒中心等部门工作人员，组成6个调研组，于2月26日—3月3日，分赴各乡镇（街道），实地走访困难群众117户，深入了解困难群众的生产生活情况，并形成了调研报告，为困难群众帮扶机制创新研究提供了翔实丰富的素材。为进一步探索扶贫帮困新路径、新机制，金东区委宣传部联合金华市社科联组成了课题

---

[*] 课题由吴远龙、曹一勤主持，报告由曹荣庆、楼土明、郭金喜主笔。

组,就如何适应"新常态",创新扶贫帮困的体制机制,进行了深化研究。课题组分层次召开了多次座谈会,专门听取了部门和乡镇(街道)的情况介绍,查阅了大量原始资料和相关政策,实地走访了源东、澧浦两个乡镇四个村的12户贫困群众,感受非常深刻,得到了新的启迪。课题组从金东扶贫帮困的现状分析入手,提出了扶贫帮困的目标、原则和扶贫帮困机制体制创新的政策建议,供参考。

一 现状分析

(一)实践与成效

建区以来,金东区认真贯彻中央、省、市关于扶贫攻坚的战略部署,立足金东区实际,采取有力措施实施扶贫帮困工程,取得了明显成效,也积累了一定的经验。

1. 扶贫帮困政策体系基本建立

区民政局、人社局、教育局、妇联等11个单位已出台了31项政策,涉及最低生活保障、医疗补助、住房补助、自然灾害救助、临时救助等领域,并对困难儿童、残疾人、计划生育特殊困难家庭、"两癌"妇女等特殊弱势群体设计了有针对性的帮扶政策,基本形成了广覆盖保托底的困难群众帮扶政策体系。从执行情况看,这些政策发挥了较好的效应,得到了困难群众的一致赞同。走访中,困难群众一致赞叹:幸亏党和政府的政策好,否则,日子将无法想象。

2. 扶贫帮困服务网络基本形成

经过多年努力,一个由党委领导、政府牵头、各职能部门协同、社会各界参与的扶贫帮困服务网络已初步生成,总体实现了制度性帮扶与临时性慰问的结合,单位主导与个体(党员干部、志愿者)参与的协同。除11个单位外,其他职能部门也广泛参与其中,如发改局、经贸局等发起了"手牵手"结对帮扶活动,农林等部门实施了一批扶贫项目;司法局近三年为困难群众提供101件法律援助,挽回经济损失700多万元。乐福社会工作服务中心、区青年志愿者协会、苍南商会等积极参与相关工作。在党员层面,在"千名党员帮千户解民困"项目的统领下,区机关部门全员下基层组织开展慰问帮扶活动,形成了全员参与的新格局。

3. 困难群众生活状况得到了一定的改善

2014年，全区累计直接投入财政资金4207.93万元，帮扶困难群众8872户25011人。其中，帮扶低保人员4498人，财政资金1911.54万元；困难儿童帮扶方面，仅营养餐项目，就使4401名学生受益；"安居工程"的实施保证了一批困难群众的基本住房需求，有效遏止了生活状况的进一步下滑；特别是对一些缺乏劳动力的特殊困难群众家庭，政府的救助已成为其生活持续的关键所在。总体看，困难群众的人数明显减少，其生活得到了明显改善。

4. 扶贫帮困工作社会影响逐步增强

随着政府帮扶投入的持续增加，媒体对公益事业、社区建设领域的日益关注，公众对慈善、志愿活动热情的日渐提升，帮扶工作获得了越来越大的社会反响：社会各界不仅为政府点赞，更是通过民政、妇联、民间组织等组织化渠道或自发地直接参与帮扶工作。特别需要指出的是邻里互帮日益成为一种社会风尚，在源东乡山下施村、澧浦镇澧浦村等调研时，都发现了不少这样的感人个案。从近年的数据看，参与该工作的社会组织数量和志愿者人数等，都有了不小的增长。

（二）问题与原因

然而，由于各种原因，与扶贫攻坚的目标任务要求和困难群众的诉求相比，金东区的扶贫帮困工作仍然存在一些薄弱环节，也面临着一些严峻的挑战。这种挑战首先来自于"新常态"下扶贫思路和方式的挑战；其次是来自于各级扶贫攻坚目标倒逼的挑战，时间越来越紧迫而工作仍很艰巨；再次是来自于大流动时代农村的主体性缺失和镇村两级可动员资源的有限性；最后是来自于扶贫攻坚理念和困难群众自身素质的挑战。

1. 主要问题

（1）政出多门，政策合力不足

帮扶政策直接涉及11个单位，除民政系统外，组织部对困难党员群众，妇联对妇女儿童，残联对残疾人，教育局对在校学生（主要是义务教育阶段），总工会对已建立工会组织单位中生活困难的职工家庭，团委对儿童青少年，卫计局对独生子女死亡家庭，人社局对困难家庭的医疗补助、补贴等，红十字会的赈济，司法局的法律援助等，多达31种。例如，困难儿童帮扶类别，就涉及民政、教育、团委、妇联、慈善总会等多个部门 10 项政策。除此以外，其他职能部门与社会各界的帮扶活动，也大多按各自的偏好或联系镇村的信息独自进行，与相关机构沟通不足，联动不多。这些政策与做法虽各有针对，但往往各自为政，不能通盘考虑困难群众的实际情况进行有效的帮扶系统设计，致使重复走访帮扶、遗漏、特困群众救助力度不足等现象时有发生，乡镇街道和村居陪同走访压力较大。

值得关注的是政出多门、各自为战导致了三个不良后果：一是因缺乏必要的整合和统筹设计，本就有限的扶贫帮困资源形不成规模效应，甚至被肢解稀释；二是扶贫帮困效率的无端损耗和办事效率的折扣；三是因群众对现实贫困认知与政府实际帮扶的偏差，损害政府公信力。

（2）手段单一，综合效能不足

帮扶机制较为狭窄，帮扶手段运用较为薄弱，"八多八少"现象较为明显：从机制看，慰问性走访较多，常态化结对帮扶机制建构偏少，除低保、营养餐、春蕾助学等制度性常态化机制运行较好外，多数帮扶工作存在日常走访不足、动态了解不够、结对帮扶偏少等现象；从性质看，输血性帮扶偏多、造血性帮扶偏少，金融扶贫、项目扶贫等开发式扶贫未能充分展开；从内容上看，物质性帮扶较多、精神性关爱偏少，对困难群众的精神抚慰、心理疏导不够，易诱发精神障碍与认知性贫困等问题；从方式看，政策性帮扶偏多，市场化、社会性帮扶偏少，村居与邻里组织力量不足，易导致资金来源狭窄、资金总量偏少等问题；从渠道看，政府直接帮扶偏多、公共服务采购式帮扶偏少，难以助推社工、公益慈善、志愿者等专业化机构在帮扶领域的深耕细作，进而提升财政资金使用效率与公共服务提供效能；从技术看，传统手段依赖过多，现代信息技术使用偏少，未能充分利用众筹、微信、QQ群，特别是施乐会等本地已有的网络性慈善救助平台；从对象看，面上普及较多，焦点关注偏少，特别是对少数因重大疾病或突发意外而陷入贫困陷阱的人群帮扶有限；从政策评估看，帮扶工作信息通报与总结多，对帮扶工作实际开展的日常管理与监测偏少，对政策效能与帮扶工作缺乏系统性评估，未能就不同政策及其不同实现方式开展充分的对比性分析，制约财政资金使用效能的提升。

(3) 政策链接融合不紧，部分困难群众政策惠及不足

现行的低保、救助、医疗等扶贫帮困政策，相互链接不够紧密，致使一些本应享受扶贫"阳光雨露"的困难群众无奈地被排斥在外。如源东乡王安村的邢招花老人，时年82岁，丈夫亡故，有3个外嫁女儿（其中2个女婿也已亡故），生活艰难，但因子女问题未能纳入低保。又如澧浦镇澧浦村的王燕华，丈夫得肺癌花去数十万元，自己因白血病花去医药费30余万元，大女儿又不幸罹患结肠癌，外甥女因骨癌截肢，生活极为困苦，属于特困人群，但由于低保政策中对子女的要求未能纳入低保范围，而只能进入低保边缘户和春节走访加以救济。类似的现象在课题组走访和职能部门春节专项调研中均有发现，政策性兜底功能未能充分发挥与显现。

2. 问题成因

（1）历史原因：定位不准认识不够

通常，在经济发展水平和财政能力较低时，关爱以困难群众为代表的弱势群体，大多被认为是"负担"而非"生产力"，只能救急不能救穷，访贫问苦也因此而被定位为节假日的关怀节目而非日常性的工作，未能将之提升为人力资源开发和人力资本投资。在经济进入新阶段后，不少地区又因绝对贫困人口规模的下降，忽略帮扶工作的重要性，未能将之视为现代社会发展的"短板"与现代政府的核心职能之一。这一现象，在金东区也有一定的表现。相关政策的制定和日常工作的开展，大多应上级政府的要求展开，不仅缺乏自主创新的积极性，还普遍存在畏难情绪，过分强调工作的困难程度与复杂性，致使实际工作被片面地理解为"给钱"和"慰问"，有意无意忽略了"扶贫扶志、扶勤扶能"的当代帮扶精神。

（2）基本原因：信息不全底数不清

突出表现为困难群众底数不清和帮扶政策底数不清两个方面。

第一，困难群众底数不清。由于困难群众立档建卡工作尚未全面展开，相关工作又分散于各职能部门，信息化程度和动态监管滞后，政府对困难群众的总体规模究竟有多大、困难群众的主要类型及其数量分布等基本信息掌握不足，对困难群众的区域性分布缺乏深入了解，未能进一步掌握贫困究竟是随机散点，还是存在一定的集中分布现象，致使宏观方面限制了帮扶规划工作的开展，微观方面制约了帮扶的精准化与效能。

第二，政府底数不清。其一，在地方层面，受政出多门各自负责等的影响，各职能部门均从自身工作的要求出台了帮扶政策，部门间协调统筹合力不足，全区困难群众帮扶工作究竟有多少政策可用，哪些针对个人家庭，哪些针对贫困集中村，救助性和开发式帮扶政策各有哪些等，尚未完全厘清。其二，调查显示，不少职能部门对上级政策了解和学习不足，对上级帮扶政策底数掌握不足，既未能通过项目等形式充分用足用活上级政策支持，亦未能根据上级政策与改革精神，创造性地推出适合本地迫切需求的"新政策"。

第三，对政策底数和困难群众底数的关联把握和动态管理不足。首先，帮扶标准特别是低保标准相对偏低，可能低估困难群众的整体规模与帮扶难度。金东区农村按低保标准折合约5500元每年每人，而按省的政策性要求为农村人均纯收入的45%，嘉善等县均已将标准提高到了8700元甚至是9000元以上。其次，认定标准相对单一，片面从收入与有无子女等角度加以衡量，对重大疾病与突发意外而导致的收支失衡重视不够，对家庭养老特别是依托农嫁女养老等设计过于理想化，低估贫困群众发生概率与实际困难。

（3）主要原因：平台滞后运行不畅

从走访和座谈等情况看，基层单位困难群众数据的信息化管理工作较为落后，各职能部门间信息隔断现象突出，基于大数据的智慧政府建设滞后，致使帮扶的口径、数据经常性不一，部门间合作、政社合作进展缓慢。信息化建设的落后，使相关工作的公开、公正、公平也受到一定程度的影响。在不少乡村，困难群众的认定工作经常受人情和面子关系的影响。在"跑步钱进"和"包装项目"的惯性中，村级项目的争取，也不时受到人情关系的干扰。与此同时，乡镇、村两级的帮扶专业工作人员配备不足，精力不集中，而且年龄普遍老化，对现代化信息网络技术手段不适应，有的根本就不会用。

（4）根本原因：顶层设计不足统筹不力

困难群众帮扶机制建设，涉及"为什么帮""帮助谁""谁来帮""怎么帮""效果如何"等几个相关的核心问题。从实际运行看，政府对这几个问题并没有完全理解与掌握。不仅对困难群众的政策认定与实际情况有出入，对困难群众的类型也往往从成因上进行碎片化理解，而没有从"出口端"实施"输血主导型""造血主导型"和"输血与造血结合型"分类管理。未能真正明晰"输血主导型"的关键，在于政府的政策性托底、社会慈善资源挖掘、社会组织专业化服务的协同；"造血主导型"的关键，在于政府导引激励下的市场化运作，以职业培训、金融扶贫、产业扶贫、就业创造吸纳等方式实现"助人自助"；"输血与造血结合型"的关键，在于通过政府主导下的社会救助帮助困难群众恢复劳动能力和未成年人的成长，逐步过渡到市场化扶贫方式，是"扶贫扶志、扶勤扶能"最为典型的形态。需要注意的是，"输血主导型"不存在强制性退出机制，而后两者需要通过强制性"毕业"机制实现动态管理。

受此影响，一方面是各职能部门各自为政，部门间数据不一，互联互通缺乏，合力难以形成；另一方面现有帮扶政策的梳理和机制建设重在"救济"，缺乏对"造血型扶贫"及其如何与"输血型扶贫"协同的细致思考。在具体政策方面，受配套政策和链接机制不全的影响，政策难以达到最佳效果。如失地农民保险，很多困难户因交不起三四万元的保费而无法真正享受政策。

二 基本原则与目标要求

根据中共中央国务院《中国农村扶贫开发纲要（2011—2020年）》、《关于创新机制扎实推进农村扶贫开发工作的意见》、浙江省委省政府《关于促进农民收入持续普遍较快增长的若干意见》、浙扶贫办《2015年扶贫开发工作要点》和《低收入农户收入倍增计划（2013—2017年）》等文件的精神和要求，特别是全面贯彻落实习近平总书记等中央领导同志关于扶贫开发工作的一系列重要指示，金东区委区政府必须紧密结合自身实际情况，扎实有效地推进对低收入群体的扶贫帮困工作，尽早高质量地实现扶贫帮困工作的一系列目标和要求。

（一）基本原则

扶贫帮困是一项政策性非常强的社会工作，但其对象又千差万别，因此，确定一系列基本原则，将有助于坚定地执行党和政府的扶贫帮困政策，同时又充分体现相关政策的人性关怀。

1. 政府主体原则

扶贫帮困是整个社会共同的义务，但从根本上来说却是政府的责任与义务。社会各界因为贫困问题的外部性而缴纳各种税收，因而赋予了政府扶贫帮困的最终责任和义务。从这个角度上来说，扶贫帮困是政府责任清单中最为重要的一项内容，政府有义务和责任在最大限度上承担并保障贫困群体的帮扶事项，由此，政府也就成了贫困救助的基本主体，在政府的救助下，贫困群体有权利达到起码的、与社会经济发展水平相适应的生活保障水平。

需要强调的一个问题是，尽管帮困扶贫本身具有客观的效果，具体的个体可以跳出贫困的行列，但随着贫困标准的指数化效应，需要政府帮扶的"贫困人口"是永久存在的，因此，作为责任清单的一项重要内容，政府的帮困扶贫职能自然具有永久性，因此，救助对象的退出机制和政府救助责任的长效机制是一个有机共存的制度体系。

2. 以人为本原则

政府对贫困救助的义务和责任的履行必须有一整套完整规范的制度体系，这种制度供给保证了政府的贫困救助可以达到公正和效率的双重目标。但贫困问题又是一个基于个体、区位等诸多因素的差异而千变万化的现象，单一的、冰冷的制度可以达到贫困救助某个层面的效果，但其存在的 X 效率却又是有目共睹的。因此，完整规范的制度体系也必须适应救助对象的个体性差异，表现出足够的弹性和适应性，体现制度以人为本的最终目的，达到应帮尽帮、应扶尽扶的目的，不使一个"老乡"在全面建成小康社会过程中落伍。

3. 自助激励原则

无论从什么角度上来看，救助都是单向的价值转移，甚至是贫困群体的社会权利。也正是因为如此，当今世界各国普遍存在着"福利懒汉"负面效果。因此，在救助制度和政策的设计过程中，必须坚持外部帮扶与自主脱贫相结合，充分考虑对被救助者自助能力的激励，在保障其救助权利的同时，充分调动其自助的内在动力，坚持扶贫先扶志，扶贫先扶技，帮助其振奋精神、转变观念、提升素质和技能，从而在最大程度上发挥贫困救助的"正能量"。可以说，这才是最根本、最可持续，也是最有效率的。

可以考虑的一个制度是对某些救助项目附加政府对社会服务的购买，甚至可以考虑"负所得税"的制度设计。

4. 分类实施原则

基于原因的不同，也基于区域的差异性，更基于个人的劳动技能、文化素质、社会资源等多方面的差异性，贫困群体的贫困状态导致结果也各不相同。因此，扶贫帮困也应当因人、因地、因时制宜，以不同的方式分类实施。

一般来说，扶贫帮困的分类实施包括两个层面的含义：第一个含义是指根据被救助者的实际需要有针对性实施救助方案，比如说失能群体最需要的是日常生活的照料，因病致贫群体，则需要医疗保障，事故性致贫群体则需要新的生活方式与劳动技能的培训及司法救助体系；第二个含义是从救助者角度设计的救助体系，比如说政府承担生活保障性救助帮扶，个人以慈善性救助帮扶介入，单位和团体则以生产性救助帮扶（比如目前非常流行的"金融性救助机制"）履行其社会责任，由此形成一个立体的社会救助体系，最终使贫困群体得到与社会发展水平高度适应的社会救助和帮扶，从而形成最为起码的社会获得感，融入整个社会，与社会共同成长与发展。

5. 协同治理原则

扶贫帮困是一项长期而又浩大的社会工程，必须充分调动社会资源与市场资源，不断壮大反贫困的物质基础。反贫困离不开相应的物质基础，不仅需要有相应的政策引领，还迫切需要有合理的机制来利用公共资源撬动社会资源与市场资源。如果能够形成公共资源、社会资源、市场资源三种资源并举，做到在公共资源的牵引下各显其长、各施其能，则反贫困的效果将会更加明显，体现出叠加甚或乘数效应。当务之急是要强化社会资源的动员机制，充分利用税收优惠、购买服务等方式，助推社会资源参与反贫困；同时，为市场资源投向反贫困领域设计更加合理的牵引政策，包括合理规划产业布局、细化税收优惠政策、明确金融政策支持等，以便为市场主体参与反贫困提供行动指南和稳定预期。还应当为市场主体、社会组织乃至个人参与反贫困行动建立相应的褒奖机制，进一步弘扬关爱弱者、帮扶弱者的志愿文化和慈善文化，导入更多社会资源参与反贫困事业。

（二）目标要求

扶贫帮困的目标，更加准确地说是扶贫帮困的标准问题，是一个建构在经济学之上的社会学甚至是政治学所探讨的重要问题，不仅直接关系到当事群体人员的生活保障，也关系到我国社会主义和谐社会的建设，因此，准确地确定帮扶救助的社会标准，是一个非常重大的社会课题。

1. 总体目标

作为社会发展的一种客观效果，对低收入群体的扶贫帮困要尽可能地缩小其与全区人均收入之间的差距，降低其教育、医疗等实际支出占生活消费支出的比重，改善其在住房、就业等方面的社会机会，特别是在精神和文化层面上，要使低收入群体在较低的物质层面上树立精神与人格上的自尊与自立，进而形成自我造血机制，提高其社会生活的获得感和物质生活的满足感，最终提高其社会生活的幸福感。

扶贫帮困还必须达到另一个层面的社会目标，也即通过低收入群体获得感、满足感和幸福感的提高，实现整个社会的和谐稳定，在此基础上进一步激发社会不同群体的创造力，为经济社会的可持续发展提供充分的发展动力。

2. 具体要求

具体来说，金东区对低收入群体的帮扶救助必须达到以下几个目标：

（1）4600元线

在摸清情况的基础上，对全区现在人均年收入仍然低于4600元的家庭，必须全面履行政府的社会保障职能，也即采取单纯的财政救助，使其达到4600元的最低收入水平。

（2）人均收入的45%线

按照浙江省政府《低收入农户收入倍增计划（2013—2017年）》中的规定，划定农村贫困群体有两个标准：一是以家庭计算的收入水平低于当年农民人均收入的45%，二是占农村户籍人口10%的低收入群体。

金东区农民2014年的人均纯收入为18800元，2015年超过20000元，45%即为9000元/年·人，低于此线的人口即为需要救助的贫困人口，必须得到有关方面的救助。此外，根据10%救助人口的比例，金东区目前

28.42万农村居民中大致应该有2.8万人得到贫困救助。也就是说，大约3万人左右、人均年收入9000元左右也构成金东区2015年帮扶救助的一个工作目标。

（3）2017年农户收入倍增线

按照省政府《低收入农户收入倍增计划（2013—2017年）》中的规定，到2017年，低收入农户人均纯收入比2012年翻一番、达到10000元以上，由此，金东区低收入群体的收入增长率必须达到5.57%以上（2015年人均收入的45%与人均收入的差距，而后实现10000元目标所需要的增长率）。与此同时，目标要从个体扩展到整体。相关资料表明：2013年，金东区有50个低收入集中村，约2万人口。根据省里工作目标要求，2015年，这50个村必须完成摘帽任务。

（4）政府职能绩效线

作为政府考核项目，帮扶救助的绩效可以通过以下的指标反映出来：第一，低收入群体的收入增加额。通过几个标准线下群体收入的增加额度来测算帮扶救助工作的实际绩效。比如说2014年人均年收入4600元以下的家庭总收入是多少，2015年增加到多少，由此测算其增长率，进而测算政府职能绩效。此外，以人均年收入低于4600元的农户在两年中的减少比率也是一个衡量的指标和角度。第二，最低收入保障线的提高幅度。反映低收入农户对经济社会发展成果的分享程度，可以以45%为基准指标进行绝对值和相对值的双重测算。第三，倍增计划的实现程度。最终测算在2017年能否实现低收入农户的收入倍增计划及其程度，并且分解到每年的实现程度。更高的标准是在"全面小康"的目标下测算本区的实现程度。第四，上述指标的横向比较。通过与全市和全省比较，从上述指标占比变化情况，反映全区在全市和全省中社会经济地位的变化，进而反映出政府职能工作的绩效。

三 政策与建议

习近平总书记对做好新形势下的群众工作做出了一系列重要论述，强调"面对新形势新任务，要善于研究和把握群众工作的特点和规律，创新工作方法，把群众工作做深做细做实，增强群众工作的亲和力和感染力，提高群众工作的针对性和实效性"。这为我们在扶贫工作中走好群众路线、探索适合金东区实际的扶贫帮困路径、模式和方法，指明了方向，提供了遵循。

（一）强化认识，进一步增强帮困扶贫的责任担当意识

习近平总书记强调"小康不小康，关键看老乡"，他同时要求不能让一个老乡掉队。2015年的中央一号文件明确指出：中国要强，农业必须强；中国要富，农民必须富；中国要美，农村必须美。全面建成小康社会、实现中国梦，最艰巨最繁重的任务在农村，最硬的"骨头"对金东区而言是在低收入村和困难群众。回应低收入村和困难群众对全面建成小康社会的迫切愿望，满足贫困群众的利益诉求，要求我们必须传承好党的传家宝，要把走好群众路线作为新时期创新扶贫工作的生命线。创新扶贫机制是全面建成小康社会的迫切要求。没有低收入村和贫困群众的小康，就不可能全面建成小康社会，帮助低收入村和困难群众尽快脱贫致富，是金东区全面建成小康社会的紧迫任务，必须以时不我待的紧迫感和责任担当，创新扶贫机制，改进扶贫方式，努力提高扶贫帮困的绩效，让贫困群众过上有尊严的生活。

扶贫攻坚事关党同人民群众的血肉联系。贫困群众分散、个别贫困程度深、扶贫任务重，是金东帮困扶贫开发面临的突出问题，解决贫困问题，不仅是经济问题，而且是政治问题、社会问题。在推进新时期帮困扶贫工作中，如果不用真情、不察实情、不出真招，不仅得不到实效，而且很可能使贫困群众与党和政府之间形成一堵墙，把党和人民群众隔开。做好新时期帮困扶贫工作，是坚持和发展中国特色社会主义的必然要求，事关我们党执政兴国，事关人民幸福安康，事关党和国家长治久安。

（二）深化改革，进一步健全高效的六大扶贫开发机制

一是推进扶贫工作一站式服务机制。切实解决当前各自为战、办事不便、效率不高的问题，大力度整合各类资源，建立统一的扶贫帮困运行机制和工作平台，对困难群众实施一站式服务，为困难群体提供更为方便、更为快捷的"一站式"服务，更好地发挥政府部门的自身优势，急群众之所急，帮群之所需，解群之所难，落实好对困难群众的帮扶责任，让困难群众满意。同时，要加强扶贫帮困政策宣传，加强尊老爱幼道德教育，满

足困难群众的多样化需求。

二是健全精准扶贫工作机制。深化"精准"扶贫理念，坚持全面抓、普遍帮与分类扶相结合，正确划分不同贫困类型，找准致贫根源，实施点对点、户对户、人对人的"一户一策"、"一人一方"扶贫帮困措施，努力提高扶贫帮困的针对性和实效性。特别是对那些因现行政策原因而无法享受低保政策，而实际生活状况比低保对象还差的边缘群体，建议抓紧进行更加全面真实的摸底建档，探索完善特殊政策，解决其"几不靠"状况。建议在保证政策严肃性、尊重村规民约的前提下，对现行的低保、居家养老政策予以扩面提质，争取让这些边缘群体也能获益，以缓解其贫困状况。同时，要把专项扶贫措施与贫困识别结果有效衔接，逐村逐户制定落实帮扶措施。涉农资金要普惠到村到户，财政专项扶贫资金要普惠到贫困户，做到"精准滴灌"。

三是强化党员干部联系帮扶机制。建立三个层次的联系制度，即区委、区政府领导联系片，指导和解决低收入村的帮扶工作；各部门联系一个乡（镇），摸清贫困情况和提出"一户一策"的帮困措施，并落实执行；乡（镇）村党员干部联系贫困户，想方设法解决贫困群众的实际困难，具备脱贫条件的，引导和帮助困难群众脱贫。通过驻村入户开展帮扶，确保全区每户贫困户都有帮扶责任人。驻村乡镇干部要切实关心困难群众，确保驻村帮扶成为"精准滴灌"的"管道"，做到扶真贫、真扶贫。加大对驻村帮扶工作考核力度，使驻村帮扶成为培养锻炼干部的重要渠道。

四是完善扶贫资金绩效评估机制。积极争取省、市财政专项扶贫资金支持。区政府要逐步增加财政专项扶贫资金投入，加大资金管理力度。加大定向财政转移支付力度，将资金分配与工作考核、资金使用绩效评价结果相结合，探索以奖代补等竞争性分配办法。严格落实责任、权力、资金、任务"四到位"。切实解决"九龙扶贫"问题和"撒胡椒面"的做法，在尊重部门职能和权力的前提下，加大各类扶贫资金、基金的整合力度，建立统一的"一口子"管理的专项扶贫资金，统筹调配和使用，在实施普惠制、保证公平的同时，"捏指成拳"，排出分时段、分区域、分群体的扶贫重点项目，集中投放到低收入村和特困群众中，集中解决突出贫困问题，以提高扶贫资金绩效。积极探索政府购买公共服务等有效做法。明确监管责任，区政府负责组织实施好项目，区人大常委会要加强对资金审计结果的监督。坚持和完善资金项目公示公告制度，引导广大群众参与监管。积极发挥纪检监察、审计等机关和部门的作用。逐步引入社会组织等第三方力量，发挥社会监督作用。

五是优化金融服务扶贫开发机制。深入发展普惠金融，强化金融支持贫困群众加快发展的政策措施。合理利用各级政府扶贫开发专项资金，建立财政信贷风险补偿和担保机制，鼓励信贷资金在防范风险的前提下，加大力度投向扶贫帮困项目。完善扶贫贴息贷款政策，扩大扶贫贴息贷款规模。大力发展小额信用贷款，推进农村青年创业小额贷款和妇女小额担保贷款工作。推动金融扶贫与互助资金创新，鼓励金融机构创新金融产品和服务，深入推进直接债务融资业务。加快信用户、信用村、信用乡镇建设，支持贫困户发展生产，探索农村土地流转收益权和承包经营权抵押融资试点，支持农业企业、专业合作社、家庭农场等新型经营主体发展。发展农业担保机构，扩大农业保险覆盖面。探索建立村级帮困扶贫互助基金，资金来源由政府投入、村集体补助、龙头企业资助、企业家捐赠、村民善款等组成，主要用于贫困户生产性贷款和特殊情况救急。

六是创新社会参与扶贫开发机制。建立和完善广泛动员社会各方面力量参与扶贫开发制度。鼓励和引导社会力量参与扶贫开发，吸引社会各界关心贫困群众，带动贫困群众增产增收。积极搭建信息交流共享平台，广泛开展"龙头企业联贫困户""关爱贫困学子""结对认亲、爱心帮扶"等大型公益活动，为"援需见面、自主选择、自愿结对、爱心释放"提供畅通的渠道。完善并落实社会参与扶贫开发优惠政策，企业或个人发生的扶贫捐赠支出，按税法规定在计算应纳税所得额时予以扣除。发挥政府对社会扶贫的规范引导、监督管理职能，培育扶贫向善、济困光荣的社会新风尚。积极宣传社会各界参与扶贫开发的先进典型、先进事迹。

（三）创新载体，大力实施"六大帮困扶贫工程"

一是推进扶贫信息一张网工程。根据国家、省制定的扶贫对象识别办法，将全区扶贫对象识别到户到人。坚持农户申请、村民评议、逐级审核、张榜公示的程序，做到识别有效、识别准确、群众满意。做好户建卡、村造册、乡立簿、区归档工作，完善贫困户信息系统。精心设计并建立全区困难群众信息数据库，对每户困难群众家庭切实做到"九知"：即知家庭住址、知生活状况、知贫困原因、知患病用药情况、知进低保情况、知子女就学情况、知子女就业需求、知住房情况、知救助措施，为全区各级党政及企事业单位进一步做好扶贫帮困工作提供翔实的基础资料。

二是加快推进危房改造工程。制订贫困群众危房改造计划，完善危房改造信息系统，明确改造最低标准，加大对贫困人口和贫困群众的倾斜力度。同步开展庭园绿化、垃圾收集站点、公共排污设施、沼气池等人居配套建设，提升乡村公共服务和社会管理等综合配套服务水平，建设幸福美丽家园。

三是推进产业扶贫工程。按照全域产业化的理念，重点发展优质水果、苗木、茶叶、林竹、生态养殖等产业，对建设特色产业带和示范区，从政策、项目资金上给予重点培育和扶持。支持农业企业、专业合作社、家庭农场、专业大户等新型经营主体发展，提高贫困户参与度、受益度，强化企业与农户利益联结，促进贫困户持续稳定增收。强化与市场对接，推进精深加工，延伸产业链，增加农产品附加值，培育区域主导产业，打造优势特色农产品品牌。充分发挥靠近义乌市场的区位优势，加大来料加工服务点和经纪人队伍建设，组织有一定劳动能力的贫困群众、家庭妇女、轻残人员从事来料加工，实现"居家"脱贫。结合"美丽新农村"建设，盘活农村各种资源要素，充分利用地理人文优势，大力发展"美丽经济"，推进乡村旅游、生态旅游、现代农业观光旅游、村庄游、古镇古村游、民宿、庭院经济等"美丽经济"使"绿水青山"变成"金山银山"，促进产业结构调整，带动农村贫困劳动力就业增收。

四是推进健康卫生工程。完善更科学利民的健康和卫生工作实施计划，健全卫生医疗服务体系，提高服务能力，加大疾病预防控制力度，优先实施相关扶贫项目，逐步解决因病致贫、因病返贫问题。到2015年，每个乡镇要建有1所政府举办的卫生院，有1名全科医生，每个行政村有卫生室，新农合参合率达到96%以上。同时，要加大宣传力度，积极引导贫困户参加大病医疗保险，如有特殊困难交不起保费的，可由政府代交。儿童医疗卫生保障水平逐步提高，重大传染病和地方病得到有效控制。到

2020年，贫困群众获得公共卫生和基本医疗服务更加均等，服务水平进一步提高，逐步实现人口均衡发展。

五是推进能力扶贫工程。依托本地高校，通过基础教育、能力培训等多种途径，全面提高贫困人口素质，增强就业创业能力，打牢脱贫致富的根基，阻断贫困代际传递链条。制订教育扶贫工作实施计划，巩固九年义务教育普及成果。加快寄宿制学校建设，逐步提高农村义务教育家庭经济困难寄宿生生活补助标准。到2015年，学前儿童毛入园率达到90%，九年义务教育巩固率达到95%，高中阶段毛入学率达到90%。到2020年，实现15年普及教育，实现教育现代化。

积极开展面向贫困群众的实用技术和劳动力转移培训，提升其就业创业能力；大力实施新型农民培训，培养一批青年致富带头人，发挥先富帮后富作用。

六是推进生态扶贫工程。加强生活污水和垃圾无害化处理，加大农村环境整治力度。加快可再生能源开发利用，因地制宜发展可再生能源，推广户用沼气、节能灶、固体成型燃料等生态能源建设项目，带动改水、改厨、改厕、改圈，改善贫困群众生活环境。充分开发生态资源，引导贫困群众积极参与生态农业、生态旅游，努力实现家门口脱贫。

（四）改进方式，多管齐下提升帮扶成效

习近平总书记强调，国家级扶贫开发重点县要把减少扶贫对象作为首要任务，坚定信心，找准路子，加快转变扶贫开发方式，实行精准扶贫。走精准扶贫的路子，是帮困扶贫工作机制的重大创新。开展精准扶贫，就要深入每个贫困户，帮助分析致贫原因，落实帮扶责任，制定差异化的扶持政策和帮扶项目，帮助低收入村、贫困户编制"一对一"的脱贫计划和产业发展规划。要改进扶贫工作方式，改过去"面"上扶贫为"点"上扶贫，建立健全帮困扶贫规划、项目、干部到村到户到人的精准扶贫工作机制，使之与扶贫对象精准对接。要改善基础设施积极"输血"，帮助发展产业促进"造血"，帮助低收入村和贫困农户"强身健体"，激活低收入村和贫困人口内生脱贫发展潜力。同时，建议借鉴武义下山脱贫、磐安异地脱贫的成功经验，对地处偏远、生存条件恶劣的贫困群众实施整体下山脱贫工程；依托金义都市新区、乡镇工业园区平台，建立专门的贫困群众创业园或扶贫基地，实施异地脱贫工程。

帮困扶贫工作要适应新常态，建议设立专门工作小组，发挥各级组织和贫困群众的作用，调整帮困扶贫的政策，开展以帮就业、帮就医、帮就学、帮安居和扶贫困、扶伤残、扶老幼、扶志气为主要内容的"四帮四扶"慈善活动，完善最低生活保障、医疗救助、临时救助和社会福利保障等制度，关注低保边缘户生存状况，为其释放更多的制度性、政策性"红利"。

（五）强化保障，进一步完善帮困扶贫政策体系

在全面落实中央、省、市已出台的强农惠农和扶贫帮困的各项优惠政策的基础上，对贫困群众进一步给予多方面的政策倾斜支持。

1. 财税支持

各级要建立财政专项扶贫资金，并随着财力的增强逐年增加扶贫投入，年度新增财力投入扶贫开发的比例不得低于本级财政支农预算的增长比例。通过政府补助、单位帮扶、信贷支持、群众自筹、社会捐赠等办法，切实加大扶贫投入。

2. 投入倾斜

加大对贫困群众民生工程实施、基础设施建设、产业发展、社会事业发展、公共服务和生态环境的投入力度，加大贫困户危房改造力度，防止住房性贫困。

3. 金融服务

组织实施金融"扶贫惠农"，进一步完善农村地区支付清算体系建设，提高金融机构的接入率和覆盖面，积极探索金融支持贫困群众发展的有效机制。落实国家扶贫贴息贷款政策，积极推动贫困地区金融产品和服务方式创新，积极稳妥推广小额信贷扶贫和发展村级互助资金，不断拓宽扶贫龙头企业和贫困地区、贫困群众的生产融资渠道。积极发展农村保险事业，鼓励保险机构在贫困地区建立基层服务网点，针对贫困地区特色主导产业发展特色农业保险。

4. 产业扶持

根据贫困群众劳动力的实际状况，宜农则农，宜工则工，宜商则商，宜旅则旅，通过就业创业加快自主脱贫进程。坚持把农业产业发展作为促

进农民群众脱贫致富的重要支撑，加快贫困地区农业产业结构调整步伐，从项目规划、资金整合、技术服务等方面给予重点支持。深入推进农业产业化经营，发展农产品加工业，提高农民组织化程度，推广"大园区、小业主"等模式，建立完善利益联结和风险防范机制，促进农民持续稳定增收。加快推进贫困地区新农村建设，促进产业发展和新农村建设互动相融、同步推进。

5. 社会保障

加快社会保障服务体系和服务设施建设，扩大新型农村合作医疗保险覆盖面，推进新型农村社会养老保险制度全覆盖；加快农村养老机构和服务设施建设，逐步提高农村最低生活保障和"五保"供养水平，切实保障生活困难农村居民的基本生活。加快贫困地区农村社区建设，做好新村聚居点规划，扩大农村危房改造试点范围，帮助贫困户解决基本住房安全问题。完善农民工就业、社会保障和户籍等政策。

6. 组织保障

加强组织领导。切实加强对扶贫开发工作的组织领导，党政一把手要负总责。坚持区抓统筹、抓落实管理体制，按照任务到乡、村为单元、分批实施、逐级验收要求，层层落实目标责任。区统筹全区扶贫帮困任务，制定年度实施方案，落实具体帮扶措施，加强监管，指导实施。

主动对接协调。牵头区级部门要积极与省、市有关部门对接，及时了解工作动态和具体要求，结合全区实际抓好贯彻落实。区级有关部门之间要加强配合，牵头单位认真负责，参与单位积极主动，共同做好帮困扶贫工作。乡（镇）、村部门要加强沟通、协调推动，切实把帮困扶贫工作落到实处。

强化工作保障。区帮困扶贫领导小组要加强对帮困扶贫工作的指导，研究制定政策措施，协调落实各项工作任务，打通扶贫帮困"最后一公里"。进一步强化各级扶贫机构及其职能，加强队伍建设，改善工作条件，提高管理水平。扶贫任务重的乡镇要明确专（兼）职人员负责扶贫开发工作。积极探索工作项目化、项目时间化、时间责任化、责任可溯化，制定"时间表"，排出"路线图"，把工作责任时限明确到有关领导和人员，做到有计划、有措施、有检查、有奖惩。

加强基层组织建设。加强服务型党组织建设，完善直接联系和服务群众制度。选准配强村级领导班子，突出抓好村党组织带头人队伍建设，选派优秀年轻干部到贫困村工作。带领贫困群众脱贫致富有突出成绩的村干部，可按有关规定和条件优先考录为公务员。充分尊重贫困群众意愿，强化其勤劳致富的主体意识，发动贫困群众积极参与项目建设和管理，用勤劳的双手创造美好生活。

参考文献

著作类

习近平：《摆脱贫困》，福建人民出版社1992年版。

习近平：《干在实处　走在前列——推进浙江新发展的思考与实践》，中共中央党校出版社2013年版。

习近平：《之江新语》，浙江人民出版社2013年版。

陈光金、杨建华主编：《中国梦与浙江实践·社会卷》，社会科学文献出版社2015年版。

胡新民、吴远龙等：《金华改革开放30年》，浙江人民出版社2008年版。

刘海英主编：《大扶贫：公益组织的实践与建议》，社会科学文献出版社2011年版。

鲁可荣、杨亮承、朱启臻：《精准扶贫与乡村再造——基于云南禄劝实践的反思》，社会科学文献出版社2017年版。

马力宏：《博弈与互补：浙江政府与市场关系30年》，浙江大学出版社2009年版。

倪志伟、欧索菲：《自下而上的变革：中国的市场化转型》，陈海峰、尤树洋译，北京大学出版社2016年版。

裴长洪、徐剑锋主编：《中国梦与浙江实践·经济卷》，社会科学文献出版社2015年版。

世界银行：《2009年世界发展报告：重塑世界经济地理》，胡鞍钢等译，清华大学出版社2010年版。

世界银行：《2015年世界发展报告：思维、社会与行为》，胡光宇等译，清华大学出版社 2015 年版。
谭崇台主编：《发展经济学的新发展》，武汉大学出版社 1999 年版。
王勇：《新结构经济学思与辩》，北京大学出版社 2015 年版。
吴锦良等：《走向现代治理：浙江民间组织崛起及社会治理的结构变迁》，浙江大学出版社 2008 年版。
吴敬琏：《制度重于技术》，中国发展出版社 2002 年版。
杨宇立：《改革：中国做对的顺序》，中国发展出版社 2015 年版。
虞红鸣主编：《丽水改革开放 30 年》，浙江人民出版社 2008 年版。
禹贞恩：《发展型国家》，曹海军译，吉林出版社 2008 年版。
增长与发展委员会：《增长报告：可持续增长和包容性发展的战略》，孙芙蓉译，中国金融出版社 2008 年版。
浙江省区域经济与社会发展研究会课题组：《浙江改革发展之路》，浙江工商大学出版社 2012 年版。
［美］V. 奥斯特罗姆等主编：《制度分析与发展的反思——问题与抉择》，王诚等译，商务印书馆 2009 年版。
［美］戴维·S. 兰德斯：《国富国穷》，门洪华等译，新华出版社 2010 年版。
［美］德隆·阿西莫格鲁、姆斯·A. 罗宾逊：《国家为什么会失败》，李增刚译，湖南科技出版社 2015 年版。
［美］迪恩·卡尔兰、雅各布·阿佩尔：《不流于美好愿望》，傅瑞蓉译，商务印书馆 2013 年版。
［美］杰弗里·萨克斯：《贫穷的终结：我们时代的经济可能》，邹光译，上海人民出版社 2010 年版。
［美］罗纳德·科斯、王宁：《变革中国：市场经济的中国之路》，徐尧、李哲民译，中信出版社 2013 年版。
［美］罗斯托：《经济增长的阶段：非共产党宣言》，郭熙保、王松茂译，中国社会科学出版社 2001 年版。
［美］马丁·瑞沃林：《贫困的比较》，赵俊超译，北京大学出版社 2005 年版。
［美］曼瑟·奥尔森：《权力与繁荣》，苏长、嵇飞译，上海人民出版社

2014 年版。

［美］钱纳里等：《工业化和经济增长的比较研究》，吴奇、王松宝译，格致出版社 2015 年版。

［美］乔尔·莫基尔：《富裕的杠杆——技术革新与经济进步》，陈小白译，华夏出版社 2008 年版。

［美］塞德希尔·穆来纳森、埃尔德·沙菲尔：《稀缺：我们是如何陷入贫穷与忙碌的》，魏薇、龙志勇译，浙江人民出版社 2014 年版。

［美］史蒂芬·M. 博杜安：《世界历史上的贫困》，杜鹃译，商务印书馆 2015 年版。

［美］亚历山大·格申克龙：《经济落后的历史透视》，张凤林译，商务印书馆 2009 年版。

［美］约翰·肯尼斯·加尔布雷斯：《贫穷的本质》，倪云松译，东方出版社 2014 年版。

［日］速水佑次郎、神门善久：《发展经济学：从贫困到富裕》，李周译，社会科学文献出版社 2009 年版。

［印度］阿比吉特·班纳吉、［法］埃斯特·迪弗洛：《贫穷的本质：我们为什么摆脱不了贫穷》，景芳译，中信出版社 2013 年版。

［印度］阿马蒂亚·森：《以自由看待发展》，任赜、于真译，中国人民大学出版社 2002 年版。

论文类

蔡科云：《政府与社会组织合作扶贫——从限权控权到交往合作》，《中国行政管理》2014 年第 9 期。

陈亮：《从阿里平台看农产品电子商务发展趋势》，《中国流通经济》2015 年第 6 期。

陈瑞舜、郑阿萍：《缙云县农村电子商务发展现状与对策》，《新农村》2015 年第 2 期。

丁钧盛：《缙云县农村电子商务发展实践与思考》，《浙江青年专修学院学报》2014 年第 4 期。

杜丽峰、王艳杰：《浙江省精准扶贫的探索与实践》，《农业经济与科技》

2016年第5期。

杜兴林：《农村电子商务的"遂昌模式"》，《政策瞭望》2015年第10期。

杜永红：《中国县域电子商务发展对策研究——基于"互联网+农业"背景》，《改革与战略》2016年第4期。

谷丽萍、方天堃：《旅游扶贫开发新论》，《云南财经大学学报》2006年第3期。

郭红明：《衢州市农产品电子商务发展对策的探讨》，《浙江农业科学》2016年第3期。

郭金喜：《运用产业集群推动浙西南地区跨越式发展》，《浙江师范大学学报》（社会科学版）2003年第1期。

金兴华：《论政府的社会保障功能定位及完善》，《学术交流》2013年第10期。

李红、施展：《网络组织视角下农产品电子商务发展研究——以浙江"遂昌模式"发展为例》，《新常态：传承与变革——2015中国城市规划年会论文集（14乡村规划）》，2015年。

李青青：《非政府组织在农村扶贫中的功能发挥》，《理论学习》2011年第8期。

李勇：《非政府组织在我国扶贫开发中的作用》，《内蒙古农业大学学报》2011年第3期。

李裕瑞、曹智等：《我国实施精准扶贫的区域模式与可持续途径》，《中国科学院院刊》2016年第3期。

刘虎、蒋国海、邓晓：《遂昌创新农村电子商务模式》，《浙江经济》2013年第11期。

刘丽伟、高中理：《"互联网+"促进农业经济发展方式转变的路径研究——基于农业产业链视角》，《世界农业》2015年第12期。

卢迎春、任培星、起建凌：《电子商务的障碍分析》，《农业网络信息》2015年第2期。

马凤兴、郑功帅：《城乡统筹发展背景下的农村电子商务发展研究——丽水市缙云县"北山模式"的经验与启示》，《当代社科视野》2013年第Z1期。

马跃明：《"精准扶贫"的浙江样本》，《浙江人大》2016年第6期。

马跃明：《对人民负责 对历史负责——浙江扶贫开发工作综述》，《今日浙江》2015年第24期。

马跃明：《青山与蓝海的交响——浙江开展山海协作工程10周年综述》，《今日浙江》2012年第3期。

倪明胜：《共享式改革与包容性发展：利益整合时代的现实逻辑》，《天津行政学院学报》2012年第5期。

邵峰：《扶贫开发仍然在路上》，《今日浙江》2015年第24期。

汪向东、王昕天：《电子商务与信息扶贫：互联网时代扶贫工作的新特点》，《西北农林科技大学学报》（社会科学版）2015年第4期。

汪向东、张才明：《互联网时代我国农村减贫扶贫新思路——"沙集模式"的启示》，《信息化建设》2011年第2期。

徐利水：《龙游的"一村一品"电商路》，《信息化建设》2014年第1期。

杨翠迎：《我国失业保险金功能异化及失业贫困问题分析——基于社会保障待遇梯度的比较视角》，《云南社会科学》2014年第1期。

杨定玉：《少数民族地区精准扶贫问题研究评述》，《民族论坛》2016年第2期。

杨国涛、尚永娟：《中国农村产业化扶贫模式探讨》，《乡镇经济》2009年第9期。

郁晓、赵文伟：《生鲜电子商务县域农业综合服务体系探究——基于遂昌2.0模式的剖析》，《中国流通经济》2016年第4期。

张鑫、贾仕金、郭红明等：《衢州市农业电子商务发展的对策研究》，《农业网络信息》2014年第3期。

张哲：《农产品电子商务集聚平台淘宝特色中国馆》，《电子商务》2015年第2期。

章薇婷、翁庆华、韩萌：《浙江遂昌：打造农村电子商务新模式》，《中国财政》2016年第6期。

郑功帅：《农村电子商务发展的动力机制、现实困境与对策出路——以缙云县为例》，《湖北经济学院学报》（人文社会科学版）2016年第6期。

周建良：《"遂昌模式"农村电子商务发展策略研究》，《电子商务》2016

年第 1 期。

邹沁园:《"一村一品"视域下的乡村文化经济发展研究》,《云南开放大学学报》2015 年第 4 期。

后　　记

　　本书首先是浙江省重点学科浙江师范大学马克思主义学科建设的成果。2016年上半年，应学科要求，本书由郭金喜担纲成立课题组。课题组在大量阅读专业文献与实践经验资料的基础上，多次召开课题组会议，就撰写提纲、体例、案例编写等进行研讨。

　　本书同样也是课题组长期调查研究和服务浙江经济社会发展的产物。10余年来，课题组以浙江师范大学所在的金华为中心，开展了大量的调研与咨询活动。先后以下山脱贫为主题考察了武义，以来料加工为主题调研了义乌、兰溪和丽水，以绿色发展与乡村旅游为主题探访了磐安、开化、景宁、长兴、安吉、德清与浦江，以小城镇建设为主题走访了乐清、建德和东阳，以电子商务为主题调研了义乌与遂昌，以县域困难群众帮扶机制建设为主题调研了金东。长期的调查研究，为本书的撰写提供了第一手的资料与案例，为研究的有效展开奠定了经验基础。

　　各章分工如下：第一章，郭金喜；第二章，孙亚飞；第三章，沈俊杰；第四章，刘璇、郭金喜；第五章，胡铁燕；第六章，胡铁燕、郭金喜。全书由郭金喜统稿。

　　本书的顺利完成，首先要感谢浙江师范大学马克思主义学科负责人郑祥福教授，没有他的倡导与敦促，就不可能有本书的面世。特别感谢金华市政协文史委主任、原金华市社科联主席吴远龙先生对一系列调查研究的帮助与支持。特别感谢台州学院原副院长张明龙教授、浙江师范大学人事处处长郑文哲教授、浙江师范大学经管学院曹荣庆教授长期以来的学术支持和关心。特别感谢上海社会科学院杨宇立研究员在中国转型经济学方面的深刻洞察与引领。本书的出版还得到了浙江师范大学经管学院朱华友教授、葛深渭教授、郑小碧副教授、金正庆副教授、法政学院鲁可荣教授和义乌市委党校高级讲师杨雪萍等的大力帮助，在此一并表示深深的感谢。前述调研还涉及众多的政府官员、企业主、社会组织负责人以及普通群众，请恕不能一一提及感谢。

本书的写作，深受为反贫困做出理论贡献与实践创新的先驱们的影响。在此，向那些知名与不知名的贡献者致以真诚的敬意。正是有了他们的努力，才有了让后来者站在巨人肩膀上前行的机会。当然，文责自负，文中所有的不足，均是课题组研究能力有待提升的表现。

文中部分图片来源于网络，因各种原因未能说明，如有侵权，请联系作者。

深深感谢中国社会科学出版社喻苗编辑的辛勤付出，他们以专业的眼光与手段，让本书增色不少，并顺利与读者见面。

最后，特别感谢课题组成员及家人的辛苦付出。薄薄纸张的背后，是数不清的努力与艰辛！

郭金喜
写于 2017 年 8 月 16 日
修改于 2018 年 8 月 8 日